华人国学大典论丛

肖永明 陈仁仁 主编

中国文化修养论

楼宇烈 著

李四龙 编

岳麓书社·长沙

丛书前言

一

学术当从寂寞出，思想宜向静中来。获得首届全球华人国学大典终身成就奖的饶宗颐先生在感言视频中如此独白：“我享受孤独。”孤独之可享受，乃由于其中有学术和思想之可乐。多少厚重的学术，由那些专家在孤独寂寞的书斋里打造出来；多少深邃的思想，由那些学者从冷眼旁观的头脑里创造出来。

面临西学的冲击和国人的反省，近现代中华文化日渐式微。此一时，彼一时，在中华民族走向伟大复兴的今天，中华传统文化起死回生。想当年，朱熹和张栻在岳麓书院会讲期间有联句云：“怀古壮士志，忧时君子心。”怀古不是为了复古，而是忧时。复兴传统文化，不是要良莠不分，精糟并用，而是要在兼具客观性和批判性研究的基础上，帮助我们理解和解决今天的问题，推动社会进步与发展。

一百年来，对传统文化作保守维护式的研究、纯粹否定式的研究和客观中立式的研究并行不悖，而以倾向于反对和否定为得势。不论何种立场的研究，都各有其价值。“国学”概念也便随之流行起来。到目前为止，对于“国学”并没有一个人们普遍接受的学理性的定义，对国学的拥护和反对，也都是各执一词。尽管如此，从当前社会上“国学”观念的流行，亦可见其中流行的“国学”观念大概与“中华优秀传统文化”相当。弘扬中华优秀传统文化，绝非单一的国家提倡可以实现，它必有广泛而深厚的民意作基础。而不论“国学”观念如何流行，若是没有精深的学术性和思想性的研究，它终究只能如浮萍般停留于表面漂流。而对传统文化的学理研究之开展，其实并不需要建立在对“国学”这一概念进行严格界定的基础之上。正是在这样一个背景之下，“华人国学大典”应运而生。岳麓书院，一座在历史的星空中安静地存在了一千多年的山间庭院，这些年便也开始热闹起来。

二

2014 年，岳麓书院与凤凰网携手联合主办了“首届全球华人国学大典”。一发不可收，一办就是十年。隔年一届，已满五届。从第二届开始，浙江敦和慈善基金会加入联合主办，为国学大典提供经费支持。十年磨一剑，国学大典已经成为中国传统文化研究与传播领域的一个著名品牌。岳麓书院是湖南大学的历史和哲学学院，是高校教育和学术研究机构，是需要坐冷板凳的地方。凤凰网是中国乃至全球领先的新媒体平台，是一个热闹的所在。两家联手时，岳麓书院是千年学府，凤凰网还只有十多年的历史。很多方面，似乎都存在着巨大的反差。然而，“致敬国学”这一共同的愿景，让我们走到了一起。

“致敬国学”是首届国学大典的主题，经过不断丰富和完善，从第四届开始，主题确定为“致敬国学，继承创新，文明互鉴，重建斯文”十六字。“致敬国学”是一种态度，即钱穆先生所谓“对其本国以往历史之温情与敬意”，即陈寅恪先生所谓“了解之同情”。对传统作纯粹否定式的研究固然至少也有其反面价值的作用，但容易陷入历史文化虚无主义的深渊，与绝对维护的态度一样，不能以一种客观的态度对待本国历史文化。而“致敬国学”并不影响态度之客观，因为“了解之同情”正是对待本国历史文化的客观态度。“继承创新”则表明对传统不能只有致敬的态度，必须有深入的研究，以便分清精华与糟粕，继承优秀传统并立足当下有所创新，以促进传统文化的发展。“文明互鉴”则需要我们进一步拓展眼界，在全球文明的视野下来看待和研究中华传统文化的意义和价值，一方面吸收世界其他文明的优秀资源来发展自己，一方面让我们有所贡献于世界文明。而“重建斯文”则是最终的落脚点，为当下“重建斯文”，不是要回复到过去，而是在吸收古今中外优秀资源的基础之上，服务于当前时代社会文化和文明的建设与发展。

由于自身理念的完善与发展，也由于国家相关政策的调整，国学大典从名称到组织方式、具体方案也经历了一些变化和提质改造，但是十六字主题和主旨是不变的，核心的内容是不变的。核心内容是从国学研究和传播两大领域评选人物和成果。岳麓书院主要负责组织国学人物和成果的评选，其中国学人物的评选倾向于最年老和最年轻这两端，而国学成果的评选则集中在作为学界中坚的中老年学者群体。凤凰网主要负责组织评选国学传播领域的人物和成果。然后以一场文化盛典向这些国学人物和成果致敬。十年五届以来，饶宗颐、李学勤、张岂之、杜维明、许倬云、陈来、成中英、楼宇烈等德高望重的学界大先生们先后入选国学终身成就奖或“国学耆宿计划”。郭齐勇、杨国荣、王子今、邓小南、桑兵、彭林、陈尚君先生等数十位国学中坚学者入选“国学星斗计划名家组”，数十部厚重的学术著作被推选出来。李巍、谷继明、程苏东、苗润博、程少轩、刘增光、郑泽绵等十余位年轻学者入选国学新秀。

除此之外，以国学研究与传播领域的人物和成果评选为基础，我们还开展了系列人文讲座、论坛等活动，凤凰网还组织了传统文化调研和许多地方性的国学文化活动。这样就把国学大典办成了常年维持热度的系列活动。

三

开展各种活动可以形成传统文化一波又一波的热度，而热度总是难于一直保持，难免热度过后有沉寂。沉寂其实是积累学术和思想的前提条件。所以，第五届华人国学大典增加了一个重要内容，就是为入选“国学耆宿计划”的学者出版著作，为入选“国学星斗计划”的学者出版论文集。我们希望进一步聚集和展示这些能“享受孤独”的学者在寂寞的书斋里取得的重要学术成果，同时也是为国学大典留下能广布社会和流传后世的看得见的成果。尽管这些成果可能在一定时期内，依然可能是寂寞的，但它们却是传统文化能够真正热起来的最深厚的土壤。

本届“国学大典论丛”一共有四本书，两本专著和两本论文集。两本专著的作者分别是成中英先生和楼宇烈先生。两位老先生入选了本届国学大典“国学耆宿计划”。两本论文集分别是本届国学大典入选“国学星斗计划名家组”的论文集和入选“国学星斗计划新秀组”的论文集。

成中英先生是现代新儒家代表人物。他曾两次入选国学大典，2018 年获第三届全球华人国学大典之国学传播奖“海外影响力奖”，2023 年入选第五届华人国学大典“国学耆宿计划”。“国学耆宿计划”即往届全球华人国学大典最高奖“国学终身成就奖”。成先生以美国夏威夷大学马诺阿分校为基地，向世界讲述中国哲学。同时，他与国内学界也有着非常密切的联系。他还积极投身学术实践活动，办刊物、办学会，都产生了很大影响，为中国哲学自身从传统到现代的发展和走向世界做出了杰出贡献。这次我们为成中英先生出版的专著是《理解之根：本体存在论与本体诠释学》。本体诠释学是成先生哲学思想中最重要的原创性成果，而本书则是成先生关于这一成果的一生的理论结晶。成先生在本书中对“本体存在论”和“本体诠释学”作了系统的总结，对其基本概念和范畴、命题作了理论界定和分析，对“本体诠释学”的基本架构和作为哲学方法学的展开作了深入论证。由此可见，本书在成先生一生的学术思想中有着不言而喻的重要地位。至为遗憾的是，成先生没能看到本书的正式出版，就已经永远离开了我们。谨此向成中英先生表示深深的敬意和缅怀之情。

本届国学大典组委会为成中英先生撰写了致敬辞，大体能表达我们对成先生的理解和敬意，谨录如下：

曾几何时，中国文化花果飘零，现代新儒家因时而起，志在守护中华文化慧命。

先生生于南京，祖籍湖北，学于台湾，负笈美国，毕业于哈佛。师从世界哲学大师，深入西方哲学堂奥。创办国际刊物，组织国际学会。足迹遍布五大洲，为中国文化鼓与呼；文章不写一句空，为中国哲学论与辩。明辨笃行，求真致用，终成一代新儒家。

先生学贯中西，在中西互释中挺立中国哲学与文化；思通古今，在古今融汇中彰显传统智慧与价值。创立本体诠释学而归本于大易精神，诠释当代新易学而转化为世界哲学。开创中国管理哲学，树立哲学实践典范。

先生面向现实世界，勇立学术潮头，重建中国哲学，推动中国哲学现代化和世界化。

致敬第五届华人国学大典“国学耆宿”成中英先生！

楼宇烈先生是北京大学哲学系宗教学系老教授，他曾两届以三个名目入选国学大典，分别是 2018 年第三届全球华人国学大典国学成果奖和传播奖之“公共建设力奖”，2023 年入选第五届华人国学大典“国学耆宿计划”。楼先生已是九十高龄，他从念大学开始，就在北大哲学系，从未离开。楼先生的学问出入融贯儒释道，注重阐发中国文化之根本精神及其当代价值，主张以人文立本，改善世道人心。这次我们为楼宇烈先生出版的专著是《中国文化修养论》，主题由北京大学哲学系宗教学系李四龙教授与楼先生商量确定，然后由李四龙教授从楼先生已发表的学术论文和讲演录中精选出 25 篇文章编为一册。全书分为五个主题：人文立本、君子之德、自然合理、道艺并进、返本开新。楼先生治学非常注重以文献整理为基础。他在这方面最重要的成果有《王弼集校释》《中国佛教思想资料选编》，以及中国近代学人著述编选。楼先生不只是做专精的学术研究，还擅长讲演，不辞辛劳地讲解和弘扬中华优秀传统文化的方方面面。楼先生的文字和语言深入浅出、雅俗共赏，这主要源于楼先生对中国传统文化之理解和身体力行之修养的通透。楼先生在日常生活中雅好琴棋书画茶医，并以此修身养德。传统修养论不只是其学术思想中“人文立本”说的重要基石之一，也是楼先生的生活本身。

本届国学大典组委会也为楼宇烈先生撰写了致敬辞，以表达我们的理解和敬意，谨录如下：

> 上世纪三十年代，先生生长于杭州西湖之畔；五十年代，求学于北大燕园之中。继而任教北大数十年，桃李栽培无数；接续传统几千载，薪火相传无穷。
>
> 先生平生论学以人文立本，出入融贯儒释道；终日讲道以国学为教，上下同流天地人。精研覃思，探究中国文化之根本精神，为民族复兴铸魂；取精用宏，阐发国学传统之当代价值，为世道人心张本。
>
> 先生是谦谦君子，硕学鸿儒，学术与人生相融；乾乾黾勉，力行不怠，思想与社会不离。但有来学，不分老幼未尝无诲；亲赴往教，讲学四方席不暇暖。与时偕行，知行合一。岂以祸福趋避，但求奉献家国。
>
> 致敬第五届华人国学大典“国学耆宿”楼宇烈先生！

本论丛包含两本论文集，一是中老年学者的《名家集》，一是青年学者的《新秀集》，分别题为“探骊得珠”和“其命维新”。所收论文有的已发表在重要学术刊物上，有的为新作，皆为第五届华人国学大典“国学星斗计划”入选者的代表作。他们都是学有专攻、视野宏阔的学者，是国学研究领域近两三代优秀学人的代表。因为都是多人论文集，作者来自不同学科和领域，文章主题各异，所以，只能大体按文史哲或传统经史之学来进行分类编排，学科或主题相近者，则序齿。名家集的作者有 15 位，依齿序，分别是黄俊杰（台湾大学）、郭齐勇（武汉大学）、彭林（清华大学）、邓小南（北京大学）、董志翘（北京语言大学）、陈尚君（复旦大学）、桑兵（浙江大学）、杨儒宾（台湾清华大学）、杨国荣（华东师范大学）、景海峰（深圳大学）、陈少明（中山大学）、黄勇（香港中文大学）、荣新江（北京大学）、杜泽逊（山东大学）、陈赟（华东师范大学）教授。新秀集的作者有10位，依齿序，分别是李霖（北京大学）、程少轩（南京大学）、郑泽绵（香港中文大学）、刘增光（中国人民大学）、郜同麟（中国社科院）、李敬峰（陕西师范大学）、李猛（复旦大学）、陈民镇（北京语言大学）、苗润博（北京大学）、程浩（清华大学）教授。他们的论文或考订字词，或校勘文献；或究观念，或述制度；或论方法，或谈思想；或指问题，或倡精神；或微观，或宏观；或专论，或比较；或考古，或思来。不一而足，繁星满空。

本届国学大典组委会为入选“国学星斗计划”的学者们撰写了一份总的致敬辞，表示我们对这一学术群体的总体印象和敬意。致敬辞谨录如下：

> 苏东坡有言：“久仰圭璋之望，素钦星斗之名。”学界如浩瀚星空，而“国学星斗计划”入选者，犹如满天繁星之最为闪亮者。
>
> 他们或精通文史哲，或融贯儒释道，或兼治中西，或古今互诠，在各自领域成果璨然，熠熠生辉。从名家到新秀，论年龄，至少两代人；论师承，甚或传三代。师生从游，其乐融融；如父如母，如兄如弟。济济一堂，切磋琢磨；砥砺学术，共进于道。
>
> 透过这星空，我们可粗览中华文化之学术生态；携手向未来，我们盼重建中华民族之千古斯文。
>
> 致敬第五届华人国学大典“国学星斗”十五位名家和十位新秀！

四

成为传统文化领域“华人世界最具人文厚度、最有公信力的文化盛典”是国学大典的目标，而国学大典又是服务于弘扬中华优秀传统文化、助力中华民族伟大复兴这一更为宏伟的目标。在一个深受西学影响的多元现代社会，要想通过复兴传统，实现人文化成、凝聚共识、形成合力，谈何容易。不过，孔子“人能弘道，非道弘人”的精神理念已经融入我们民族的血脉，国学大典在社会各界的关心、支持和帮助下，一步一步地走到了今天，发挥了它应该发挥的社会价值。

国学大典最初由时任岳麓书院院长朱汉民教授和时任凤凰网总裁李亚先生共同发起。第九、十届全国人大常委会副委员长许嘉璐先生担纲历届国学大典总顾问。同时，得到了时任湖南省委常委、宣传部部长、省委秘书长许又声同志，以及历任湖南省委宣传部领导的关怀和指导，得到了湖南省教育厅、文旅厅以及本校领导的鼎力支持。凤凰网总编辑邹明先生、副总编辑侯春艳女士以及凤凰网国学频道创始主编和国学大典策划顾问总撰稿柳理先生，在不但不能为公司获利而且还要付出成本的情形下，依然带领凤凰网同人不遗余力地推动国学大典，他们对弘扬传统文化的一腔热忱，令人感佩！浙江敦和慈善基金会是极少数资助传统文化的基金会之一，是唯一一个深度参与和资助经学研究的基金会。敦和基金会创始人叶庆均先生，前后两任理事长陈越光先生和沈旭欣先生，以及敦和基金会经学资助管理委员会主任康晓光教授，带领基金会理事们支持传统文化的研究和传播，这种文化情怀，同样令人感佩！

国学大典还得到了人本智汇、政邦智库的协办，得到了十余家国家一级学会和机构的学术支持，包括中华炎黄文化研究会、中国哲学史学会、中国训诂学研究会、中国比较文学学会、中国秦汉史研究会、中国唐代文学学会、中华孔子学会、中国孔子基金会、中国辞书学会、中华文化促进会、中国实学研究会、中国文化书院等。这是我们要特别感谢的。当然，作为联合主办方和首席学术支持单位，岳麓书院在肖永明院长、陈宇翔书记的带领下，以孙建平、李清良、陈仁仁、陈岘、夏金龙、陈永豪等为代表的许多老师，都在自己的教学科研和行政工作之外，投入了大量时间精力，来落实和完成国学大典的很多具体组织工作。也要向他们致敬！最后要感谢的是岳麓书社，尤其是书社学术文化图书事业部主任刘文兄及相关编辑，他们克服了很多困难，付出了大量艰辛，才使得这套丛书得以顺利出版。

毫无疑问，没有一种使命感，没有社会各界的积极参与和支持，国学大典就走不到今天。单丝不成线，独木不成林。国学大典这一弘扬中华优秀传统文化的事业，是社会共同的事业。文化的本质是人文化成，若不能化成社会共同的事业，实际上谈不上文化。所以，我们期待社会各界更多朋友来了解、支持、参与和推动国学大典，为实现传统文化的复兴贡献自己的一份力量。

肖永明　陈仁仁

目录

人文立本

君子之德

自然合理

道艺并进

返本开新

人文立本

论中国传统文化的人文精神[1]

中国传统文化源远流长，博大精深。然在其久远博大之中，却“统之有宗，会之有元”。若由著述载籍而论，经史子集、万亿卷帙，概以“三玄”（《周易》《老子》《庄子》）、“四书”（《大学》《中庸》《论语》《孟子》）、“五经”（《周易》《诗经》《尚书》《礼记》《春秋》）为其渊薮；如由学术统绪而言，三教九流、百家争鸣，则以儒、道二家为其归致。东晋以后，历南北朝隋唐，由印度传入的佛教文化逐步融入中国传统文化，释氏之典籍[2]与统绪因而也就成了中国传统文化中的一个有机组成部分。儒、释、道三家，鼎足而立，相辅相成，构成了唐宋以降中国文化的基本格局。所谓“以佛治心，以道治身，以儒治世”（南宋孝宗皇帝语，转引自元刘谧著《三教平心论》），明白地道出了中国传统文化的这种基本结构特征。

---

① 原载《国学研究》第三卷，北京大学出版社，1995 年。

② 佛教典籍浩如烟海，就其中对中国传统文化影响最深远，约可与“三玄”“四书”“五经”之地位相当者，当数以下“三论”：《中论》、《成唯识论》、《大乘起信论》（此论为疑伪论），“九经”：《金刚经》（附《心经》）、《法华经》、《华严经》、《阿弥陀经》、《维摩诘经》、《涅槃经》、《楞严经》、《圆觉经》（以上二经为疑伪经）、《坛经》（此经为本土禅宗之根本经典），“一录”：《景德传灯录》（此录为禅宗一千七百零一则公案之所本）。这一归纳仅为个人浅见所及，以便初学者入门，不当之处，切望高明赐正。

中国传统文化的根本特点之一是：观念上的“和而不同”① 和实践中的整体会通。具体地说，在中国传统文化中，无论是儒、释、道三家，还是文、史、哲三科，天、地、人三学，虽有其各自不同的探究领域、表述方法和理论特征，然却又都是互相渗透，互相吸收，“你中有我，我中有你”，难分难析。这也就是说，人们既需要分析地研究三家、三科、三学各自的特点，更需要会通地把握三家、三科、三学的共同精神。此外，如果说儒、释、道三家，文、史、哲三科，天、地、人三学等构成为中国传统文化的一个有机整体，那么对于这个文化整体来讲，其中的任何一家、一科、一学都是不可或缺的，否则这一文化整体的特性将发生变异，或者说它已不再是原来那个文化整体了；而对于其中的每一家、每一科、每一学来讲，则都是这一文化整体中的一家、一科、一学，且每一家、每一科、每一学又都体现着这一文化整体的整体特性。唯其如是，对于中国传统文化的研究，不管是研究哪一家、哪一科、哪一学，我认为，首先是要把握住中国传统文化的整体精神之所在，否则将难入其堂奥，难得其精义。

一

中国传统文化如果从整体上来把握的话，那么人文精神可说是它的最主要和最鲜明的特征。需要说明的是，这里所说的中国传统文化的人文精神与现在所谓的“人文主义”或“人本主义”等概念不完全相同。在中国传统文化中，“人文”一词最早见于《周易·彖传》。“贲卦彖传”曰：

> 〔刚柔交错〕，天文也；文明以止，人文也。观乎天文，以

① 这里借用了《论语·子路》中的一句话：“子曰：‘君子和而不同，小人同而不和。’”尚“和”而卑“同”是中国传统文化中的一个重要观念，“和”是综合会通的意思，“同”是单一附和的意思。任何事物，只有不断地综合会通才能发展创新，若是一味地单一附和则将萎缩死亡。诚如周末史伯所言：“夫和实生物，同则不继。以他平他谓之和，故能丰长而物归之。若以同裨同，尽乃弃矣。”（《国语·郑语》）

察时变；观乎人文，以化成天下。①

魏王弼对此解释说：

> 刚柔交错而成文焉，天之文也；止物不以威武，而以文明，人之文也。观天之文，则时变可知也；观人之文，则化成可为也。②

唐孔颖达补充解释说：

> 观乎天文，以察时变者，言圣人当观视天文，刚柔交错，相饰成文，以察四时变化。……观乎人文，以化成天下者，言圣人观察人文，则诗书礼乐之谓，当法此教而化成天下也。③

宋程颐的解释则是：

> 天文，天之理也；人文，人之道也。天文，谓日月星辰之错列，寒暑阴阳之代变，观其运行，以察四时之迁改也。人文，人理之伦序，观人文以教化天下，天下成其礼俗，乃圣人用贲之道也。④

由以上各家的解释可见，“人文”一词在中国传统文化中原是与“天文”一词对举为文的。“天文”指的是自然界的运行法则，“人文”则是指人类社会的运行法则。具体地说，“人文”的主要内涵是指一种以礼乐为教化天下之本，以及由此建立起来的一个人伦有序的理想文明社会。这里有两点需要加以说明：一是人们所讲的“人文精神”一语，无疑与上述“人文”一词有关，抑或是其词源。但“人文精神”一语的含义，又显然要比《周易·彖传》中“人文”一词的含义丰富得多。二是中国传统文化中人文精神的出现和展开显然要比“人文”一词的出现早得多，《周易·彖传》的面世不会早于战国末，而中国传统文化中的“人文精神”，远则

---

① 孔颖达《周易正义》卷三，《十三经注疏》(上册)，中华书局，1980年影印本，第37页。

② 同上。

③ 同上。

④ 《伊川易传》卷二，《四库全书》，上海古籍出版社，1989年影印本，第85—86页。

可以追求至中国文化的源头，近也至少可以推溯到殷末周初。

中国典籍中，很早就有“人”是天地所生万物中最灵、最贵者的思想。如《尚书·泰誓》中说：

惟天地，万物父母；惟人，万物之灵。①

《孝经》中则借孔子的名义说：

天地之性，人为贵。②

这句话中的“性”字，是“生”的意思。宋人邢昺解释说：

性，生也。言天地之所生，惟人最贵也。

夫称贵者，是殊异可重之名。③

其实，在《孝经》面世之前，荀子也已提出了人最为天下贵的观点了。他说：

水火有气而无生，草木有生而无知，禽兽有知而无义，人有气有生有知，亦且有义，故最为天下贵也。④

荀子用比较的方法，从现象上说明了为什么天地万物中人最为贵的道理。其后，在《礼记·礼运》篇中，人们又进一步对人之所以异于万物的道理作了理论上的说明。如说：

故人者，其天地之德，阴阳之交，鬼神之会，五行之秀气也。

故人者，天地之心也，五行之端也，食味、别声、被色而生者也。⑤

这句话中“鬼神之会”的意思，是指形体与精神的会合。如唐孔颖达解释说：

鬼谓形体，神谓精灵。《祭义》云：“气也者，神之盛也；魄也者，鬼之盛也。”必形体精灵相会，然后物生，故云“鬼

---

① 孔颖达《尚书正义》卷十一《泰誓上》，第180页。

② 《孝经注疏》卷五，“圣治章第九”，《十三经注疏》（下册），第2553页。

③ 同上。

④ 《荀子·王制》，《诸子集成》第二册，中华书局，1954年，第104页。

⑤ 孔颖达《礼记正义》卷二十二，第1423、1424页。

神之会”。①

以后，汉儒、宋儒如董仲舒、周敦颐、邵雍、朱熹等，也都不断地发挥这些思想。② 正是有见于此，中国古代思想家们认为，人虽是天地所生万物之一，然可与天地并列为三。如，《老子》书中就有所谓“故道大，天大，地大，王亦大。域中有四大，而王（或作“人”字）居其一焉”的说法，把人与道、天、地并列。不过，在《老子》书中，道还是最贵的。所以，他接着说的是：“人法地，地法天，天法道，道法自然。”③ 与《老子》相比，荀子对人在天地中的地位强调得更为突出，论述得也更为明晰。他说：

天有其时，地有其财，人有其治，夫是之谓能参。④

这里的“参”字就是“叁（三）”的意思，整句话的意思是说，人以其能治天时地财而用之，因而与天地并列为三。对此，荀子又进一步解释说：

天能生物，不能辨物也；地能载人，不能治人也；宇中万物生人之属，待圣人然后分也。⑤

“分”是分位的意思。在荀子看来，“明分”（确定每个人的分位）是“使群”（充分发挥人类整体力量）、“役物”（合理利用天时地财）的根本，所以他所谓的“人有其治”的“治”，也正是指

---

① 孔颖达《礼记正义》卷二十二，第1422页。

② 如，董仲舒说：“天地之精，所以生物者，莫贵于人”（《春秋繁露·人副天数》）；“人受命于天，固超然异于群生。……是其得天之灵，贵于物也”（《汉书·董仲舒传》）。周敦颐说：“二气交感，化生万物，万物生生，而变化无穷焉，惟人也，得其秀而最灵。”（《太极图说》）邵雍说：“惟人兼乎万物，而为万物之灵。如禽兽之声，以其类而各能其一，无所不能者人也。推之他事亦莫不然。惟人得天地日月交之用，他类则不能也。人之生，真可谓之贵矣。”（《皇极经世》卷七上《观物外篇上》）

③ 《老子》二十五章，拙著《王弼集校释》上册，中华书局，1980年，第64—65页。此文中之“王”，即代表了“人”。所以王弼注此句说：“天地之性人为贵，而王是人之主也。”

④ 《荀子·天论》，《诸子集成》第二册，第206页。

⑤ 《荀子·礼论》，第243页。

人的“辨物”“治人”的“明分”能力。同样的意思在《礼记·中庸》也有表达，其文云：

唯天下至诚，为能尽其性；能尽其性，则能尽人之性；能尽人之性，则能尽物之性；能尽物之性，则可以赞天地之化育；可以赞天地之化育，则可以与天地参矣。①

按照传统的解释，“至诚”是圣人之德。《孟子》和《中庸》中都说过：“诚者，天之道也；思诚者（《中庸》作“诚之者”），人之道也。”这也就是说，人以其至诚而辨明人、物之性，尽其人、物之用，参与天地生养万物的活动，因而与天地并列为三。②

汉儒董仲舒继承荀子思想，亦极言人与天地并为万物之根本。如说：

天地人，万物之本也。天生之，地养之，人成之。③

人下长万物，上参天地。④

唯人独能偶天地。⑤

唯人道为可以参天。⑥

从荀子、《中庸》和董仲舒等人的论述中，应当说都蕴涵着这样一层意思，即在天地人三者中，人处于一种能动的主动的地位。从生养人与万物来讲，当然天地是其根本，然而从治理人与万物来讲，则人是能动的，操有主动权。就这方面说，人在天地万物之中可说是处于一种核心的地位。中国传统文化的人文精神把人的道德情操的自我提升与超越放在首位，注重人的伦理精神和艺术精神的

---

① 孔颖达《礼记正义》卷五十三，第 1632 页。

② 此处参考朱熹的解释。朱熹《中庸章句》说：“……能尽之者，谓知之无不明而处之无不当也。赞，犹助也。与天地参，谓与天地并立为三也。”《四书章句集注》，中华书局，1983 年，第 33 页。

③ 《春秋繁露》卷六《立元神》，《二十二子》，上海古籍出版社，1986 年，第 781 页。

④ 《春秋繁露》卷十七《天地阴阳》，第 808 页。

⑤ 《春秋繁露》卷十三《人副天数》，第 797 页。

⑥ 《春秋繁露》卷十一《王道通三》，第 794 页。

养成等，正是由对人在天地万物中这种能动、主动的核心地位的确认而确立起来的。

由此，又形成了中国传统文化中的两个十分显著的特点：一是高扬君权师教淡化神权，宗教绝对神圣的观念相对比较淡薄；一是高扬明道正谊节制物欲，人格自我完善的观念广泛深入人心。这也就是说，在中国传统文化的人文精神中，包含着一种“上薄拜神教，下防拜物教”的现代理性精神。

二

中国传统文化的这种人文精神，根植于远古的原始文化之中。人们常把“天人合一”视作中国文化的主要特征之一，而考其起源，则与中国原始文化中的自然（天地）崇拜，以天地为生物之本；以及祖先崇拜，以先祖为监临人世的上帝（此亦为天，天命之天）等观念，不能说毫无关系。由此可见，“天人合一”中“天”的含义是合自然之天与天命（先祖上帝）之天而言的。以后，宋明理学讲的天理之天，即是自然之天与天命之天的统合体。

人与自然之天“合一”的中心是“顺自然”（这里“自然”一词的含义，不是指“自然界”，而是指自然界的“本然”法则与状态）。道家思想中强调顺自然，这是人们所熟知的。如《老子》书中就明确说过这样的话：

> 辅万物之自然，而不敢为。①

也正是《老子》书中的这句话，长期以来道家的自然无为思想被看成是一种消极被动、因循等待的思想。其实，《老子》道家顺自然而不敢为（无为）的思想，有其相当积极合理的一面，这在以后的道家著作中有着充分的展开。如《淮南子》一书，对道家的无为思想就有相当积极合理的论述。如说：

> 无为者，非谓其凝滞而不动也，以其言莫从己出也。②

---

① 《老子》六十四章，拙著《王弼集校释》上册，第 166 页。

② 《淮南子》卷九《主术训》，《二十二子》，上海古籍出版社，1986 年，第 1245 页。

> 所谓无为者，不先物为也；所谓无不为者，因物之所为也。所谓无治者，不易自然也；所谓无不治者，因物之相然也。①
>
> 若吾所谓无为者，私志不得入公道，嗜欲不得枉正术。循理而举事，因资而立功，权自然之势，而曲故不得容者。政事成而身弗伐，功立而名弗有，非谓其感而不应，攻而不动者也。②

这三段话从不同角度说明了道家自然无为思想绝不是什么消极被动、因循等待，而是在排除主观、私意的前提下，主动地因势利导，即所谓“循理”“因资”地去举事立功。这也就是《老子》所追求的理想：

> 功成事遂，百姓皆谓我自然。③

这种顺自然而不违天时的思想，在传统儒家文化中也是极为强调和十分丰富的。前面我们曾提到荀子关于人与天地参的思想，以往人们都以此来强调荀子的“人定胜天”思想，殊不知荀子的人与天地参思想或如人们所说的“人定胜天”的思想，恰恰是建立在他的顺自然而不违天时的认识基础之上的。所以，他在提出“天有其时，地有其财，人有其治，夫是之谓能参”的结论之前是这样来分析的：

> 不为而成，不求而得，夫是之谓天职。如是者，虽深，其人不加虑焉；虽大，不加能焉；虽精，不加察焉。夫是之谓不与天争职。④

而紧接着“夫是之谓能参”后，则又再强调说：

> 舍其所以参而愿其所参，则惑矣。列星随旋，日月递照，(西)〔四〕时代御，阴阳大化，风雨博施。万物各得其和以生，各得其养以成。不见其事，而见其功，夫是之谓神。皆知

---

① 《淮南子》卷一《原道训》，第 1207 页。

② 《淮南子》卷十九《修务训》，第 1296 页。

③ 《老子》十七章，拙著《王弼集校释》上册，第 41 页。

④ 《荀子·天论》，《诸子集成》第二册，第 205—206 页。

其所以成，莫知其无形，夫是之谓天〔功〕。唯圣人为不求知天。①

最后，荀子总结说：

圣人清其天君（“心居中虚，以治五官，夫是之谓天君”），正其天官（“耳目鼻口形能，各有接而不相能也，夫是之谓天官”），备其天养（“财非其类，以养其类，夫是之谓天养”），顺其天政（“顺其类者谓之福，逆其类者谓之祸，夫是之谓天政”），养其天情（“形具而神生，好恶喜怒哀乐臧焉，夫是之谓天情”），以全其天功（“皆知其所以成，莫知其无形，夫是之谓天〔功〕”）。如是，则知其所为，知其所不为矣，则天地官而万物役矣！②

这里一连串的“天”字，都是强调其为“自然”之意。荀子认为，人只有顺其自然，才会懂得什么应当去做，什么不应当去做，才能掌握天时地财，利用万物。又如，前引《中庸》“唯天下至诚，……则可以与天地参矣”一段，同样也是强调只有尽人、物的自然之性，方能参与天地之化育。儒家把大禹治水的智慧看成是顺自然的典范，充分体现了有为和无为在顺自然原则中的统一。孟子对这一问题的论述是极有启迪的。他说：

天下之言性也，则故而已矣。故者以利为本。所恶于智者，为其凿也。如智者若禹之行水也，则无恶于智矣。禹之行水也，行其所无事也。如智者亦行其所无事，则智亦大矣。天之高也，星辰之远也，苟求其故，千岁之日至，可坐而致也。③

朱熹非常赞赏孟子的这一论述，他的注释发挥了孟子的思想，且有助于我们了解孟子这段话的精义之所在。现摘引朱熹部分注文如下，他说：

性者，人物所得以生之理也。故者，其已然之迹，若所谓

① 《荀子·天论》，《诸子集成》第二册，第206页。

② 同上书，第206、207页。

③ 《孟子·离娄下》，《四书章句集注》，中华书局，1983年，第297页。

> 天下之故者也。利，犹顺也，语其自然之势也。言事物之理，虽若无形而难知；然其发见之已然，则必有迹而易见。……然其所谓故者，又必本其自然之势。
>
> 禹之行水，则因其自然之势而导之，未尝以私智穿凿而有所事，是以水得其润下之性而不为害也。
>
> 愚谓事物之理，莫非自然。顺而循之，则为大智。若用小智而凿以自私，则害于性而反为不智。①

以上所引都十分明确而概括地表达了儒家“顺自然”而与自然之天“合一”的基本观点。

三

人与天命之天“合一”的中心是“疾敬德”。这一观念，大概起源于殷末周初。《尚书·召诰》中有一段告诫周王要牢记夏、殷亡国教训的文字，很能说明这一点。其文曰：

> 王敬作所，不可不敬德。我不可不监于有夏，亦不可不监于有殷。我不敢知，曰：有夏服天命，惟有历年。我不敢知，曰：不其延。惟不敬厥德，乃早坠厥命。我不敢知，曰：有殷受天命，惟有历年。我不敢知，曰：不其延。惟不敬厥德，乃早坠厥命。……肆惟王其疾敬德，王其德之用，祈天永命。②

这是说，夏、殷之所以灭亡，主要是由于他们“不敬德”，因此，周王如要永保天命的话，就一定要“疾敬德”。所谓“皇天无亲，惟德是辅”（《尚书·蔡仲之命》），是周初人的一种共识，也是以后儒家论述天人合一的一个中心命题。我们在《尚书》一书中，随处都可以翻检出有关于因“不敬德”而失天下的记述。诸如说：

> 禹乃会群后，誓于师曰：“济济有众，咸听朕命。蠢兹有苗，昏迷不恭，侮慢自贤，反道败德。君子在野，小人在位，民弃不保，天降之咎。肆予以尔众士，奉辞罚罪，尔尚一乃心

---

① 《孟子·离娄下》，第297页。

② 孔颖达《尚书正义》卷十五，第213页。

力，其克有勋。”①

“反道败德”，这是有苗失天下的缘由。

有夏昏德，民坠涂炭，天乃锡王勇智，表正万邦，缵禹旧服。兹率厥典，奉若天命。②

夏王灭德作威，以敷虐于尔万方百姓，尔万方百姓罹其凶害，弗忍荼毒。并告无辜于上下神祇。天道福善祸淫，降灾于夏，以彰厥罪；肆台小子，将天命明威，不敢赦，敢用玄牡，敢昭告于上天神后，请罪有夏。③

伊尹既复政厥辟，将告归，乃陈戒于德。曰：“呜呼！天难谌，命靡常。常厥德，保厥位，厥德匪常，九有以亡。夏王弗克庸德，慢神虐民，皇天弗保，监于万方，启迪有命。眷求一德，俾作神主。惟尹躬暨汤，咸有一德，克享天心，受天明命。以有九有之师，爰革夏正，非天私我有商，惟天佑于一德，非商求于下民，惟民归于一德，德惟一，动罔不吉；德二三，动罔不凶。惟吉凶不僭在人，惟天降灾祥在德。”④

“有夏昏德”“夏王灭德作威”“夏王弗克庸德”，这是夏失天下的缘由。

今商王受，弗敬上天，降灾下民，沉湎冒色，敢行暴虐……皇天震怒，命我文考，肃将天威，大勋未集。肆予小子发，以尔友邦冢君，观政于商……受有臣亿万，惟亿万心。予有臣三千，惟一心。商罪贯盈，天命诛之，予弗顺天，厥罪惟钧。⑤

今商王受，狎侮五常，荒怠弗敬，自绝于天，结怨于民，

---

① 《尚书·大禹谟》，同上卷四，第137页。烈按，以下引《尚书》各篇只是为了说明周初以后传统文化中以“敬德”祈天命观念的广泛与深入，所以对于其中各篇今古文之别及时代之差异，未予细计。

② 《尚书·仲虺之诰》，卷八，第161页。

③ 《尚书·汤诰》，卷八，第162页。

④ 《尚书·咸有一德》，卷八，第165—166页。

⑤ 《尚书·泰誓上》，卷十一，第180—181页。

斫朝涉之胫，剖贤人之心，作威杀戮，毒痛四海……古人有言曰："抚我则后，虐我则仇。"独夫受，洪惟作威，乃汝世仇。树德务滋，除恶务本。肆予小子，诞以尔众士，殄歼乃仇。①

曰："惟有道曾孙周王发，将有大正于商。"今商王受无道，暴殄天物，害虐烝民，为天下逋逃主，萃渊薮。予小子既获仁人，敢祗承上帝，以遏乱略。华夏蛮貊，罔不率俾，恭天成命。②

"弗敬上天，降灾下民""自绝于天，结怨于民""暴殄天物，害虐烝民"，这是殷商失天下的缘由。

这种自周初以来形成的"以德配天"的天人合一观中，无疑地其伦理道德色彩大大超过其宗教色彩。

天子受命于天，然只有有德者方能受此天命。何谓有德者？孟子在回答其弟子万章问及尧舜相传一事时，有一段论述是很值得思考的。孟子认为，天子是不能私自把天下传给他人的，舜之有天下，是天命授予的，尧只是起了推荐的作用。那么，天又是如何来表达它的意向的呢？孟子说，天不是用说话来表达的，而是通过对舜的行为和事迹的接受来表示其意向的。具体地讲，就是：

使之主祭而百神享之，是天受之；使之主事而事治，百姓安之，是民受之也。天与之，人与之，故曰：天子不能以天下与人。……《泰誓》曰："天视自我民视，天听自我民听"，此之谓也。③

这里所谓"使之主祭而百神享之，是天受之"，显然只具有外在的礼仪形式的意义，而"使之主事而事治，百姓安之，是民受之"，才具有实质的意义。由孟子所引《泰誓》一语可见，"人意"是"天命"的实在根据，"天命"则是体现"人意"的一种礼仪文饰。

---

① 《尚书·泰誓下》，卷十一，第 182 页。

② 《尚书·武成》，卷十一，第 184—185 页。

③ 《孟子·万章上》，第 308 页。

这种“天命”根据于“人”“民”之意愿，“人”“民”比鬼神更根本的观念，发生于周初，至春秋时期而有极大的发展。《泰誓》中，除孟子所引那一句外，也还说过这样的话：

天矜于民，民之所欲，天必从之。①

而在《尚书·皋陶谟》中说：

天聪明，自我民聪明；天明畏，自我民明威。②

孔安国释此句之义，最能体现天命以民意为根据的观念。他说：

言天因民而降之福，民所归者，天命之。天视听人君之行，用民为聪明。

天明可畏，亦用民成其威。民所叛者，天讨之，是天明可畏之效。③

至春秋时期，这方面的思想得到了极大的发展。以下摘引几条人们熟知的《左传》中的材料，以见其一斑。

〔季梁〕对曰：“夫民，神之主也，是以圣王先成民而后致力于神。……故务其三时，修其五教，亲其九族，以致其禋祀，于是乎民和而神降之福，故动则有成。今民各有心，而鬼神乏主，君虽独丰，其何福之有？”④

史嚚曰：“虢其亡乎！吾闻之：国将兴，听于民；将亡，听于神。神，聪明正直而壹者也，依人而行。”⑤

进而一些思想家更明白地宣称“妖由人兴”“吉凶由人”。如：

〔申繻〕对曰：“……妖由人兴也。人无衅焉，妖不自作。人弃常，则妖兴，故有妖。”⑥

---

① 《尚书·泰誓上》，同前卷十一，第 181 页。

② 《尚书·皋陶谟》，卷四，第 139 页。

③ 同上。

④ 孔颖达《春秋左传正义》卷六“桓公六年传”，《十三经注疏》（下册），第 1750 页。

⑤ 《春秋左传正义》卷十“庄公三十二年传”，第 1783 页。

⑥ 《春秋左传正义》卷九“庄公十四年传”，第 1771 页。

何谓“弃常”？晋伯宗在回答晋侯的话中，有一段可为说明。伯宗说：

天反时为灾，地反物为妖，民反德为乱，乱则妖灾生。①

所以，当宋襄公问周内史叔兴关于“陨石于宋五”和“六鹢退飞过宋都”二事“是何祥也，吉凶焉在”时，叔兴表面应付一下，退而则告人曰：

君失问。是阴阳之事，非吉凶所生也。吉凶由人。②

而晏婴对齐侯欲使巫祝禳彗星之灾时，则进言曰：

无益也，只取诬焉。……君无违德，方国将至，何患于彗？……若德回乱，民将流亡，祝史之为，无能补也。③

由此，人事急于神事，民意重于神意的观念深植于中国传统文化之中，并成为历代圣贤、明君无时不以为诫的教训。《礼记·表记》中尝借孔子之口，比较了夏、商、周三代文化的不同特色，其中在述及周文化特色时说：

周人尊礼尚施，事鬼敬神而远之，近人而忠焉，其赏罚用爵列，亲而不尊。其民之敝：利而巧，文而不惭，贼而蔽。④

周文化这一近人而远鬼神的特色影响深远，以至当季路向孔子问“事鬼神”之事时，孔子相当严厉地斥责说：

未能事人，焉能事鬼？⑤

而当孔子在回答樊迟问“知”时，则又表示说：

务民之义，敬鬼神而远之，可谓知矣。⑥

“务民之义”是“人有其治”的具体体现，人之治如果搞不好，鬼神也是无能为力的。因此说，只有懂得近人而远鬼神，把人事放在第一位，切实做好它，才能称之为“知”。这也许就是为什

---

① 《春秋左传正义》卷二十四“宣公十五年传”，第1888页。
② 《春秋左传正义》卷十四“僖公十六年传”，第1808—1809页。
③ 《春秋左传正义》卷五十二“昭公二十六年传”，第2115页。
④ 孔颖达《礼记正义》卷五十四，第1642页。
⑤ 《论语·先进》，《四书章句集注》，中华书局，1983年，第125页。
⑥ 《论语·雍也》，第89页。

么在中国传统中，把政权看得比神权更重的文化上的根源。

四

“礼”起源于祭祀，与原始宗教有着密切的关系，这是毫无疑问的。然而“礼”在中国传统文化的发展历程中，则是越来越富于人文的内涵，乃至最终成为体现中国传统文化人文精神的主要载体之一。“礼”通过祭祀，从消极方面来讲，是为了祈福禳灾；而从积极方面来讲，则是为了报本。报什么本？荀子的论述是十分值得注意的。他说：

> 礼有三本：天地者，生之本也；先祖者，类之本也；君师者，治之本也。无天地恶生？无先祖恶出？无君师恶治？三者偏亡，焉无安人。故礼，上事天下事地，尊先祖而隆君师，是礼之三本也。①

把君师之治作为礼之本，一方面是以礼制形式来落实人与天地参的思想，另一方面又是使“礼”包含了更多的人文内涵。“礼”字在《论语》一书中凡七十四见，然除了讲礼如何重要和如何用礼之外，对礼的具体含义没有任何表述。即使当林放提出“礼之本”这样的问题，孔子也只是回答说：“礼，与其奢也，宁俭”②，仍然只是如何用礼的问题。《孟子》一书中“礼”字凡六十八见，其中大部分也是讲如何用礼的问题，只有几处稍稍涉及一些礼的具体含义，如说：“辞让之心，礼之端也”③；“恭敬之心，礼也”④；“男女授受不亲，礼也”⑤； “礼之实，节文斯二者（指仁、义）是也”⑥。荀子是中国传统文化中“礼”学的奠基者。《荀子》一书中“礼”字凡三百余见，全面论述了礼的起源，礼的教化作用，礼的社会功能等等，尤其是突出地阐发了礼的人文内涵。如，他对礼

---

① 《荀子 · 礼论》，《诸子集成》第二册，第 233 页。

② 《论语 · 八佾》，第 62 页。

③ 《孟子 · 公孙丑上》，第 238 页。

④ 《孟子 · 告子上》，第 328 页。

⑤ 《孟子 · 离娄上》，第 284 页。

⑥ 《孟子 · 离娄上》，第 287 页。

的起源的论述，完全抛开了宗教的解释。他说：

> 礼起于何也？曰：人生而有欲，欲而不得，则不能无求，求而无度量分界，则不能不争。争则乱，乱则穷。先王恶其乱也，故制礼义以分之，以养人之欲，给人之求。使欲必不穷乎物，物必不屈于欲，两者相持而长，是礼之所起也。①

据此，在荀子看来，礼的主要内容就是我们在上文提到过的“明分”，或者说“别”。所谓“别”或“明分”就是要使社会形成一个“贵贱有等，长幼有差，贫富轻重皆有称者也”② 的伦序。荀子认为，确立这样的伦序是保证一个社会安定和谐所必需的。所以他说：

> 然则从人之欲，则势不能容，物不能赡也。故先王案为之制礼义以分之，使有贵贱之等，长幼之差，知愚能不能之分，皆使人载其事而各得其宜，然后使悫禄多少厚薄之称，是夫群居和一之道也。③

毫无疑问，荀子这里所讲的礼，充满了宗法等级制度的内容，是我们今天要批判、要抛弃的。然而，我们也无法否定，任何一个社会都需要有一定的伦序，否则这个社会是无法安定和谐的。因此，荀子关于“皆使人载其事而各得其宜，然后使悫禄多少厚薄之称”，从而达到“群居和一”的理想，也还是有值得我们今天批判继承的地方。

荀子阐发的礼的人文内涵，在中国传统文化中，特别是儒家文化中，有着极为深远的影响。从而在中国文化传统中，常常是把那些带有宗教色彩的仪式纳入礼制中去，而不是使礼制作为宗教的一种仪规。试举一例以明之。如，荀子对于人问“雩而雨，何也？”回答说：“无何也！犹不雩而雨也。”这是大家都很熟悉的一则典故。“雩”原是一种宗教色彩很浓的求雨仪式，荀子在这里虽然明

---

① 《荀子·礼论》，《诸子集成》第二册，第231页。

② 同上。

③ 《荀子·荣辱》，第44页。

确表示了“犹不雩而雨也”的意见，但他并没有完全否定这种仪式，只是认为不应当把它神化。换言之，如果把它作为一种礼的仪式，荀子认为还是有意义的。请看荀子紧接着此问后所阐发的一个重要论点，他说：

日月食而救之，天旱而雩，卜筮然后决大事，非以为得求也，以文之也。故君子以为文，而百姓以为神。以为文则吉，以为神则凶也。①

这里所谓的“文”，是“文饰”的意思，相对于“质朴”而言，“礼”为文饰之具，“文”为有礼的标志。荀子这段话的主旨，就是强调要把救蚀、雩雨、卜筮等带有原始宗教色彩的仪式作为一种具有人文意义的“礼”仪来看待，而不要把它作为一种求助于神灵的信仰仪式去看待。

人们常常把荀子的这段话与《周易·观卦·彖传》中的“圣人以神道设教”说联系在一起，这是有一定道理的。但是，通常人们对“神道设教”的解释，则似乎并不符合其原义。按照一般的解释，这句话的意思是说，圣人借“神”道以教化百姓。把“圣人以神道设教”一句中的“神”字，与上述荀子《天论》中“百姓以为神”的“神”字，看成是相同的意思。其实，这里有误解。《观卦·彖传》的“圣人以神道设教”一句中，“神道”是一个词，而不是单独以“神”为一个词。试观其前后文即可明白矣。文曰：“观天之神道，而四时不忒；圣人以神道设教，而天下服矣！”这里可以明白地看到，所谓“圣人以神道设教”一句中的“神道”，就是前文中“天之神道”的“神道”。何为“天之神道”？也就是文中所说的“四时不忒”，亦即自然运行法则。所以，所谓“圣人以神道设教”，即是圣人则天，以“四时不忒”之道来作为教化的原则。

值得注意的是，效法天道自然法则正是传统“礼”论中的中心内容之一。如《礼记·丧服四制》中说：

---

① 《荀子·天论》，《诸子集成》第二册，第211页。

凡礼之大体，体天地、法四时、则阴阳、顺人情，故谓之礼。訾之者，是不知礼之所由生也。①

由此可见，《观卦·彖传》中所讲的“神道”，与荀子文中所表扬的“君子以为文”的精神是相一致的，而与其所批评的“百姓以为神”的“神”字意思则是根本不一样的。

以“卜筮然后决大事”为“文”而不以为“神”，这也是体现中国传统文化人文精神的一个突出例子。“卜筮然后决大事”本来是一件“神”事，然而现在却把它纳入了“文”事。“文”事者，“非以为得求也”。这样，“卜筮”所决之事也就失去了它的绝对权威性，而成为只具有一定参考价值的意见。于是，“卜筮”作为一种礼仪形式的意义，也就远远超过了依它来“决大事”的意义。

把卜筮纳入“礼”中，确实有借“神”道以设教的意图。如，《礼记·曲礼》中有这样一段话：

卜筮者，先圣王之所以使民信时日、敬鬼神、畏法令也，所以使民决嫌疑、定犹与（豫）也。②

这里把“畏法令”也作为卜筮的一项内容，其教化的意义是十分明显的。因而，与此相关，对于利用卜筮来蛊惑人心者，则制定了严厉的制裁条例来禁止它。如，《礼记·王制》中规定：

析言破律，乱名改作，执左道以乱政，杀；作淫声，异服奇技，奇器以疑众，杀；行伪而坚，言伪而辩，学非而博，顺非而泽以疑众，杀；假于鬼神、时日、卜筮以疑众，杀。此四诛者，不以听。③

文中所谓“此四诛者，不以听”的意思是说，对于这四种人不用听其申辩即可处以死刑。

至此，中国传统文化和哲学中上薄拜神教的人文精神，应当说已经反映得相当充分了。

---

① 孔颖达《礼记正义》卷六十三，第 1694 页。

② 孔颖达《礼记正义》卷三，第 1252 页。

③ 孔颖达《礼记正义》卷十三，第 1344 页。

五

关于中国传统文化和哲学中下防拜物教的人文精神，则大量地体现在儒、道、佛三教的有关心性道德修养的理论中。中国传统文化之所以注重并强调心性道德修养，这是与中国历代圣贤们对人的本质的认识密切相关的。上面我们曾引过一段荀子论人“最为天下贵”的文字，在那段文字里，荀子把天下万物分为四大类：一类是无生命的水火，一类是有生命而无识知的草木，一类是有生命也有识知的禽兽，最后一类就是不仅有生有知而更是有义的人类。“义”是指遵循一定伦理原则的行为规范，如荀子说的，“仁者爱人，义者循理”①，“夫义者，所以限禁人之为恶与奸者也。……夫义者，内节于人而外节于万物者也”②，等等。在荀子看来，这就是人类与其他万物，特别是动物（禽兽）的根本区别之所在。荀子的这一观点是很有代表性的。在中国传统文化中，绝大部分的圣贤都持这样的观点，即把具有伦理观念和道德意志看作人的本质，作为区别人与动物的根本标志。如孟子也说过：

> 人之所以异于禽兽者几希，庶民去之，君子存之。③

那不同于禽兽的一点点，就是人的伦理意识和道德感情。孔子在回答子游问孝时尝说：

> 今之孝者，是谓能养。至于犬马，皆能有养；不敬，何以别乎？④

孟子则说：

> 人之有道也，饱食、暖衣、逸居而无教，则近于禽兽。⑤

孔、孟的这两段论述都是强调，只有具有自觉的伦理意识和道德感情，才能把人的行为与禽兽的行为区别开来。对此，荀子有更

---

① 《荀子·议兵》，《诸子集成》第二册，第185页。

② 《荀子·强国》，《诸子集成》第二册，第203—204页。

③ 《孟子·离娄下》，第293页。

④ 《论语·为政》，第56页。

⑤ 《孟子·滕文公上》，第259页。

进一步的论述，他说：

人之所以为人者，何已也？曰：以其有辨也。饥而欲食，寒而欲暖，劳而欲息，好利而恶害，是人之所生而有也，是无待而然者也，是禹桀之所同也。然则，人之所以为人者，非特以二足而无毛也，以其有辨也。今夫狌狌形笑亦二足而毛也，然而君子啜其羹、食其胾。故人之所以为人者，非特以其二足而无毛也，以其有辨也。夫禽兽有父子而无父子之亲，有牝牡而无男女之别。故人道莫不有辨，辨莫大于分，分莫大于礼，礼莫大于圣王。①

《礼记·曲礼》发挥这一思想，亦强调人当以礼来自别于禽兽。如说：

鹦鹉能言，不离飞鸟；猩猩能言，不离禽兽。今人而无礼，虽能言，不亦禽兽之心乎？夫唯禽兽无礼，故父子聚麀。是故圣人作，为礼以教人，使人以有礼，知自别于禽兽。②

宋儒吕大临阐发《曲礼》这段话的思想说：

夫人之血气嗜欲，视听食息，与禽兽异者几希，特禽兽之言与人异尔，然猩猩、鹦鹉亦或能之。是则所以贵于万物者，盖有理义存焉。圣人因理义之同，制为之礼，然后父子有亲，君臣有义，男女有别，人道之所以立，而与天地参也。纵恣怠敖，灭天理而穷人欲，将与马牛犬彘之无辨，是果于自暴自弃而不齿于人类者乎！③

明儒薛瑄也说：

人之所以异于禽兽者，伦理而已。何谓伦？父子、君臣、夫妇、长幼、朋友五者之伦序是也。何谓理？即父子有亲、君臣有义、夫妇有别、长幼有序、朋友有信五者之天理是也。于伦理明而且尽，始得称为人之名。苟伦理一失，虽具人之形，

---

① 《荀子·非相》，《诸子集成》第二册，第50页。

② 孔颖达《礼记正义》卷一，第1231页。

③ 孙希旦《礼记集解》卷一，中华书局，1989年，第11页。

其实与禽兽何异哉！盖禽兽所知者，不过渴饮饥食、雌雄牝牡之欲而已，其于伦理则蠢然无知也。故其于饮食雌雄牝牡之欲既足，则飞鸣踯躅、群游旅宿，一无所为。若人，但知饮食男女之欲，而不能尽父子、君臣、夫妇、长幼、朋友之伦理，即暖衣饱食，终日嬉戏游荡，与禽兽无别矣。①

吕、薛二氏的论说，足以代表宋明理学家们关于人的本质的基本观点。从以上的论述中，我们可以看到，历代思想家们一致强调，明于伦理是人与禽兽区别的根本标志。进而更认为，但求物欲上的满足，则将使人丧失人格而沦为禽兽。所以，对于人的伦理与物欲的关系问题，一直成为中国传统文化和哲学中最重要的主题之一。这也就是为什么在中国传统文化中，尤其是儒家文化中，把人格的确立（以区别于禽兽）和提升（以区别于一般人）放在第一位，而且把伦理观念、道德规范的教育和养成看作是一切教育之基础的根源之所在。

事实上，在中国历代圣贤的心目中，正确认识和处理伦理与物欲的关系问题是确立人格和提升人格的关键。对于这一问题，在中国传统文化中大致是从三个层次来进行探讨的：一是理论层次，讨论“理”“欲”问题；一是实践层次，讨论“义”“利”问题；一是修养（教育）层次，讨论“役物”“物役”问题。在中国传统文化中，有关这方面的内容是极其丰富的。概括地讲，在理论上以“以理制欲”“欲需合理”说为主流，部分思想家将其推至极端，而提出了“存理灭欲”说；在实践上以“先义后利”“重义轻利”说为主流，部分思想家将其推至极端，而提出了“正其谊不谋其利，明其道不计其功”之说；在修养上则概以“役物”为尚，即做物欲的主人，而蔑视“物役”，即沦为物欲的奴隶。

由于部分宋明理学家，如程朱等，在理欲问题上过分地强调“存天理灭人欲”，因而不仅遭到历史上不少思想家的批评，更受到

---

① 《文清公薛先生文集》卷十二《戒子书》，《薛瑄全集》上册，山西人民出版社，1990 年，第 661 页。

了近现代民主革命时代思想家的激烈批判，斥其为压制人性、无视人性，这是历史的需要，完全是应当的。但是，我们如果全面地来检视一下中国传统文化中有关“理”“欲”关系的理论，则很容易就可以发现“存理灭欲”之说实非居于主流地位。若如程朱等所说，必待灭尽人欲方能存得天理，即使以此为极而言之说，其理论上之偏颇也是显而易见的。人们尝以为程朱之说发轫于《礼记·乐记》，如与朱熹同时之陆九渊就认为：

天理人欲之分论极有病。自《礼记》有此言，而后人袭之。①

又说：

天理人欲之言，亦自不是至论。若天是理，人是欲，则是天人不同矣。此其原盖出于老氏。《乐记》曰：“人生而静，天之性也；感于物而动，性之欲也。物至知知，而后好恶形焉。不能反躬，天理灭矣。”天理人欲之言，盖出于此。《乐记》之言亦根于老氏。②

理学家之谈天理人欲或根于《乐记》，然程朱等所谈之天理人欲关系与《乐记》所论之天理人欲关系已经有了很大的不同。《乐记》所论曰：

人生而静，天之性也；感于物而动，性之欲也。物至知知，然后好恶形焉。好恶无节于内，知诱于外，不能反躬，天理灭矣。夫物之感人无穷，而人之好恶无节，则是物至而人化物也。人化物也者，灭天理而穷人欲者也。于是有悖逆诈伪之心，有淫泆作乱之事。是故强者胁弱，众者暴寡，知者诈愚，勇者苦怯，疾病不养，老幼孤独不得其所，此大乱之道也。是故先王之制礼乐，人为之节。③

对照陆九渊所引本节之文，人们可以看到陆氏引文中略去了

① 《语录》下，《陆九渊集》，中华书局，1980年，第475页。

② 《语录》上，第395页。

③ 孔颖达《礼记正义》卷三十七，第1529页。

"好恶无节于内，知诱于外"一句，然而这一句恰好是《乐记》本节所论旨趣之关键所在。《乐记》并未否定人感于物而动的性之欲，它只是否定那种好恶无节于内，知诱于外，且又不能反躬的人。这样的人，在它看来就是在无穷的物欲面前，不能自我节制，而被物支配了的人，亦即所谓"物至而人化物也"。人为物所支配，为了穷其人欲，那就有可能置一切伦理原则于不顾，而做出种种背离伦理的事来。为此，《乐记》才特别强调了"制礼乐，人为之节"的重要和必要。

《乐记》的这一思想，很可能来源于荀子。上面我们曾引用过荀子一段论述关于礼的起源的文字，在那里他肯定了"人生而有欲，欲而不得，则不能无求"。但同时他又指出，如果"求而无度量分界"，那就会造成社会的争乱。因此，需要制定礼义来节制之，以达到"养人之欲，给人之求"的理想。由此可见，如果说在程朱理学的"存天理灭人欲"命题中具有禁欲主义意味的话，那么在《乐记》和荀子那里并无此意。《乐记》主张"节欲"，而荀子则除了讲"节欲"外，还提出了"养欲""导欲""御欲"① 等一系列命题，"节欲"理论甚是丰富。荀子尝指出，那些提出"去欲""寡欲"主张的人，其实是他们在实践中没有能力对人们的欲望加以引导和节制的表现。他说：

> 凡语治而待去欲者，无以道欲，而困于有欲者也。凡语治而待寡欲者，无以节欲，而困于多欲者也。②

---

① 荀子提出"节用御欲"的命题，是强调人们在消费时应当有长远的后顾之忧，时时控制欲求，节约消费。他说："人之情，食欲有刍豢，衣欲有文绣，行欲有舆马，又欲夫余财蓄积之富也。然而穷年累世不知足，是人之情也。今人之生也，方知蓄鸡狗猪彘，又蓄牛羊，然而食不敢有酒肉；余刀布，有囷窌，然而衣不敢有丝帛；约者有筐箧之藏，然而行不敢有舆马；是何也？非不欲也，几不长虑顾后，而恐无以继之故也？于是又节用御欲，收敛蓄藏以继之也。是于己长虑顾后，几不甚善矣哉！"（《荀子·荣辱》，第 42 页）

② 《荀子·正名》，第 283 页。

他还认为，欲求是人生来就具有的，问题在于你的欲求合理不合理。如果合理，那么再多的欲求也不会给社会带来问题，如果不合理，那么再少的欲求也会给社会造成混乱。这就是他说的：

欲不待可得，所受乎天也；求者从所可，受乎心也。……故欲过之而动不及，心止之也。心之所可中理，则欲虽多，奚伤于治？欲不及而动过之，心使之也。心之所可失理，则欲虽寡，奚止于乱！①

总之，荀子认为：

性者，天之就也；情者，性之质也；欲者，情之应也。以所欲为可得而求之，情之所必可免也。……欲虽不可尽，可以近尽也；欲虽不可去，求可节也。②

荀子的这些思想是合理而深刻的，对于后世的影响也是极其深远的。宋明以往批判程朱"存理灭欲"说者，其基本理论并未超过荀子多少。试举一二以见其概，如明儒罗钦顺尝论曰：

夫人之有欲，固出于天，盖有必然而不容已，且有当然而不可易者。于其所不容已者，而皆合乎当然之则，夫安往而非善乎？惟其恣情纵欲而不知反，斯为恶尔。先儒多以去人欲、遏人欲为言，盖所以防其流者，不得不严，但语意似乎偏重。夫欲与喜怒哀乐，皆性之所有者，喜怒哀乐又可去乎？③

又如，清儒戴震在批判程朱的"存天理灭人欲"说，以及解释《乐记》"灭天理而穷人欲"一语时说：

性，譬则水也；欲，譬则水之流也；节而不过，则为依乎天理，为相生养之道，譬则水由地中行也；穷人欲而至于有悖逆诈伪之心，有淫泆作乱之事，譬则洪水横流，泛滥于中国也。……天理者，节其欲而不穷人欲也。是故欲不可穷，非不可有；有而节之，使无过情，无不及情，可谓之非天理乎！④

---

① 《荀子·正名》，第 284 页。

② 《荀子·正名》，第 284—285 页。

③ 《困知记》卷下，中华书局，1990 年，第 28 页。

④ 《孟子字义疏证》卷上，中华书局，1982 年，第 10—11 页。

此外，道家等从养生的角度也讲述了不少有关“节欲”“养欲”的道理，对于丰富传统文化中的“节欲”理论也是很有价值的。①

在荀子之前就流传着这样的教训，即所谓“君子役物，小人役于物”。荀子对此解释说：

> 志意修则骄富贵，道义重则轻王公，内省而外物轻矣！传曰：“君子役物，小人役于物”，此之谓矣。②

这句话的意思是说，注重精神修养和伦理实践的人则轻视富贵地位，也就是说，注重内心反省的人，对身外之物是看得很轻的。历代相传的“君子支配物，小人被物支配”，就是这个意思。做“役物”的“君子”，还是做“役于物”的“小人”，这是人格修养上必须明辨的问题。荀子进一步对比此二者说：

> 志轻理而不〔外〕重物者，无之有也；外重物而不内忧者，无之有也；行离理而不外危者，无之有也；外危而不内恐者，无之有也。……故欲养其欲而纵其情，欲养其性而危其形，欲养其乐而攻其心，欲养其名而乱其行。如此者，虽封侯称君，其与夫盗无以异；乘轩戴絻，其与无足无以异。夫是之谓以己为物役矣。

反之：

> 心平愉，则色不及佣而可以养目，声不及佣而可以养耳，蔬食菜羹而可以养口，粗布之衣、粗紃之履而可以养体，屋室庐庾葭稿蓐尚机筵而可以养形。故无万物之美而可以养乐，无

---

① 如《吕氏春秋》卷一《重己》篇说：“昔先圣王之为苑囿园池也，足以观望劳形而已矣；其为宫室台榭也，足以辟燥湿而已矣；其为舆马衣裘也，足以逸身暖骸而已矣；其为饮食酏醴也，足以适味充虚而已矣；其为声色音乐也，足以安性自娱而已矣。五者，圣王之所以养性也，非好俭而恶费也，节乎性也。”（1986 年上海古籍出版社版《二十二子》，第 630—631 页）又，卷二《情欲》篇也说：“天生人而使有贪有欲，欲有情，情有节，圣人修节以止欲，故不过行其情也。”（同上，第 633 页）

② 《荀子·修身》，第 16 页。

势列之位而可以养名。……夫是之谓重己役物。①

这种不为物累，勿为物役的思想在佛、道理论系统中更是俯拾皆是，此处暂不赘述。然至此，中国传统文化和哲学中下防拜物教的人文精神，应当说也已经反映得相当充分了。

人不应当“役于神”，更不应当“役于物”，人应当有自己独立的人格。有不少人以为，依仗现代高科技，人类已经可以告别听命于“神”的历史，人类已经可以随心所欲地去支配“物”的世界了。然而，我们如果冷静地看看当今世界的现实，则恐怕就不会这样乐观了。“役于神”的问题是极其复杂的，绝非单纯的科技发展就能解决的。君不见，当今世界各大有神宗教，凭借着社会经济增长的坚实后盾，几乎与现代高科技同步高速发展，且新兴宗教层出不穷。“役于物”的问题，则随着现代高科技的发展，人类向“物”世界索取手段的不断提高，因而对于物的欲求也是在进一步的膨胀。更何况当今世界是一个讲求实力的时代，全世界的经济实力竞争，把全人类逼上了“役于物”的险途而尚不能自反。

众所周知，18 世纪欧洲的启蒙运动，高扬人本主义去冲破中世纪神本文化的牢笼，然而诚如当时那些主要思想家所言，他们倡导的人本主义，从中国儒、道哲学的人文精神中得到了极大的启发和鼓舞。② 而当今东西方思想家注目于中国传统文化和哲学，恐怕主要是想借助中国传统文化和哲学中的人文精神来提升人的精神生活、道德境界，以抵御由于物质文明的高度发展而带来的拜金主义和拜物教，以及由此而造成的人类的自我失落和精神空虚。我想，这大概也就是中国传统文化中的人文精神为什么还值得人们在今日来认真研究一番的理由吧！

---

① 《荀子·正名》，第 286—287 页。

② 对此问题有兴趣者，可参阅朱谦之先生《中国哲学对于欧洲的影响》一书，福建人民出版社 1985 年版。

论中华文化的人文特质[①]

今年（2015 年），我到北大整整六十年了。我是 1955 年入的北大，到今年整整六十年。我们是北大第一届的五年制学生，1960 年毕业，然后留校任教，到今年正好是五十五年的教龄。最近，我老在讲“中国文化的人文特质”，过去我老讲“人文精神”。没有人文特质，哪来人文精神？

我们讲某一个特质一定是跟别的东西来比较，否则谈不上特质。所以，这里要跟西方的文化比较，跟人们比较关注的文化比较。我们大家现在关注的是科技文化，“科学”这个概念成为我们潜意识中的一个名词。我们现在无论讨论什么问题，人们不自觉地会问，你这个说法有科学依据吗？你这个说法科学吗？等等。但是没有人问，你这个说法合乎人文吗？这是今天这个时代使然。我们现在常常讲，这是一个科学昌明的时代，是一个科技日新月异的时代，所以人们潜意识里就会问问你这科学不科学。可是我要问一下大家，你的脑袋里的这个“科学”是什么含义、什么意思啊？有没有人能说得清楚？所以，我觉得我们现在的文化、世界文化的发展

① 2015 年 12 月 6 日上午，楼宇烈先生在北京大学英杰交流中心第四会议室发表讲话，专题讲述“中华文化的人文特质”。现场听众 50 余人，多为先生门人，对先生最近的思想与体悟有更深的感受。经楼先生同意，现将录音整理成文，以飨读者。负责整理的同学有徐佳希、卞景、吴丹、李天赐、樊经洋、杜乐、王坤、郜建华、吴继忠、孙国柱等。该文原题《中华文化的人文特质》，载于李四龙主编《人文宗教研究》总第十辑，宗教文化出版社，2018 年。此次收录文集，改为今题，略有修改。

有点偏颇，现在很多问题恐怕也出在这里面。

一

我们中国的文化，它有比较鲜明的人文色彩。那么，“人文”这个概念说得清楚吗？我想这是说得清楚的，因为这是我们一个传统的概念。很早以前，《周易·贲卦》的彖传里面就讲：“刚柔交错，天文也；文明以止，人文也。观乎天文，以察时变；观乎人文，以化成天下。”观乎天文，四时变化，以察四时，春夏秋冬；文明以止，用文的方法、文明的方法来止。文明，就是礼乐教化。所以，观乎人文，以化成天下。我们中国的文化，也可以概括成“人文化成”。人文化成，就是通过礼乐的教化形成一个民族的精神、社会的风俗。因为我们教育的目的，《学记》里面就讲得很清楚，对个人来讲，就是不断地提升自我，提升自我的文化素养；对社会来讲是什么呢？化民成俗。那么，怎么来化民成俗？用“人文”。所以，我觉得这是中国文化一个根本的特质。

我过去看过，最近偶然又看到我们近代有一位学者黄侃说过的话。他是章太炎的大弟子，他在探讨学问的时候说了很多很精彩的话。比如，他说：“所谓博学者，为明白事理多，非记事多也。”什么叫博学？博学不是我记住很多的东西，而是我明白事理多。又如，他说：“凡学问，无论何种，以平易近人为常，以不可思议为变。”这也是很值得我们思考的，我们现在很多学问做得不可思议，而不是平易近人。他讲的一句话对我的触动挺大：“人类一切学问，当以正德、利用、厚生为三德。”

人类的一切学问，不是指哪一个专门的学问。大家知道这“三德”是从哪儿来的？——《尚书》。《尚书·大禹谟》讲到“六府三事”，“六府”——水火木金土谷。我们讲的“五行”也是从《尚书》里来的。“谷”字对人们的生活最直接，所以《尚书》里面特意加了一个“谷”。“谷”就是收藏的意思。三德，我想黄侃用的是他自己理解的三德，不一定是《大禹谟》里面原先的“三德”含义。原先《大禹谟》里面“三德”的含义，历来的注释者，包括郑玄、孔颖达，都把这“三德”归到领导者身上去，或者说统治者身上去。作为一个统治者，他首先要有德行，自己要有德行，以德为政，政在养民。在今天来讲，对于官员的教育，这段话是很有意义的。

作为领导者，首先要正德，而政治领导的最终目的，是养民。后面的利用和厚生，都是对老百姓来讲的。“利民之用，厚民之生”，对老百姓而言，最重要的是养民，让老百姓过上好的生活，不要苛征暴敛。所以，正德、利用、厚生，原来是从这个意义上来讲的。但是我看黄侃说“人类一切学问”，显然不是刚才那个意思。我看到黄侃的发挥：我们做一切学问，首先是要对我们做人的德性有所提升，正德。也就是儒家后来讲的，“古之学者为己”，为己之学美其身也，也就是正德。所以，一切学问，都要让它对于提升我们做人的德性有意义，这是最根本的。

第二，利用。这也不光是“利民之用”的意思，还有将这些学问运用到我们的人伦日用当中的意思，不是高谈阔论，而是付诸实践。利用到我们的人伦日用，这是我的一个发挥。因为我想黄侃也不是按照《大禹谟》历代的解释，而是从学问来讲，这个学问要能够利用。

第三，厚生。这些学问都要有益于民生。“民生”这个概念，不仅仅是民生这个问题，也是每个人身体的问题。这也就是为什么日本人把卫生部称为“厚生省”。“厚生”的概念在《吕氏春秋》里也有，是放在养生里面来讲。但是我们厚生一定要有度，没有度的话反而会害了自己，所以叫作“毋以厚生而害生”。厚生，一个是要对我们民生有利，一个是对养生也要有利。

人类的一切学问都要以这三个“德”作为纲领来指导我们，这就是一种人文的思考，不是仅把它当作一个外在的、没有任何意义的物质世界。任何的物质世界有了人，它就跟我们人发生了关系，我们对于外在物质世界的一切的研究，都离不开我们人。说到底，我们一切的研究，都是为了人。不是为了人，我们研究它干什么？既然都是为了人，我想这三句话就很重要，尤其是第一条，正德。我们文化的人文特质，在这三个“德”里面就体现出来了。我们不是把客观物质世界看成是跟我们人没有关系的完全对象化的东西，而是跟我们人密切相关的，这也构成了中国文化根本的品德、品质。

二

我们可以从中去思考：我们中国的传统文化跟西方的文化，有一些什么不同的地方。既然都是人类，就有相同的地方。我们在这儿是通过比较来讲，我们的文化侧重点在什么地方。不是说我们有的他们没有，也不是说他们有的我们没有，其实都是一样的，只不过是大家的侧重点、入手处不一样。这种不一样也就会形成不同的传统。比如说，我们跟印度的文化也有很多的不同，印度文化里面关于生命的认识，就跟我们很不一样。

印度文化是一种轮回的生命观，就是一种个体生命的不断更替。生命都是神创造的，神创造生命之后，这个生命就不断地在轮转，一期生命结束以后，再来一期生命，但都是个体的。而在中国文化中间，生命是群体的。个体的生命，有始就有终。生命的延续是靠下一代来延续的。佛教尽管诞生在印度文化环境中间，但它并不是说生命的轮转、命运的变化是由神来决定的，而是完全由个人来决定的，自己造什么样的业，就会得什么样的报，因果业报。但由于它是在印度文化中产生的，所以它的重点是讲个体生命的因果业报，特别当讲到三世因果的时候，就是我前一辈如何，我这一辈如何，我下一辈如何，都是一种个体的“报应”。

可是，中国的生命观就不一样了。中国人的生命观，生命是一代代相续的。“身也者，父母之遗体也”，子女都是父母的遗体，父母的生命都是在子女身上延续的，所以，报应可以报在子女身上去。中国人的因果报应，就是“积善之家必有余庆，积不善之家必有余殃”，是代代之间的因果报应。中国人最看重的就是不要给子女造下业，让他们将来受罪，不要做断子绝孙的事。所以，佛教进来以后就同中国原有的文化发生了很多的冲突。

佛教反对印度古代婆罗门教的神造万物、神造人这样一种观念，采用“缘起”的理论来讲万物的生成，万物是自然而然的、缘起的。从表面上看，跟中国自然生万物的观点是一样的，但是我们也要知道，当佛教这个缘起理论传到中国以后，跟中国的道法自然、天地合气、万物自生的观点也发生了很大的冲突。为什么？因为缘起理论比较强调因果之间的必然联系，有这样的因就必然有这样的果，就是佛教讲的自作自受。你造了这样的业，你就一定会有这样的报，所以非常重视因果之间这样一种必然联系。

中国的天地合气、万物自生，万物自然生成，它的着重点在什么地方？着重点在强调偶然性，因果之间没有那么多的必然性。在座研究佛教的都知道，南北朝时期就争论到这个问题。范缜讲，一棵树上开了那么多花，一阵风一刮，把这些花都刮落了。可是这些花掉的地方不是一个，有的花掉到厕所里面去，有的花掉到美女闺房的床单上面，这就很不一样了。所以，中国文化的因果强调偶然。缘起论的必然性与中国自然观的偶然性冲突不休。佛教不相信、排斥中国道家的观点，中国的道家也排斥佛教的缘起理论。我们可以看到，一直到神会那儿，他还不承认道家的自然生万物的观点，还没有完全协调，但是后来终于协调了。

我刚刚举了两个例子，一个因果报应，一个必然与偶然和自然生万物的观念，经过了结合以后，中国文化得到了巨大的进步和发展。一个是我们后来既承认了个体的因果业报，又承认了父母子女之间的因果业报。从这点上来讲，我想中国人的负担是比较重的。印度人不需要为子女考虑报应的问题，可是我们要为子女考虑，可能到今天也还是抹不掉，事实上也是如此。过去讲株连九族，难道我们今天犯了罪以后不联系九族吗？一样啊，子孙后代照样受到影响，至少在名声上面不好过，这就是中国文化的特殊性。所以，我们既要为子孙后代负责，又要为自己负责。其实，在中国文化中也不是没有为个人负责的理念，只不过它更重视的是父母子女之间的联系。“天作孽，犹可违，自作孽，不可活”，也有这样的思想，但不是那么突出，更突出的是父母子女之间的联系。缘起论，中国人后来也接受了。所以，这是中国最重要的发展，把必然性与偶然性统一起来了，不是片面地讲必然性，也不是片面地讲偶然性。这是中国思想史上最有意义的事情。

哲学上讲，一切必然都是通过偶然呈现出来的，一切的偶然都可以追溯到必然。这两者又不是那么的清晰，偶然可以追溯到必然的原因，不一定能追清楚，只是一个说法而已，但一切必然又通过偶然来体现。现在很多学佛的人都想不明白，既然必然就一定是必然，中国历来讲好人活不长，恶人活千年，老是对此想不明白。如果搞清楚必然和偶然的关系后，这个问题就很简单了。佛教里的必然，从根本上讲，跟印度文化是脱不了关系的。印度文化中很多思考问题的方法跟欧洲有相当接近的地方，跟欧洲理性的必然类似。但理性讲逻辑推理，强调必然性，认为通过归纳以后就得到一个必然的关系，再通过演绎推到其他一切中去。这种思维方式其实是以偏概全，再归纳也不是全部的归纳，一旦做了全部的归纳以后，一定有不同，归纳的一定相同。最近我看到一个材料：现在欧洲人对轮回非常感兴趣，老在研究轮回，讨论有没有前世来生，拍了很多视频，科学家做实验，证明有这个前生的问题。他们总共做了四千人的例子，很多了。但是四千人占整个人类的多少比例呢？四千人就能说明全世界七十多亿人吗？

三

现在我们讲创新，讲什么创新呢？理论创新。科学理论日新月异。科学理论为什么要日新月异，要创新呢？原因在什么地方？就是它总是以偏概全，在这一边建立的理论到另一边就不行了。科学理论都是在假设的公理、定理的基础上建立起来的，都是在一个不用证明的前提下构建起来的，如果这个不用证明的前提发生了问题，整个理论就站不住了。科学理论的日新月异恰恰说明了它的不完备、不全面，可是现在提倡的就是理论创新，好像今天提出一个新的理论，就是一个创新，明天提出一个新的理论，又是一个创新。如果我们了解了中国文化以后，就应该知道中国文化不是讲理论的创新，而是重视实践的创新，这可以跟西方的文化相对照。我们看问题是全面地看，是很模糊，不像局部的分析很清楚，但是全面的理论可以管一切，只不过是如何运用的问题。我们是在实践上不断地创新，而不是今天提出一个奇怪的理论，明天又提出一个新的理论。我们经常讲，整个的宇宙万物是道通为一的。为什么呢？

因为万物都是从这条道路走出来的。过去对道和德的解释是讲得很清楚的，“道者，路也，天地万物所共由也。德者，得也，天地万物所各具也”。道就是路，天地万物都是从这条路走出来的，德是从道那里得来的，是天地万物从这条道路走出来以后所各自具有的本性，德行就是事物的本性。我们今天讲这个人德行如何，那个人德行如何，就是讲这个人的本性如何，那个人的本性如何。“道德”两字讲得很清楚，道是万物共同走出来的道路，德是每个事物各自具有的本性，这就叫道德。所以道是一条路，道通万物，世界是一个理，然后分成各个事。华严宗讲有理法界、事法界、理事无碍法界、事事无碍法界，理学家依据这个提出了“理一分殊”，也是讲的一理而分殊万物，一理贯穿于万物。本来世界之理是一个，现在要分成这个分成那个，今天用在这个可以，明天用到那个不行了，就再来一套。苏轼跟蔡襄讨论书法的时候就讲到，“物一理也，通其意，则无适而不可”。万物都是一个理，当我们掌握了它的道理，用到哪里都可以。苏轼接着又讲了惊人的话：“分科而医，医之衰也。占色而画，画之陋也。和缓之医，不别老少，曹吴之画，不择人物。”懂得医的道理，那是全科大夫，懂得画理的人，不管什么都能画。所以苏轼讲，书有楷书、行书、草书、隶书、篆书等，你说专长一体是可以的，但是只能写这个体不能写那个体，那是不行的。这是中国文化的精神，物都是一理，只不过是如何运用的问题。把它运用好了，用到哪儿都是好的，不需要一天到晚都提新的。

说中国没有科学思想，简直是不懂中国文化。中国的科学思想是什么？其实既简单又深刻，一切都是阴阳消长、五行生克，不要说它模糊，很清楚。用阴阳消长、五行生克去观察自然界的万物，怎么会发生地震？阳伏在那里出不来，一出来就地震了。我们也可以用它来解释社会现象，我们现在讲社会贫富不均、两极分化，这是什么？就是阴阳不平衡。政府有那么多部门，这些部门之间有生克的关系，有的部门之间是互相推动的，有的部门之间是相互监督制约的，一旦搞乱了，相生的变成相克的，相克的变成相生的，这个社会会变成怎样？人体里面的五脏六腑也是阴阳五行的关系，这在中医里面是最普遍的。一理是可以运用到所有的方面，就看你怎么去运用，但是现在人们老想着理论创新，而不去想实践上的创新。

为什么会形成两种不同的文化特色呢？这跟我们整体的思维方式有关系，西方文化重视更多的是理性的智慧，中国文化更重视直觉的智慧。过去我们总是以理性的智慧去否定直觉的智慧，认为直觉是不可靠、模糊的，不可能做定量定性的分析。现在一切都要以数据来办事，所以对理性的智慧推崇备至，这也是科学的源头，科学就是人类理性智慧的成果。其实，直觉智慧同样也是科学的，科学不仅要运用到理性智慧上，也应该用在直觉智慧上。有的时候理性是正确的，但也有错误的时候；有的时候直觉是错误的，但也有正确的时候，而且在很多时候可能更正确。女同志的直觉也是最正确的，她的敏感性也是男同志比不上的，但也要分在什么地方、什么问题上。直觉思维是很重要的，中国文化很多就是用直觉思维，用最简洁的语言让每个人都认同，不是用很复杂的逻辑推理、一大堆的演绎让你来认识，没有必要的。很多东西直接用眼睛一看、耳朵一听、鼻子一闻就知道了，何必还要弄得那么复杂，用量化的统计？我老用董仲舒的例子，他讲四时的变化就是阴阳的变化，冬至日是阳消到了极点，阴长到了极点，黑夜最长，白天最短，冬至一过，阳一天天往上涨，阴一天天往下降，白天一天天加长，黑夜一天天缩短。到了春分，阴阳平衡了，白天黑夜一样长了。春分一过，阳继续往上涨，阴继续往下消，阳涨到极点，阴消到极点，就到夏至了，这天白天最长，黑夜最短。夏至一过，一阴复始，物极必反，阴就开始涨，阳又开始消，又到了阴阳平衡的秋分。阳再继续消，阴再继续涨，又到了冬至。这是很直观的，需要细致的推论吗？不需要，我们明白这个就行了。用白天黑夜一比较，用阴阳观念一诠释，全知道了。可是现代人对此不认同，一定要给出个数据，太阳到了什么位置，我才能信了。

世界上很多东西需要清楚，我们就给它清楚；需要糊涂，我们就给它糊涂，没有必要事事搞得那么清楚。我们不要看不起模糊，中国文化是模糊中有精确。我经常用中药来做比喻，药方看起来简单，但什么药产在什么地方，同样是贝母，是长在浙江还是四川啊？浙贝和川贝的性质是很不一样的。这种东西什么时候采摘最好？是刚冒出来还是完全绽开了？什么时候采摘是很讲究的，早晨采摘、中午采摘、晚上采摘、半夜采摘，那都不同的。炮制更不用说了，是晒干的、烘干的、烤干的，药性都不一样的，这又是非常精确的。看病更是如此，最重要的就是一切因时、因地、因人而异。

我们对直觉的智慧关注得还不够，把科学只看作是理性的结果。现在最危险的就是我们对生命的认识已经不是按照自己的直觉，而是依靠数据去活。我老是强调，人要为感觉活着，不要为数据活着。昨天我去碧岩泉，碰到一个老太太，六十多岁，她说自己五年前被所有的医院踢出去，都说她的病治不好了，是子宫癌，医院都不治，她也没办法。她怎么办呢？她就去做义工，在碧岩泉那一带打扫卫生，五年下来再去检查，癌没了。是医院误诊，还是癌没了？这不好说。如果她当时做手术，就麻烦了，很可能人早就没了。个体的差异性很大，如果采用一个标准，问题可能很多。

从这些小问题去看，就可以找到思维方法的不同。我们直觉的智慧不能丢。

四

我讲了一句话在网上很流行，也很得罪人，“西医明明白白治死人，中医糊里糊涂治好病”。你是希望糊里糊涂给你治好，还是希望明明白白给你治死呢？“中医影响世界论坛”举办了两次，上一次的主题是“病由心生”，热烈得很，现在我们发现，哪怕是生理上的病，其实跟心理有着很大的关系，而且影响极大。这次的主题是“病从口入”，这是一个老命题，我们从小就知道。为什么病由口入？因为你吃了不干净的东西，吃了很多腐烂、带有细菌的东西。这个观念不对，病从口入主要不是吃了不洁、腐烂的东西。一个有神经病的人，根本不管干净不干净，到垃圾桶里抓一把东西就吃，他没有病，他心中也没鬼，我们心中有鬼，马上就病了。这是病由心生的问题。病从口入，怎么理解？《吕氏春秋》早就讲了，养生在于去害，去什么害？太咸、太苦、太辣、太酸，这就是害，还有精神上的害，太喜、太怒、太悲，过了就是害。现在胡吃乱吃，自从洋快餐引进以后，现代病就疯狂地增长。饮食很重要，它是维护生命的，它要通过脾胃肠。中医里还讲，肾是人的先天生命之本，肾气不足，生命就完了；脾胃是生命后天之本，我们吃下去的东西通过胃消化，通过肠吸收排泄，通过脾运化。中医非常重视脾胃，有专门的《脾胃论》。脾胃一衰，和气不起，什么病都来了。

我们每个人不能依靠数据，要用直觉的智慧。我们每个人都会有这个直觉，一得病了，胃口就没了，不想吃饭，胃口一开了，病就快好了，对不对？所以有的时候治病，不治别的，就是打开你的胃口，病自己就好了。因为通过打开你的胃口，你吸收各方面的食物以后，慢慢就恢复你的元气，调整你的不平衡。原来的胃口不好，说明你出了问题，要调节了。其实饿上几顿也是好事儿。“若要身体好，常带三分饥和寒。”中国还有很多这样的古语，“一方水土养一方人”，我们现在最大的问题就是吃的都不是一方水土的东西，不是一个季节的东西，这违背了人和自然的关系，你生在这个地方却在吃那个地方的东西。我们现在喝澳洲的奶，吃日本的大米，那是经常的了，认为最有营养。我在北京吃那个东西干什么？一方水土养一方人。冬天要吃夏天的东西，现在很多餐馆在这个季节上西瓜是最不好的了，西瓜是夏天的东西，冬天就上萝卜，青菜萝卜，这是冬天的东西。不吃应季的东西，不吃当季的东西，这是得疾病的重要来源。所以，“病从口入”。入什么东西，怎么入？我那天一口气提出来，“量要适度，味要适度，冷热要适度，软硬要适度，营养更要适度”。我们老觉得营养越丰富越好，其实，不适度了营养就变成了毒药，所以一切都要适度。

那么，中国文化落脚在什么地方？在一个“中”字。张三丰讲，“夫道者，中而已矣。故儒曰‘致中’，道曰‘守中’，佛曰‘空中’”。都落到一个“中”。“致中”，我们都知道是《中庸》里的话，“致中和，天地位焉，万物育焉”。“守中”是《老子》里的话，“多言数穷，不如守中”。“空中”是《中论》里的话，“因缘所生法，我说即是空。亦为是假名，亦是中道义”。清代还有一位道家的著名人物，叫黄元吉，他的《乐育堂语录》里讲："圣人之道，中庸而已。中庸之道，顺其自然而已。"我们现在最大的问题，就是人为地超过了自然。一切的标准都是人为制定的，自然是没有标准的，它是没有标准的标准。我们现在人为是绝对的标准，自然界是不讲标准的，生出来什么样就什么样，哪有说有个标准化的生产？机器生产才会强调标准化。自然界生出来的东西，自然而然，没有标准，所以世界上没有两片完全相同的树叶，都是树叶，但是没有两片完全相同，这才是自然，大自然，自然界。

我们现在都不太关注、不尊重自然，而是一切都要以人所制定的标准去要求这些事物，这个问题最严重的体现就在我们的教育制度。我们现在教育的一切问题都来源于它的标准化、规范化，完全违背了我们传统的因材施教。要求我们用统一的教材，统一的标准答案。数学可以有个标准答案，但是怎么达到这个标准答案，还是有很多途径可以走的，不一定就这一个途径。至于语文，怎么会有什么标准答案？比如我刚才讲的正德、利用、厚生，郑玄、孔颖达是那么解释，黄侃可以做这样的解释，我也可以做不同的解释，哪有什么标准答案？结果我们现在的孩子们都是专门为标准答案而学习，学习到最后就是为了达到标准答案。人跟人智能上的差异太大了，我说我永远成不了霍金，但霍金也永远成不了我。我永远不能够像他那样，他也不会像我一样对中国文化有这样的了解，这就是差异。

我们一定要承认自然的多样性，这就是天然。天然是最宝贵的，人工一雕琢，永远也雕琢不成天然那样的美妙。我最欣赏的两句话就是："青山不墨千秋画，绿水无弦万古琴。""活色生香笔难到，自成天籁手何能。"人永远达不到自然界的自然天成、活色生香。笔能画出花草的香味儿吗？一张画上能画出来大自然的春夏秋冬的变化吗？永远做不到。所以，我们要尊重自然，中国传统文化中"以天为则"这个传统，我们绝对不能丢。"尧之为君也，巍巍乎！唯天为大，唯尧则之。"

但在今天，人自己把自己跟自然隔离得越来越远，认为人可以决定一切。人定胜天，这是近代以来最强烈的一个口号。人定胜天，所以，我们去征服自然，改造自然。我们靠的是什么？我们靠我们的理性，不管我们的直觉，我们的理性是让我们不断地征服自然，改造自然。我们越来越感受到的是自然对我们的报复。现在很多人一天到晚担心这个雾霾，我说我们明白了雾霾造成的原因，我们要告诉自己，也告诉大家，告诉子孙后代，不要再这样去破坏大自然。我们现在也不能回避，还要面对它。你能逃到哪儿去？你一个人逃了，别人逃不了。现在有些人很奇怪，说将来地球毁灭了我逃到哪个星球上面去，这能解决问题吗？你一个人去，你怎么活？还有情趣吗？所以，我们现在已经是这样了，就要告诉我们自己，告诉我们周围的人，告诉子孙后代，不要再去这样做了，慢慢恢复起来。我们现在的人在这种情况面前要直面它、适应它，人是有这个能力的。当然，这中间是要付出代价的，可能是几代人，可能是让自己短命一点，但是你也没办法。你现在去适应它，说不定还能够活得更自在，要不然一天到晚担忧，成天戴着口罩，你说难受不难受？当年“非典”的时候，我一堂课都没有停过，在座有没有在“非典”时候听过我讲课的，没有停过一堂课。那个时候学生已经出去了就不能再回校园了，在校园还是可以上课的，所以我还是来。我跟他们说，首先不要自己吓唬自己。从比例来讲，有多少人感染了，感染了以后有多少人死了？真是微乎其微，有什么好害怕的？你首先要把心中的疑虑、怵惕去掉了。

五

我希望我们能够从各个角度去对比我们的文化。我们可以同西方文化进行对比，我们是人文文化，重视人，西方是科技文化，重视物。我们强调直觉智慧，西方强调理性智慧。我们强调实践创新，西方强调理论创新。我们是内求诸己，西方是外求诸物。我们是存异互尊，不同的文化，不同的观念都可以并存，但是相互尊重，西方基本上是求同普世，要求找出一个普世性的东西。我一直讲，找“普世性”是一个歧途。找什么普世性？同样一个概念，你脑子里面这样想，他脑子里面那样想，根本不同。你尊重我、我尊重你，相互尊重才是真正重要的，所以要存异互尊，不要一天到晚去求同，去求这个普世性。

中国是讲中庸之道，西方是讲绝对主义，这一点区别非常重要。有一位美国的军事学家，很著名，他在给《孙子兵法》英译本写序言的时候提到了一件事情。抗日战争时期，他到中国驻美大使馆去访问，与大使馆武官交谈，问他们："你们读过《孙子兵法》没有？"武官们告诉他读过，他们都是军校毕业的。他问："你们感觉怎么样？"这些武官说："我们觉得这已经是历史的东西，比较陈旧，还是现在西方军事学家的理论更值得我们学习。"这位美国军事学家听了以后很感叹，他说："你们错了，你们要好好研究《孙子兵法》。你们把《孙子兵法》读懂了，我们这些著作，你们都可以不读。"他说，西方的军事理念，以克劳塞维茨为代表，比如《战争论》，它有一个什么特点？它是一个理想主义的绝对论。因为打仗是敌我双方你死我活，所以我必须把你彻底地消灭，这才算胜利。不把你彻底消灭，那不算是胜利，留后患不算胜利，所以是理想主义的绝对论。他说，中国的《孙子兵法》，则是现实主义的中庸之道，可以不战而胜，可以攻心为上，不是说一定要把对方彻底消灭掉。他说，孙子的说法才对。我说，他确实是通过《孙子兵法》了解到、把握到中国文化的一种精神，即现实主义。现实主义可以不战而胜，不攻城、不杀戮，为什么一定要把他们杀光？

后来我一想，西医的一个根本理论是什么？对抗疗法，把所谓的病菌病灶彻底消灭，吃药压不下去就要动手术，动手术就要彻底挖干净才行。其实，是不是真的挖干净了，就是当时挖干净了以后是否就不生了，这都很成问题。所以，理想主义的绝对论和中国的现实主义中庸之道是很不一样的。中国文化可以说是认同模糊，西方文化是强调清晰、崇尚清晰。认同模糊，其实是和中国的语言文字有极大的关系。中国的语言是世界上最模糊的语言，一个字、一个词可以有各种各样的解释，连读音不同也有不同的解释，需要放到一定的语境当中去才可以把它变得清晰，不能够把它定为只有这样的解释，不能那样的解释。再有，中国人强调顺其自然，所谓顺其自然就是注重差异；西方相信标准，讲究量化。

我可能曾经在课堂跟同学们讲，中国从西周开始就确立了民本的传统，西方从古罗马开始就形成了民主的传统，这两个传统各有优缺点。中国为什么会形成民本传统？民本传统的优点在什么地方，缺点在什么地方？西方为什么会形成民主的传统？民主传统的优点在什么地方，缺点又在什么地方？这应当进行比较，不能简单否定我们的民本，只崇尚西方的民主，双方同样有悠久的传统。

我们的中庸思想，“执两用中”。尧传给舜的时候是四个字，“允执厥中”；舜传给禹变成十六个字，“人心惟危，道心惟微，惟精惟一，允执厥中”。宋儒把它作为心法，这也是把握中国文化的一个核心。“执两用中”，这是一个辩证的理念，不偏于这也不偏于那，看到事物之间的互存、互含、互转。这些东西，我们过去就要给它加个头衔——朴素的辩证法，然后跟科学的辩证法对比。当然，科学的辩证法是对的，朴素的辩证法是落后的。我现在说，我们要想办法把“朴素”这个帽子给丢掉，辩证法就是辩证法，辩证法不是变戏法，辩证法用得不好就成了变戏法、瞎联系。所谓“朴素的辩证法”，其实也就是直观的、直觉的辩证法；所谓“科学的辩证法”也就是理性的、分析的辩证法。我们现在首先不要把理性的和直觉的对立起来，理性是智慧，直觉也是智慧，理性智慧认识的世界是对的，我们直觉智慧认识的世界也是对的，今天已经走到一路上去了。

我经常介绍给大家看美国物理学家卡普拉写的《物理学之“道”》，里面反复讲上面这个问题。该书的副标题是“近代物理学与东方神秘主义”，东方神秘主义就是指中国的这一套，加上印度的那一套，它们对世界的认识都是通过直觉的方式，当然里面也不是完全没有理性。其实，中国直觉里有理性的东西。比如，仰观于天，俯察于地，远取诸物，近取诸身，难道这不是一种收集归纳的方法？观象制器，观大壮而建宫殿，观离卦而制渔网，这不就是推理？但是，这种推理不是一种理性的推理，而是一种直观的推理，直观的归纳。归纳、演绎和推理，并不是只有理性才有，感性也有。这就是我们经常讲的经验。经验不就是一种归纳？但经验的归纳，并不是把标准定死，恰恰是包括了对于各种不同特征的事物的分辨。一个神医一望就知道你身体哪儿不行，哪儿有问题。这是

“望诊”，“望闻问切”的望。这就靠直觉，但这个直觉就包括了他长期的经验积累，长期的归纳。只有这样，他才能看出你的问题，才会被称为“神医”。但他也不是由此就结束了，他马上接着就要“闻”。闻什么？闻你的体气，闻你的口气，闻你的大小便之气，还要闻闻你咳嗽的声音。咳嗽一下，听听那个声音有力还是无力。一闻你的口气很臭，一定是消化不良，脾胃虚弱，要调整。大小便气味很重，一是火太旺，虚火太旺了，或者实火太旺了。所以，医者的直觉，是先通过望闻，然后再来了解病者的直觉，问你哪儿不舒服。病者的直觉有很多是不准确的，但是也有很多是很准确的，也可以说是最准确的。病者叙述完了自己这些东西以后，是不是一定对呢？不一定对，这就要验证一下，切脉。通过切脉来看，这是浮脉还是滑脉，是实脉还是虚脉，等等，检验病者自己叙述的直觉对不对。

望闻问切四诊构成了完整系统的中国医学的诊疗病症的体系，你能说它不科学？现在我们中医能够望而知病的大夫，也没有几个了，也不在我们的大医院里，而在民间。能切脉的也不多。切脉，在中医望闻问切四诊里面，其实是最底下的，可是我们现在中医里面能够切脉的人，大概能不能有百分之一？通过切脉就能够了解身体里面有什么变化有什么问题，这样的大夫现在太少了。这就是中医的现状。那该怎么办呢？就靠仪器。所以，中医院，越是有名的中医院，越是依靠这些东西。其实，中医大夫也有苦难言：给病人一号脉，是营养不良，建议怎么吃，结果他又不照我说的去吃，最后出事了，责任说不清楚，甚至要打官司。但如果此前用的是仪器，就是出事了，你看我有一大堆化验单，你这个指标有问题，你那个指标有问题……总之，就算你死也是该死，我一点责任都不负！中医大夫的望闻问切，那有多大的风险啊！所以，中医也是有苦难言。这跟我们的观念、整个的管理体系有关系。

我为什么对中医那么感兴趣？现在中医其实最能说明我们中国文化的命运。在中国哲学史学会下面成立中医哲学专业委员会的时候，我说中国文化的复兴有待于中医的复兴。结果，中医界的人就来了——中医的复兴有待于你们中国文化的复兴！好，我说我们成了难兄难弟了，我等着你，你等着我。这也是事实，但总得有个挑头的吧？谁先来？大家一起来吧！所以，我开始关注中医，其实也是出于对中国整个文化的关注。中医确确实实是中国文化的一个实践载体，通过中医，我们能够更深刻地了解我们自己的文化。

六

我们现在要通过这个“特质”的比较，了解西方文化的特质在哪里，我们中国文化的特质在哪里。这也并不是说西方就没有直觉的智慧，不讲模糊，不讲实践创新，但是我们偏重在这个方面。如果我们能够了解这些内容，就可以知道中国文化在今天对整个人类的文化有很大的互补作用，与西方文化互补。我们也不用否认，现在整个世界的文化是西方文化占了主体。可是这样一个主体文化，今天我们来看，已经把人带向了一个什么样的道路！它需要有跟它不同特质的文化去补偏。就像中医所讲的，以偏救偏。事实上，我们历史上对西方文化曾经起过补偏的作用，我们的人文精神，让欧洲从中世纪的神本文化走向了近代的以人为本的文化。我觉得，直到今天东西方还是有很多可以互补的地方。

西方文化从外表上看是一种“外求他律”的文化。这就是我经常讲的它是以上帝来管人心，以法律来管人心，都是外在的。中国人强调的是内在的，用人与人之间的自然关系来约束自己的行为准则，这就是中国礼的文化的一个核心。礼的文化的核心就是通过剖析人与人之间的自然关系，让我们自觉地遵守人与人之间这样的关系，知道每个人应该怎么样来规范自己的言行举止。非礼勿视，非礼勿言，非礼勿听，非礼勿动。王弼讲，什么叫孝？“自然亲爱为孝”。礼是建立在人与人之间的自然关系之中，规范自己的行为。这在西方叫作自然法、习惯法。礼不是跟法没有关系，但确实是跟法不一样。法是建立在人与人之间的外部关系上，可以说是一种外在的契约关系。而礼是建立在人与人之间内在的自然关系之上。礼也是要人遵守各种各样的规范、礼仪，但它是建立在人与人之间的自然关系之上的一种自律。中国人是以礼来规范自己的言行举止，相互之间是可以互补的。而在西方实际上也是那样，虽然是上帝来管理，但是也要你自己去遵守；如果你不遵守，上帝也管不住你。西方文化中一样也需要自律。人有很大的惰性，有时候总是管不住自己，就要用外面一个力量来管住自己，这是人类的劣根性、惰性。中国文化恰恰是要你能够消除这个惰性，让你发挥人的主动性、能动性和自觉性。所以，中国与西方有很多方面可以互补。我们认识了中国文化的这样一个特质，又能看到有许多与西方文化不同的取向，这样我们才能够对自己的文化建立自信。一百年来，我们对自己文化的自信心被彻底地摧垮了，我们经常以西方的标准为标准。

现在要重新树立自信，最难的是什么？最难的不是像鲁迅那样，把礼教说成“吃人”的礼教。我也常常讲，我们不把礼教重新整理一番，重新让人们认识一番，要回归中国文化的土壤是很难的，甚至是不可能的。这是一点，但我觉得这一点还好办。因为这是正面提出来的一个否定口号，我们可以通过辩论说清楚——礼并不是只有吃人的这一面，它有很多很多其他的方面，它是维护我们社会不可缺少的一种方式。尤其是在中国文化这样一个传统中间，以对人内在的自然关系的认识为基础，生命是一个延续的生命，不是一个个体的、独立的生命，是群体的生命，相互延续，相互关联。在这样一种生命观念下面，规范人的言行举止，礼是最好的。它不是上帝创造一个一个独立的个体，只能用外在的契约关系把大家联系在一起，中国的情况并不一样。所有这些都可以辩论，相对来说简单。现在最难的，就是我们运用了西方的各种各样的文化理论诠释中国的传统文化，结果把中国文化全部解构掉了。

譬如，用西医的理论来诠释中医的理论，中医就被解构了，因为两者的话语系统不一样，名词概念也不一样。我们一用那种语言来解释这个东西，就一定要让这个东西适合于那个语言环境，结果只能把这个东西扭曲了，否则对方没有办法理解。话语系统不一样，但我们现在很多人想要迎合外国人的语言系统，这不是一个好的方法，有些地方可以迎合，有些地方是没法那样。例如，有些词我们就没法翻译，“理”就是“理”，“道”就是“道”，“气”就是“气”，只能先音译，然后到对方的语言环境中去解释。用西方的一套理论一分析，中国的特色也就没有了。

七

一直到今天，绝大部分中国人还认为我们是没有宗教信仰的。问题就在于，我们对“宗教”这个概念已经有了一个先入为主的定义，一定要有一个造物主的神的信仰才是宗教。那样的话，中国就没有宗教，然后又从没有宗教再推演出去，中国人就变得没有宗教信仰，没有宗教信仰又变得没有信仰，这就麻烦了！中国人有信仰，怎么没有？中国人就是信仰老天爷，“头上三尺有神明”。老天爷是谁？老天爷不是那个造物主上帝，老天爷就是万物共同出来的那条道路，就是万物的本性，就是天然。刚才我讲天然、道，“道者，天地万物所共由也。德者，天地万物所各具也”，中国人就是相信这个自然而然的自然秩序，这就是中国人的信仰。老天爷还是谁啊？祖先！我们要敬天法祖。老天爷还是君师，我们一听到“君”就害怕了，马上给它扣上一个“封建”的帽子。君，其实是一个象征，是国的象征。师，当然是老师。人只有经过国、师的教育，才懂得怎么做人。所以，“天地君亲师”是我们的信仰。天地君亲师，大家不爱听，我说就用另外两句话——“敬天法祖，尊师重道”。其实，“敬天法祖，尊师重道”不就是“天地君亲师”吗？所以，我们有“天地君亲师”这样一个信仰，这能不能算宗教信仰？这个问题就是说，我们要首先看，宗教并不只有一种模式，你信仰造物主是宗教，我信仰老天爷、自然之天、祖先、师长也是一种信仰，也是一种宗教。为什么我们要办《人文宗教研究》这样一个刊物？就是要大力宣传“人文宗教”这个概念。

宗教不是光有神文的宗教，也有人文的宗教。“人文宗教”正是中国文化中的宗教信仰最根本的特色。我们的儒要成圣，是人做的；我们的道要成仙，是人做的；我们的佛要成佛，也是人做的：不是靠外在的造物主来拯救我们，是靠自己的努力来拯救自己。我说，中国的宗教最合乎时代的精神，从来就没有什么救世主，全靠自己救自己！这是中国宗教的根本特征。如果我们把这一点丢了，把这些都去掉了，我们还有什么？让我们去信上帝、一个造物主？

我看中国人绝大部分大概是信不过的。我们可以信雷公，可以信风婆，可以信雨师，可以信电母，这都可以，但这些都不是造物主，这些都是自然现象，是自然界的变化，是我们对它拟人化的描述。中国的神多得很，有上千个，但都不是造物主的神。我们的门神是造物主吗？我们的灶神是造物主吗？我们的土地公公是造物主吗？都不是。所以，这些跟造物主的宗教信仰不一样。我们必须要让大家认识到这一点，让大家清楚“人文宗教”这个概念。

很多人问我“人本”在中国古书里找得到吗？在“十三经”里是找不到，“四书五经”里也找不到，一般的诸子里也找不到。但我可以告诉大家，“人本”这个概念就是中国的，人本主义是中国的“土特产”。“人本”哪来的？董仲舒。董仲舒讲有天本、地本、人本，“人本”这个词出现在《春秋繁露·立元神》这一篇。他说：“何为本？曰：天地人，万物之本也。”天地人都是万物之本。中国人一直是天地人并举，“天有其时，地有其财，人有其治”（《荀子·天论》），天生之，地养之，人成之。董仲舒然后讲，完全用人文的思维来解释，“天生之以孝悌”，天生下来就有父子关系、兄弟关系，父子就是讲孝，兄弟就要讲悌。“地养之以衣食，人成之以礼乐”，就是讲，人文化成就是礼乐教化。“三者相为手足，合以成体，不可一无也。”

> 何谓本？曰：天地人，万物之本也。天生之，地养之，人成之。天生之以孝悌，地养之以衣食，人成之以礼乐。三者相为手足，合以成体，不可一无也。无孝悌则亡其所以生，无衣食则亡其所以养，无礼乐则亡其所以成也。三者皆亡，则民如麋鹿，各从其欲，家自为俗，父不能使子，君不能使臣，虽有城郭，名曰虚邑。如此者，其君枕块而僵，莫之危而自危，莫之丧而自亡，是谓自然之罚。自然之罚至，裹袭石室，分障险阻，犹不能逃之也。明主贤君必于其信，是故肃慎三本。郊祀致敬，共事祖祢，举显孝悌，表异孝行，所以奉天本也。秉耒躬耕，采桑亲蚕，垦草殖谷，开辟以足衣食，所以奉地本也。立辟雍庠序，修孝悌敬让，明以教化，感以礼乐，所以奉人本也。三者皆奉，则民如子弟，不敢自专。邦如父母，不待恩而

爱，不须严而使，虽野居露宿，厚于宫室。如是者，其君安枕而卧，莫之助而自强，莫之绥而自安，是谓自然之赏。自然之赏至，虽退让委国而去，百姓襁负其子，随而君之，君亦不得离也。故以德为国者，甘于饴蜜，固于胶漆，是以圣贤勉而崇本，而不敢失也。君人者，国之证也，不可先倡，感而后应。故居倡之位而不行倡之势，不居和之职而以和为德，常尽其下，故能为之上也。（《春秋繁露·立元神第十九》）

这一大段引文里讲，“明主贤君必于其信，是故肃慎三本”。要严肃地来对待三本。“郊祀致敬”，要进行祭祀，“共事祖祢”，敬畏天、敬畏祖，“举显孝悌，表异孝行，所以奉天本也。秉耒躬耕，采桑亲蚕，垦草殖谷……”。他在这里说，“所以奉天本也”如何如何，“所以奉地本也”如何如何，“所以奉人本也”如何如何。“人本”是什么意思？他讲得很清楚：“立辟雍庠序”，就是教育；“修孝悌敬让”，就是道德；“明以教化，感以礼乐，所以奉人本也”。人本的含义，就是礼乐教化，礼的作用是教育。

我最近也给同学们讲礼跟法的关系。清初一位著名思想家陆世仪讲过一段话，“今士大夫家每好言家法，不言家礼”，喜欢讲家法而忽视家礼。因此，他就说：“法，使人遵；礼，使人化。法，使人畏；礼，使人亲。”（《五种遗规·陆桴亭思辨录》）这几句话，我觉得非常重要，非常有意义，说清楚了礼和法的不同。他把《论语》里的那段话“导之以政，齐之以刑，民免而无耻；导之以德，齐之以礼，有耻且格”讲出来，我觉得比原来更容易理解。礼让人有一种情感的交流，所以它使人亲。说到家，我们不要只想到三口之家这样的小家。在中国文化中，家有小家，有大家，小到一家两口子，大到整个国家都是家。两口子的家里面要分清礼法的关系，我们整个大的国家也要分清礼与法的孰重孰轻。我们分析过这些问题吗？对这些问题，我希望大家多去思考。通过比较来看，哪些是可以互补的，重新认识我们中国文化在今天这样的时代的意义，重新确立我们对中国文化的自信、尊重、尊敬。这是我们的历史责任！这也不仅仅是我们中国人的责任，现在应该说也是全人类的需要。

八

我常常讲，现在世界文化发展的整个趋势，有两个特征是很明显的。一个是向传统回归，这在西方也一样，在西方常常表现为一句口号，“回归自然”。因为我们现在已经被人为的社会害死了，所以要回归自然。回归传统，回归自然，这是一个很明显的趋势。再一个明显的趋势，就是注重、关注东方文化。从上个世纪两次世界大战以后，新人本主义口号的提出就是开始关注中国文化，认为新人本主义的恢复还要到东方中国的传统文化中去寻找智慧和资源。尤其是现在，“生态文明”这样的问题提出来以后，中国文化能够提供给世界的更多。现在包括中医在内，对世界的影响是很大的。到中国来留学的外国留学生里面，人数最多的是学中医药。在我们国内行中医的只有三十多万人，在全世界行中医的有五十多万人。在中国，中医是允许用西医的一切手段来诊病的，在西方的中医是不允许的。关于“中医”的概念，我多次提出来，这几年反复地提出来，希望恢复称为“国医”，不要用“中医”。因为用“中医”就会把中医的“中”原来的概念掩盖掉，变成了只是与西方医学不同的中国医学。中医的“中”，原来的含意非常丰富。现在中央电视台要拍一个中医方面的片子，已经酝酿了几年，这个月终于举行了开拍启动仪式。他们接受了我的意见，不叫“中医”，而叫“国医”。用“国医”已经可以与西医区分了，我们过去都是用“国”这个字来代表本国的，语文叫国文、国语，历史叫国史，武术叫国术，绘画叫国画，这已经很清楚了。现在我们的音乐也可以这么称呼。现在有的地方叫“中乐”，有的地方叫“国乐”，有的地方叫“民乐”，有的地方叫“华乐”，其实，“国乐”这个说法就可以了。

谈到语言系统，我们也可以来琢磨一下中国的语言。语言有很大的局限性，所以，中国文化一直强调“下学上达”，“下学”是人伦日用，“上达”是天道性命。但是，下学可以言传，上达必由心悟。上达的东西不是语言所能完全表达清楚的。这就像黄侃，刚才我还有一段没念。他说：“中国学问有二类，自物理而来者，尽人可通；自心理而来者，终属难通。”心理的东西，就不是说一般人都能弄通的，也不是用语言就能讲清楚的。我们要用心去思考、去实践、去体会、去抉择，这都是“悟”。所以说，“学”是第一步，然后要“问”，还要“思”，还要“辨”，还要“行”。学、问、思、辨、行，这个过程不是简单的学知识。所以，博学者，谓明事理多，非记事多，他一定是通过学、问、思、辨、行，然后把握了这个事物的道理，不是记住了一些东西就完了。

所以，我联想到韩愈讲的《师说》，“师”是传道、受业、解惑。传什么“道”？传“为人之道”。受什么“业”？授“为学之方”。解什么“惑”？解“偏蔽之惑”。因为我们的“惑”，都来源于我们不是看偏了，就是被蒙住了，就是《荀子》里面讲的“解蔽”，我们要解这个。传道者，传为人之道；受业者，授为学之方；解惑者，解偏蔽之惑。我们人有很多的偏蔽，解蔽的方法就是“虚壹而静”，荀子对此讲得很清楚，就是三点：虚、壹、静。

希望大家好好念念《荀子》。荀子是很现实的，他有理想，但它是现实主义者的理想，它不是一个理想主义者的理想。我们现在一天到晚讲“大同”。“大同”的理想，《礼运》里讲了，但已经过去了，是不是？尧舜都是“小康”社会了，“大同”是尧舜之前的社会。所以，孔子说我见不着了，“大同”世界、“大同”之道我见不着了，我看到的都是尧舜以来的。尧舜以来的就是小康社会。这种理想主义者很多，中国从古到今确实是以“大同”为理想。康有为写《大同书》，孙中山写“天下为公”，也是“大同”。荀子追求的现实的理想是什么？是“群居和一”“明分使群”。一个“群”里面，一定要有所“分”，每个人都有“分”，每个人都有自己的身份、自己的地位，然后达到“群居和一”，大家都能够和谐相处，这是一个现实主义的理想。所以，我一直觉得，我们没有很好地研究、重视《荀子》。谭嗣同讲：“二千年之政，秦政也；二千年之学，荀学也。”这话是很有道理的，但是他是在批评、批判荀子。再批判，我们今天还是“秦政也”，我们不要以为一讲秦政就是暴政。秦政者，中央集权下的郡县制。不是封建制，三代才是封建制，三代分封诸侯建国。秦以后，就是中央集权下的郡县制。我们今天难道不是吗？所以，秦政不是暴政，是中央集权下的郡县制。

所以，汉代一天到晚讲“大一统”。所谓“大一统”，是“尊一统”，大者尊也，就是要中央集权这样一个制度。中国就适合于这样的制度，《荀子》还值得我们好好学习。我们讲统一，但文化是多元的，相互尊重，相互并存。很多时候，我们因为用了一个西方的文化理论，反而让我们对自己的传统文化认识不清楚。我们现在要有意识地重新认识。

九

今天在座的大部分是教师，也有公务员。所以，今天提到的一些方面，可以供大家来用。

“正德、利用、厚生”，我们就拿传统的解释——郑玄的解释、孔颖达的解释，对我们当官的都有意义：养民，为政就是养民，“正德、利用、厚生”就是养民。我们做学问，也要“正德、利用、厚生”。一切的学问，首先是要考虑，对于提升人的德性有没有意义；“利用”，对社会有意义的，可以去应用它、实践它；“厚生”，能不能对我们的民生有用？这也是要考虑的。司马迁已经对我们的学术研究方向做了一个说明，一切学问无非是“究天人之际，通古今之变”，一切学问无非是围绕这两点。我说，还有一个要讲，给他加了一条，“明性命之理”。我们要“究天人之际”，要“通古今之变”，还要“明性命之理”。每个人自己都要修身养性，没有了这个，也究不了天人之际，也穷不了古今之变。

因此，我很喜欢做这样一些学问。我们人文学者主要是传承，不能一天到晚创新，能够在前人的基础上面，提一点点小的补充，就不错了。刚才我给大家念了四句话：“青山不墨千秋画，绿水无弦万古琴”，这是古人讲的；后面两句是我加的，“活色生香笔难到，自成天籁手何能”。清代包世臣讲了一句话，“好书不厌百回读”，我也给他加了一句，“精义勤求实在功”。好书，我们不断地读，但是要求它的“义”，而求它的“义”，没有十年八年的功夫，你是求不到的。唐伯虎写了一句话，“忘机便是长生术”。怎么长生？就要忘机，不要机心太重了。我也给他加了一句，“无念诚为自在方”。这也不算创新，就是能够把它充实一些。做学问，从各个方面“接着说”就行了。如果你一天到晚创新，哪有那么多的创新？人家话早就说过，说清楚了，说明白了，你把它通俗化就不错了，能够让今天的人都能听懂就不错了。当然，你要是能够加点新意，那就更好了。

这就是我到北大六十年的生涯。六十年一个甲子了，也不短了，但是我希望大家把我那一个甲子给去掉，重来一个甲子，我现在二十岁刚出头。我们观察一些问题，都是从人的角度去观察，对万物都是带着情感去观察，而且把万物也看成是有情感的，不是把它看作一个死物，而是一个活物。我们用“乌鸦反哺”“羔羊跪乳”去教育我们的孩子，要懂得礼貌，要懂得感恩，但有时也会遭到质问。有一次，我在炎黄文化研究会年会上讲这个道理。结果我刚讲完，上来一位五十多岁的老先生——“你讲的这个，不都是动物的一种自然习性吗？里面有什么伦理意义？”当时我大吃一惊，但是我想他说的也对。因为我在网上看过，都把这种东西说成是一个条件反射，动物的条件反射，或者是习性。羔羊不跪下来，它怎么吃奶？但是我们从人文的角度思考，看到羔羊吃它母亲的奶，还要跪着去吃，多有礼！我们做人难道不应该这样吗？这是一种人文思考，不是把它看成一种死物那么来思考。我们为什么说“上善若水”？水有什么特别？孔子遇水必观，为什么要观？他是从观水里学水的德行。人也要像水一样，人也要像天地万物一样。

在座的同学，可能听过我念这一篇奇文。我非常推崇这篇奇文，在好多地方念过，大家都很受触动。清初一位著名的书法家，叫邓钟岳，也是一个不小的官。有一次他到四川去，当地发生了一场官司，两兄弟就家产的问题打官司。因为这两兄弟出身名门，所以在当地的名气很大。哥哥叫沈仲仁，弟弟叫沈仲义，这两兄弟打官司、争家产，地方官也不敢判，老搁在那儿。邓钟岳去了以后，就写了一篇文章，写了一篇判词。他说：“鹁鸽呼雏”，“鹁鸽”就是鸽子，“呼雏”，呼它的小鸽子，让它们来吃东西；“乌鸦反哺”，就是刚才我讲过的。他说“仁也”，仁义的“仁”，爱，一个爱子女，一个爱父母。“鹿得草而鸣其群”，鹿看到一片草地，就高喊，把它的同伴都叫来了；“蜂见花而聚其众”，蜂看到了花，就把其他的蜜蜂也招来了："义也"，有义气。"羊羔跪乳，马不欺母，礼也。""蜘蛛罗网以为食"，蜘蛛结网，然后来捕食；"蝼蚁塞穴以避水"，有水流过来了，蝼蚁拿土去把洞给堵住，不让水流进来："智也"，有智慧。"鸡非晓而不鸣"，鸡不到天快亮了，它不叫不鸣；"燕非社而不至"，社日就是指春天、春社，春天来了，燕子才来：这是什么？"信也"。"禽兽尚有五常"，仁、义、礼、智、信，"人为万物之灵，岂无一得乎？"人是万物之灵，难道连一点都没有吗？"以祖宗遗产之小争，而伤弟兄骨肉之大情。""兄通万卷"，哥是读书人，"应具教弟之才"，应该具备教育弟弟的才能。"弟掌六科"，弟掌握六科，礼、乐、射、御、书、术，"岂有伤兄之理"，哪有伤害兄长之理？"沈仲仁，仁而不仁；沈仲义，义而不义。""有过必改，再思可矣"，有了过错没关系，但要改。底下那句话感动了他们："兄弟同胞一母生，祖宗遗产何须争？一番相见一番老，能得几时为弟兄？"这是不是一篇奇文？这兄弟俩脸上都挂不住了，不争了。

> 鹈鸽呼雏，乌鸦反哺，仁也；鹿得草而鸣其群，蜂见花而聚其众，义也；羊羔跪乳，马不欺母，礼也；蜘蛛罗网以为食，蝼蚁塞穴以避水，智也；鸡非晓而不鸣，燕非社而不至，信也。
>
> 禽兽尚有五常，人为万物之灵，岂无一得乎？以祖宗遗产之小争，而伤弟兄骨肉之大情。兄通万卷，应具教弟之才；弟掌六科，岂有伤兄之理？沈仲仁，仁而不仁；沈仲义，义而不义。有过必改，再思可矣！
>
> 兄弟同胞一母生，祖宗遗产何须争？一番相见一番老，能得几时为弟兄？

我说，我们现在的法官，能写得出这样一篇文章来吗？有这样的理念吗？老讲"法不容情"，责问一天到晚用情来感动人有什么用。没有这样的理念，也不会有这样的文采。其实，中国人老讲，要合情、合理、合法。这个"情"包含两个意义："情"是"情实"的"情"，要符合事实；还有情感之"情"。我们不能否认，只有"情实"之"情"，没有情感之"情"。但"合情"里面也包括了情感的问题，不是只有事实的问题，也有情感的问题。所以，“父为子隐，子为父隐，直在其中矣”。我老讲我在韩国的一个见闻。1992 年我去韩国，当时韩国有一个包庇罪，包庇罪里边的窝藏罪。父母窝藏了子女偷来的东西、子女窝藏了父母偷来的东西，也要判刑的，但是跟外人窝藏不一样。外人窝藏这个东西要判十年的话，父母窝藏子女的、子女窝藏父母的东西，判五年就够了，就是“直在其中”。反过来，伤害罪里边，父母伤害了子女、子女伤害了父母，那跟一般人之间的伤害不一样，那是要加重的。为什么？维护亲情。所以，这篇奇文我到处推崇，让大家好好想一想这个“情”的问题，不能够简单地否定。在“法”里边，不能够没有“情”。

我们经常讲是非分明、善恶分明，其实也不是绝对的。我老给大家念《礼记·曲礼》里的一句话，也请大家记住：“爱而知其恶，憎而知其善。”这句话要你爱憎不分明，你爱得要命，要看到他有恶的一面；你恨得要命，也要看到还有善的一面，都不要那么绝对地看问题，这就是中国的辩证思维。因为我们有阴阳的思维方式，阴里面含阳、阳里面含阴，《太极图》就是这么来勾画的，阴阳是一个整体，白的鱼里面有个黑点，黑的鱼里面有个白点，阴阳互含。所以，善恶、爱憎，其实也是一样的问题。

最后，怎么说呢？总是老了嘛。所以，我希望大家能够“传心”“传薪”。我常常讲，一个是心灵的“心”，一个是柴火的“薪”。柴火的“薪”就是我们的生命，那个“心”是我们的精神，两个都要我们去传。

中国哲学与人生智慧[1]

我们在日常生活当中，任何一个人都离不开哲学。哲学是一种人生观、世界观，其实世界观最后也要落实到人生观，你对世界有一种什么样的认识，你的人生就会走一个什么样的道路。世界上的学问就是研究天、地、人，中国很早就提出了这个问题，《易经》里就提到天、地、人，天道、地道、人道，我们所有的学问其实都在研究这些。

研究天道、地道和人道，归根结底是为了“人”

“天”是万物的根源。有一句话：“天生地养。”所以天地是生万物的，那么“天”由什么来生呢？是自然而然的生，还是由“神”来创造的呢？西方的文化，尤其是西方中世纪以来的文化，认为世界万物是由神、由上帝来创造的，上帝不仅赋予了人类生命，还赋予了人类灵魂，是万物生命的来源。那么中国讲的生命来源是什么呢？也是“天”，但这个“天”不是神，而是阴阳二气。在中国东汉的时候有一个哲学家叫王充，王充就讲过，“天地合气，万物自生”，所以万物也是“天”生，但这“天”不是神，而是阴阳二气，气化而生，气变而死，这是一个自然的过程。这就形成了几个系统，一个是由上帝或神创造，一个是自然产生。印度文化里也有这两种说法。佛教产生前，印度主要是信奉婆罗门教，婆罗门教也是主张神产生万物，但是它不像基督教是一神教而是多神教，

---

① 原载《紫光阁》第 11、12 期。本文根据作者在中央国家机关“强素质作表率”读书活动上的演讲整理编辑。有删节。

以为世界是多神创造的，这些神创造了世界的这些方面，那些神创造了世界的那些方面。甚至还有这样的一些说法：一些神创造了世界，一些神维护了世界，一些神破坏了世界，这才有生生死死的变化。婆罗门教认为这个世界并不是创造出来就不动了，它会变化，需要维持，又要有变化和死亡，所以它把神分成了几大类。公元前6世纪出现了一种宗教——佛教，佛教是反对神创造世界的。佛教里面有一个理论叫“缘起论”，讲的是万事万物都是缘起，因缘而生，因缘而有，也因缘而死，因缘而无。它与中国的自然生万物有相同的地方，但也有差别，佛教的缘起强调的是事物之间的一种必然联系，而中国的自然生万物的观念则比较重视偶然的生存，“物偶自生”“万物自生”，但总的来讲都是反对神创论的。

再讲讲“地”。“天生地养”，万物都靠“地”养，尤其是我们的生命，植物也好，动物也好，人也好，我们没有“地”怎么来生存？怎么来长大呢？所以整体来讲，我们研究的学问就是在研究“天”“地”“人”，而研究“天”和“地”归根结底也是为了“人”，“人”要依靠“天”“地”养。我们对世界的认识如果仅仅是为了认识世界而认识世界，我想这是没有意义的，我们认识了世界是要让它为我们人类来服务，让我们活得更加健康。只有明白了天地之间的变化，然后去适应它的变化，我们的生命才会健康，才更加有意义。

所以我讲哲学是有关人生观、世界观的学问，我们认识了这个世界是什么，也是为了让我们的人生更有意义、活得更健康。

中国哲学关注人事，中国人具有人文的思维方式

哲学是文化的一个核心，人类创造了各种各样的文化，有物质形式的文化，也有非物质形式的文化。

那么给文化做一个简单的概括，主要包括这四个方面：价值观念、思维方式、生活样式、信仰习俗。其中价值观念和思维方式可以说是哲学研究中最主要的东西，也是文化中最重要的。我们有什么样的生活样式和信仰习俗是由我们的价值观念和思维方式来决定的。价值观念和思维方式是无形的，但起指导性、决定性的作用，生活样式和信仰习俗是我们看得见摸得着的，这之间是相互有关联的。就像我们人类，有肉体的生命也有精神的生命，肉体生命是基础，而指导我们用什么样的方式生活则是由精神生命来决定的。一个人没有了精神，就是没有灵魂，那他的肉体就是一具行尸走肉。所以我讲我们的生活样式和信仰习俗就像我们的肉体，我们的价值观念和思维方式就像我们的精神，这两者都不能忽视，但是起决定作用的是价值观念和思维方式，也就是我们的精神生命。

近百年来，我们受到西方思维方式的影响，那种非此即彼的二元思维方式占了主导地位，此就是此，彼就是彼，此是好，彼就是恶，分得很清楚，好像只有这样才能有标准可以判断和掌握，所以我们做很多事情首先要做一个定量定性的标准，希望大家按照这个标准去做，然后我们可以方便地考察和检验。而现实中，我们的世界真是那么简单吗？是非此即彼吗？中国传统文化中的思维方式，就不是非此即彼的二元分裂的一种思维方式。我想，最形象地去认识中国哲学的思维方式，就是太极图有一条曲线，一边白，一边黑，黑白在一个圈子里，黑就是阴，白就是阳，它在一个整体的圈子内，黑的是一头大一头小，白的也是如此，过去我们就叫阴阳的消长，彼离不开此，此也离不开彼，有了彼才有了此，有了此才有了彼，所以必须要看到这个世界上的一切事物都是相辅相成的。

董仲舒曾经讲过“凡物必有合”，任何一个事物它一定有两个方面，合就是两个东西合在一起，有阴就有阳，有上就有下，有前就有后，有左就有右，没有一个东西只有左没有右，只有上没有下，所以“凡物必有合”。拿我们人生来讲，理想和现实也必须是结合在一起的。一个人光有理想一定是很苦闷的，因为看到现实都跟他的理想不一样，必然烦恼痛苦，一定要把理想跟现实合起来看。中国产生这样的一种思维方式是和中国的整体文化相关的。

中国近代有一位著名的思想家、国学大师章太炎，他就曾经谈到过西方哲学关注的对象是物质，是外在的世界，而中国哲学关注的对象则是人事。相对来讲物质世界是比较稳定的，关注客观的物质世界，可以在一定的范围之内做定量定性的分析；而人事是变动不居的，时时刻刻在变化，所以我们思考问题不能用一个僵化的方法去思考。一个是科学的思维方式，一个是人文的思维方式。

“阴阳五行”是中国文化的科学思维方式

在上个世纪有一个很热的讨论，就是中国有没有哲学。很多人认为中国没有哲学，因为中国没有这样的一种思维方式，中国的思维方式很模糊，不清晰、不科学，中国的哲学讨论来讨论去都是要落实到人生。所以，最多只能说中国有艺术哲学、历史哲学、人生哲学，没有理性意义上的哲学。

按西方观念，中国不光没有哲学，连宗教也没有，科学当然更不用说了，这给中国人造成很大的困扰。其实中国文化当中有哲学、有宗教、有艺术，甚至也有科学。中国文化从现在来看，其实是一种科学的思维方式，现在已经被认同，在某种意义上，可以说是最先进的科学。中国的“阴阳五行”的思维方式就是一个科学的思维方式，这是宇宙论的理论框架，这样的科学的思维方式也是我们整个文化的一种科学思维方式。

前些年，社会上出现了否定中医的思潮。当时钱学森先生就讲了一句话，说中医是建立在整体论和系统论基础之上的一种学问，因为中医就是用阴阳五行作为理论基础。我们的身体由五脏六腑组成，不能说心脏能单独拿出来，肺能够单独拿出来，这些都是关联在一起的，所以它是一个整体，是相互关联的系统，中医是建立在整体论和系统论的基础上的。

一种思维模式和社会方式是由当时的生活、当时对天文地理的理解形成的，而反过来它又告诉我们怎么去研究和指导我们的生活，怎么研究我们生存的自然环境的问题。当我们对天文地理的研究深入以后，我们会发现原来这个世界不是那么单一的，我们不能够再孤立地去看问题，包括人也是那样，我们不能站在人的立场上去看万物，要把人自己也放到万物之中去，在万物之中去看万物，你也是万物中的一员。

我们常说现在的人心理问题很多，但根源在什么地方呢？根源就在于老是站在自己的角度去看问题，把自己跟他人隔离开来，把自己跟万物隔离开来。

20世纪80年代左右，美国有一位心理学家叫作肯·威尔伯，他写了一本心理学的书，书名叫作《事事本无碍》，这本书里面就批评以往的心理学家，批评停留在人本为人的心理学。他的心理学叫作一体心理学，人跟万物是一体的，不是把人与万物分割开来看，人跟他人也是一体的。其中他提到一个思维方式的问题，我觉得很有启发，他说我们人看到一条海岸线，首先想的是这条海岸线把海洋和陆地分开了，对面是海洋，这面是陆地，这是我们习惯的思维方式，可是我们有没有想过，也正是这条海岸线把海洋和陆地连在了一起。

当时我看到这个书名的时候，马上就想到了中国佛教的华严宗。华严宗是以《华严经》为根本的，《华严经》讲的是什么呢？讲的是世界是一个整体，是相互折射的，你中有我，我中有你，你离不开我，我也离不开你。以己度，度以己，一即一切，一切即一。当年中国华严宗的祖师法藏给武则天和普通人讲《华严经》的道理，他四方上下都放一面镜子，中间点一根蜡烛，然后让你去看。一看这面镜子有这个蜡烛的光，那面镜子也有蜡烛光，而对面镜子的蜡烛光又反射到那个镜子上，那个镜子又反射到别的上面了，结果成了互相重重叠叠的光，由此就说明了这个世界是不能够分开的，你中有我，我中有你。

中国人老说“人生十有八九不如意”，你如果明白这个道理就能够面对“不如意”这个现实。你如果明白了痛苦里面有快乐，快乐里面有痛苦，你就能够懂得人生总要经历快乐的时刻，也要经历痛苦的时刻，只有经历过一些不幸福的事情，才知道幸福生活的来之不易，才会懂得珍惜，所以不同的思维方式就会决定我们不同的人生、不同的生命。

中国文化是为己之学，“为己”就是为了完美自我

哲学跟我们的人生是密切相关的，中国的哲学价值观强调的是我们每个人自己。中国的文化是人文主义文化，人文精神的文化都是相类的，在天、地、人中间，我们尊重天尊重地，但是更强调人，我们最关注的是人，所以叫作人本。

我们常常讲人的心在支配人的一切活动，人如果贪、嗔、痴不除掉，你自己的人生不得安宁，这个世界也会让你搞得不得安宁。所以中国文化里面强调的“以人为本”，你要这个世界和谐，首先要人和谐。人是人群，人群中又以什么为本，以每个人自己为本。你要想搞好人际关系，跟别人和谐相处，首先不要去怨天尤人，首先要反省自己。

中国文化中一直强调反求诸己，不要怨天尤人，所以我们应该重视佛教里面提到的嗔性。佛教讲人有三种心：贪、嗔、痴。嗔就是怨恨心理，什么事情都是怨天怨地，不反思自己。我常常讲有嗔性的人其实就是自寻烦恼的人，就是自己折磨自己，嗔性少一点，人的精神就会愉快一点。我们经常讲，化怨嗔性为感恩性，即使人家对你不好，说你的不是，也不要去怨恨别人，其实这也是一面镜子，反射你身上的问题，有则改之，无则加勉，所以要感恩。

中国的文化一直是层层相类

我们常讲，中国的文化是为己之学，《论语》里面有一句话：“古之学者为己，今之学者为人。”战国末年的一位大思想家荀子，对《论语》里面的“古之学者为己，今之学者为人”这句话做了非常清楚的解释。什么叫作“为己之学”？“为己之学，为其身勉”，所谓的“为己”就是为了完美自我。那什么又叫作“为人之学”呢？“为人之学者，以为禽犊”，把它作为一种禽和犊，过去来讲就是一种财富的象征。为己之学，美其身也，入乎耳，著乎心，布乎四体，形乎动静，就是这种人的学习是他从耳朵里面听进去以后，记在心里面，又把它落实到行动上去，是变化自己气质、使自己人格更加完美的一种学问。“为人之学者，以为禽犊”是一种什么样的状态呢？就是耳朵里面听进去了，嘴里面说出来贩卖了，是不通过心的，对自身的变化不起作用的，只是作为一种知识传输给别人或者在别人面前炫耀。

一句流传千年影响极其广泛的话叫作“人不为己，天诛地灭”。所谓的“为己”就是完美自我，所以这句话真正的含义是，我们有幸成为一个人，成为天地万物之间最为尊贵的生命体，就应该不断地去完美它。一个人要不断地完美自己，提升自己，这是天经地义的事情，你现在不去那样做，天地就要诛灭你。

不同文化的价值观念不同

前一阵子人们都在倡导所谓的普世价值，哪有什么普世价值观念呢，不同的文化它的价值观念是不同的。

有人说仁爱就有普世价值，是，从表面来看仁爱是。基督教讲爱，佛学讲慈悲也是爱，孔子儒家也讲爱，这看起来好像是普世价值，但我们再仔细一看，基督教讲的爱是什么爱？佛学讲的爱是什么爱？儒家讲的爱又是什么爱？它们是不一样的。如果非要说相同的地方，有，中国的墨子讲的“兼爱”有点像基督教说的爱。

不同的文化理念从生命观上就可以看出来。基督教文化的生命观认为生命是上帝创造的，所以大家都是一个独立的个体，都是上帝的子女，子女跟父母在某一个意义来讲都是上帝的子女。在这种背景下，强调个体的独立性是西方文化的特色。生命的延续是上帝不断地创造出一个个新的个体，借着父母的肉体把这些生命制造出来。

那中国文化背景下的生命是怎么样的？生命从根源来讲是天地，“天地者，生之本也”，所有的生命都要分成不同的类，有人类、禽类、兽类，每一类都有它自己的生命源头，就是它的祖先，所以“先祖者，类之本也”。生命是自然的生存，生命的延续是靠父母子女这样代代血缘相续的，所以子女跟父母的关系是一种亲密的血缘关系，可以说是一个代代相承的生命观，非常强调血缘之间的亲情关系。所以中国有了这样一种价值观，首先要爱你的家人，然后再去爱其他的人，然后再去爱万物。我们都是同类，所有的民族同胞和所有的物都是跟我们同类的。

西方的文化如果把它归结起来看，一个根本的特点就是救赎和他利。上帝就是救世主，我们每个人都要靠上帝来救赎，靠神来救助，包括印度文化中的宗教也是一样，一切由神来决定，一切也要靠神来改变，所以神是救赎，靠外在的力量支援你。

中国的文化是强调自救和自律，要靠自己来救自己，自我提升，行为自我约束，为仁由己，所以强调的是“道之以德，齐之以礼”。当然人的自觉性是有限的，也必须要有外力来辅助，所以也不能没有“法”，但重点是强调道德的自觉、自我的约束。我们现在张口就“仁者爱人”，其实不是，仁的精神首先是要自爱，也就是《论语》里面讲的“克己复礼为仁”。我们要这个社会能够安定和谐，就必须要求每个人遵守社会的公共道德，就是“礼”的制度的规定，这就叫作“克己复礼”。过去常常讲“治世要用儒”，治世不用儒的话就是鼓励大家去造反，不遵守礼仪，这样社会能安定吗？安定不了。人文的概念就是“礼乐教化”，也就是中国常讲的文化，强调“自立自治”。

“仁者爱人”是仁的一个内容，但我觉得最深的还是自爱，我这里讲一个故事给大家听，它告诉我们仁的思想的内涵：

有一天孔子在屋里面坐着，弟子子路进来问学，孔子就问了他两个问题，一个是何为仁，一个是何为智。这两个问题被古人看作是圣人的重要标准，圣人就是既有“仁”的品质又有“智”的智慧。智的问题我暂且不讲，先讲讲仁。何为仁呢？子路说“仁者使人爱己”，这固然没错，你如果是个仁者的话，必然会受到尊敬爱戴。所以孔子给他的评价是“可谓士矣”，可以说你是一个读书的人了。过了一会儿，子贡又进来了，孔子还问他这两个问题，子贡回答说，“仁者爱人”。孔子给他的评价是“可以为士君子矣”，可以称为读书人中间的一个君子了。过了一会儿，颜渊进来了（他是孔子最喜爱的弟子），孔子还是问同样的问题，颜渊回答是“仁者自爱”，孔子听了之后大为赞赏，他说“可以为明君子矣”，说颜渊是真正明白道理的一个君子，懂得“仁者自爱”。这里的“仁者自爱”跟前面讲的“克己复礼为仁”是一致的。《论语》记载的也是颜渊问孔子，何为仁？孔子回答说“克己复礼为仁”。颜渊又问他，请问具体有哪些方面？孔子就告诉他，“非礼勿视，非礼勿听，非礼勿言，非礼勿动”。人最核心的东西就是要自爱，自爱才能自尊，才能够去爱人和尊敬人，才能够受到别人的爱和尊敬，所以不能本末颠倒。

为什么说“学了儒释道才拿得起、放得下、看得开”

中国文化中最强调的是责任，孔子当年周游列国，到了卫国，卫国的君主就问他，我如果把国家交给你来治理，你从哪里下手？孔子说“必也正名乎”，首先要从正名入手，卫国的君主听了以后非常高兴。他说如果君不君、臣不臣、父不父、子不子，我连饭都吃不上，社会也不能安宁。我们要循名责实，我们考察干部就需要遵循这条原则，你担当什么职务，就要做合乎你职务的事，敢于担当。韩非子是非常强调这一点的。

曾经在一个课堂上，有一个学员讲他学习了国学后的体会，他说学了儒家后拿得起，学了佛教后放得下，学了道家后看得开。总结得很好。

为什么说学了儒家就拿得起呢？最根本的就是儒家敢担当，所以儒家要讲“国家兴亡，匹夫有责”，只有有了敢于担当的精神，才能拿得起。佛、道也是中国的文化主体结构的东西，中国文化自始至终都是一种多元、包容的传统，现实中始终是三教并存、相互补充的。西方文化自中世纪以来一直是由基督教文化垄断的，一切不符合基督教价值观念的思维方式就要被排斥，就要被宣布为异端异教，要受到宗教裁判所的审判，而在中国始终是多元并存、相互尊重的。

我们过去讲“以儒治国”，儒家思想主要讲治理国家和社会。“以道治身”，确实我们的养生和医学等方面与道家思想关联得更多一些。“以佛治心”，是指佛教认为我们人类和社会的一切问题，根源都在人心中，尤其是贪、嗔、痴三心，佛家把它整个的理论实践概括为戒、定、慧三学。以“三学”来应对人心中的贪、嗔、痴，佛教里面有一句流行的话叫“勤修戒定慧，熄灭贪嗔痴”，所以我们常常讲以佛来治心。治国、治身、治心是相互配合的。

学习了道，思想看得开，中国道家的思想强调“道法自然”，以自然为准则，尊重事物的本来状况。它非常强调一个观念，叫作知足。道家讲每个事物都有它的天性和本性，本性规定它需要多少，满足它的需要就可以了，过了反而会损害它。道家的思想强调自然合理，要合乎每个事物自然的状态，用我们现在的话来说就是要实事求是，注重个性差异。

道家是非常注重这个差异的，《庄子》里曾经讲到一个故事，讲一只大鸟和一只小鸟，大鸟要吃饱肚子就要四处觅食，小鸟肚子那么小，有几粒谷子就饱了。有一次两只鸟碰到一起了，小鸟看到大鸟能够四处游走，尝尽天下美食，就非常羡慕，想像它一样。大鸟看到小鸟吃两粒米就饱了，非常轻松，免却了四处奔波觅食的辛苦，也非常羡慕。庄子就评论说，大鸟你不要羡慕小鸟，小鸟你也不要羡慕大鸟，你们两个本来就不同，大鸟如果像小鸟那样轻松，要不了两天就饿死了，小鸟要是尝遍天下美食，一顿饭就给撑死了，大家要顺其自然，懂得知足。

知足者把其他的东西看作是身外之物，不需要留恋，看得开。所以道家的思想对人生是非常有意义的。

那为什么佛教能够让人“放得下”？佛教的思想让我们懂得万物都是无常的，不是永恒的，这跟缘起思想有关系。佛教认为万物都是因缘而生，因缘而有，那么因缘形成的这个世界的万物有什么特点呢？那就是无常。缘有聚也必然有散，因此一切事物有生，也一定有灭、有死，有聚一定有散，有会一定有离，这是缘起法的特点，没有永恒。所以对生命的贪恋和对外物的贪恋都是没有意义的，总有一天，你要撒手而去，什么东西都不属于你。人有生老病死，万物也是如此，就像沧海桑田的变幻。我们生存的环境也不是永恒的，它在不断地变化着，一切事物都是这样的。

佛教在《金刚经》里讲“一切有为法”，所有我们看到的东西，人也好，物也好，在佛教里面都被称为“有为法”，“一切有为法，应作如是观”，就是应该这样来认识它。怎么样来认识它？是六个“如”：“如梦幻泡影”，“如露亦如电”——像梦境一样，像幻觉一样，像肥皂泡一样，像影子一样，像露水一样，像闪电一样。“梦幻泡影”是说它没有实实在在独立的主体和自性，在佛学里面就叫作“无我”；“如露亦如电”是指一闪而过，也就是无常。佛教的缘起理论让我们认识到整个世界是无我的，无常的，所以对物的执着也好，对自我生命的执着也好，都是我们烦恼的根源。用两句话来概括人们的问题，就是：“执取名相看不破”，“执我为本放不下”。所以要是你们有一天能够放下自我，就真正自由自在了。懂得了佛教的教义，就可以放下、自在。你们可以看到佛教的很多庙里都挂了一块匾——“得大自在”。所以我们人如果能够拿得起，放得下，看得开，这该是一个什么样的幸福的人生境界。有的人是三样俱全，既拿不起，又放不下，还看不开，这是最痛苦的；有的人拿得起但放不下也痛苦。

中国的三大文化体系应对了三大矛盾

所以我觉得中国的传统文化、中国的哲学观念对于我们的人生是很有启发意义的。我们人类在这个世界上碰到最多的三个大矛盾就是人与自然的关系、人与社会的关系、人与自己的身心的关系。我们想一想，我们的三大文化体系不恰好应对了这三大矛盾吗？

道家的思想就可以解决人与自然的关系。在中国道家思想里面，自然的概念不是指天地万物，而是指事物的本性，只要我们尊重自然的本性，去适应自然的环境，就不会跟自然形成矛盾和冲突，也不会危害到我们生存的环境，这不就是处理好人与自然的关系吗？道家的思想认为人要活得好，必须要顺应自然，顺应事实，顺应日夜，这是最基本的一条。现在《道德经》在全世界翻译的语言之多仅次于《圣经》，在欧洲的一些国家像德国、法国，他们的学生和一般的公民对于《道德经》的了解大概比我们中国人还多。

儒家的思想其实就是来解决人与社会的关系，人与人之间的关系，解决的方法就是反求诸己，反省自我，不要怨天尤人，这也很契合我们现在讲的这个问题。

现在世界上还有很突出的一个问题，就是人的身心的矛盾，或者叫灵肉的矛盾，这个问题相当严重，所以现在心理学也越来越被人们重视。人的心理的问题要从根本上来解决，佛教也给我们提供了这方面的资源。

中国的文化是内向，一切都往内，在天、地、人中间找人的问题；在人与人之间找自己的问题；在自己身上找自己的心，一层一层地向内，不是一层一层地向外。西方文化就是向外，身心的问题主要是去找身体的问题。

比如治理环境的问题，现在的思路就是把它当作外在的，不从人的本身去找根源。人的贪欲不灭，这个自然就永远治不好，这边在治那边又在破坏，所以西方的思路是向外，我们是向内，这是因为思维方式上的差异。价值观念上的差异其实也就是哲学的差异，哲学是文化的核心，学点哲学对我们的人生是很有意义的，对问题能够看得更明白更透彻，所以不要把哲学看成是神秘的、空洞的。

中国的学问就是强调要有所受用，要知行合一。中国哲学一种重要的品格就是实践性，不是空谈的。过去的人有没有空谈的？有。我们历史上很多的理学家，走着走着就走到空谈了，“无事袖手谈心性，临危一死报君王”，道理讲得还不错，但是解决不了问题。实际上中国的哲学强调的是“内圣外王”，内圣就是提高我们的素质，做内圣的功夫，提升自己要成圣，成不了圣，也要成贤，成不了圣、成不了贤也要成人。人跟动物的差别很小很小，一不小心就变为禽兽，所以学习首先是要学习做人，人做好了还要进一步提高，成贤成圣。要做出事业来，做出事功来，叫外王，“王”就是指事功、事业。你不光修养好了就行，还要做出事业来，内圣、外王是结合在一起的。

《大学》里提到格物、致知、诚意、正心、修身、齐家、治国、平天下，前面的功夫就是做内圣的功夫。“格物致知，诚意正心”，把这个心正好，然后落实到自己身上来改变自己的气质，变化气质改变心性，然后落实到齐家、治国、平天下，做出事功来。所以中国的哲学一定是知行合一的，《中庸》里面给我们提出来一个很好的问学的过程，就是“博学、审问、慎思、明辨、笃行”，要能够提出问题来，给自己提出问题来，给老师提出问题来，还要思考，还要有明辨，最后笃行，实实在在地落实到行动上面去。所以中国的哲学不是空谈，不是虚谈，而是能够落实的，能够变化气质、改变心性、提升素养的。

中国传统哲学中主体修养学说的认识论意义[①]

在中国传统哲学中，有着丰富的关于主体修养的学说。其中，大部分是讲道德养成过程中的主体修养问题，不过也有相当部分是讲认识过程中的主体修养问题。而且，即使是那些有关道德主体修养方面的论述，同样也包含着重要的认识论上的意义。可以说，强调认识过程的主体修养，认为认识活动与道德修养有密切关系，是中国传统哲学的一大特征。它对于丰富哲学认识论理论，有着重要的意义，是中国哲学贡献于世界哲学的一份宝贵财富。

对认识主体在认识过程中能动作用的认识

认识是离不开认识者（主体）和被认识者（客体）的，先秦的荀子（名况，又称孙卿，他的活动年代约为公元前313—238年之间）曾说："凡以知，人之性也；可以知，物之理也。"（《荀子·解蔽》）又说："所以知之在人者，谓之知；知有所合，谓之智。"（《荀子·正名》）这是说，人（主体）有认识的能力（能知），物（客体）有可认识的性质（所知），主体的认识能力与客体事物相接触（合）后，即可产生认识、获得知识（智）。这种朴素的反映论观点，基本上代表了中国传统哲学上对于认识性质和来源的一般见解。佛教传入中国后，讲"心法起灭天地""三界唯心""万法唯识"等，否定有离开主体而独立存在的客体。受其影响，宋明理学中的陆王心学等讲"心外无理""心外无物"，也不

① 原载《中华文化的过去现在和未来》，中华书局，1992年。

承认有离开主体而独立存在的客体。因此，佛教强调断除“所知障”“见自本性”，陆王则强调“致吾心之良知”等等。在他们看来，认识不是主体对客体的反映，而是主体的自我反省。

尽管对认识的性质和来源问题有以上的不同看法，但在强调认识过程中主体能动作用的重要性问题上，则中国传统哲学各派的看法是基本一致的。认识并不是主体对客体的一种单纯感觉和消极反映。荀子对此已有所认识，他认为，认识是从人的感官与外物接触开始的，但仅有感官的感觉是不行的，还须要有心的鉴别。这就是他说的：“何缘而以同异？曰：缘天官。”然后“心有征知。征知，则缘耳而知声可也，缘目而知形可也”。这里，一方面心的征知作用，“必将待天官之当簿其类然后可也”（同上），另一方面，由于“心者，形之君也，而神明之主也”（《荀子·解蔽》），心在认识过程中又起着决定性的作用。这也就是说，人的认识过程必须包含着主体的理性思维对于初步获得的感觉的能动的鉴别作用。

关于感官与心在认识过程中的不同作用和地位问题，早在孟子那里就已有了认识。如他说：“耳目之官不思，而蔽于物，物交物，则引之而已矣。心之官则思，思则得之，不思则不得也。此天之所与我者，先立乎其大者，则其小者不能夺也。”（《孟子·告子上》）这里也包含着强调主体理性思维在认识过程中的能动作用和决定地位的意思。孟子“先立乎其大”的论述，对以后心学一派把主体的道德修养放在最重要的地位，有着深远的影响。

明末清初的著名思想家王夫之（1619—1692），在论述认识的发生以及认识过程中耳目感官与心的关系时说：“形也，神也，物也，三相遇而知觉乃发。”（《张子正蒙注》卷一）“耳与声合，目与色合，皆心所翕辟之牖也。合，故相知，乃其所以合之故，则岂耳目声色之力哉！故与薪过前，群言杂至，而非意所属，则见如不见，闻如不闻，其非耳目之受而即合，明矣。”（同上卷四）这里的形是指身体感官，神是指心的思维，物则指外物。王夫之以思维不属意于此时，则见如不见，闻如不闻的一般经验，说明了心的思维在感官与外物相接过程中的主导作用，强调了认识过程中主观能动的重要性。

中国古代的哲人们注意到，人们在认识上常常会出现各种错觉或片面性，这里固然有外在的原因，如外物的变化不定和物理的复杂难辨等，但更主要的是由认识主体的内在原因造成的。对此，荀子也有较深刻的认识，他指出了各种各样造成错觉或片面性的原因，如说“欲（好）为蔽、恶为蔽，始为蔽、终为蔽，远为蔽、近为蔽，博为蔽、浅为蔽，古为蔽、今为蔽”等等。在这些“为蔽”中，始终、远近、古今之蔽偏向于客观的原因，而欲恶之蔽，博浅之蔽则均与主体有密切的关系。如他说“从山上望牛者若羊，而求羊者不下牵也，远蔽其大也。从山下望木者，十仞之木若箸，而求箸者不上折也，高蔽其长也”等。这种由外在原因所造成的错觉或片面性，是比较容易识别和克服的。然而，像他指出的另一种情况：“私其所积，唯恐闻其恶也。倚其所私，以观异术，唯恐闻其美也。是以与治离走，而是己不辍也。”（同上）这段话的意思是，由于偏爱自己的学说，唯恐听到别人说这种学说不好。从自己的偏见去观察不同于自己的学说，又唯恐听到别人说那种学说好。由此，背离了正道，而还自以为是，不知改正。这就是说，主体情感上的欲（好）恶，同样会直接影响到人的认识活动，造成认识上的片面性（蔽）。而且，这种由认识主体内在原因所造成的片面性，是很难觉察和克服的。《庄子·秋水》说，“井蛙（或说当作“井鱼”）不可以语于海者”，荀子也引俗话说，“坎井之蛙不可与语东海之乐”（《荀子·正论》），则是“浅”之为蔽的最生动比喻，它所造成的认识上的片面性，同样是很难自我觉察和克服的。

因此，心（思维、精神）的状态如何，将直接影响到感觉的正误，以至于影响到对客体的正确认识。荀子看到了主体的心理状态对于认识的影响，并举出了许多具体生动而有力的例子。例如他说：“夏首之南有人焉，曰涓蜀梁，其为人也，愚而善畏。明月而宵行，俯见其影，以为伏鬼也；仰视其发，以为立魅也。背而走，比至其家，失气而死。”（《荀子·解蔽》）这是说，由于此人处于一种极其畏惧的心理状态之中，因而把自己的影子当作了鬼，把自己的头发当作了魅，结果把自己吓死。又如，他举例说：“心忧恐，则口衔刍豢而不知其味，耳听钟鼓而不知其声，目视黼黻而不知其状，轻暖平簟而体不知其安。”从这段文字的前后文意看，荀子主要是从道德角度来讲的。如他与此相对比的是：“心平愉，则色不及佣而可以养目，声不及佣而可以养耳，蔬食菜羹而可以养口，粗布之衣、粗紃之履而可以养体。”（《荀子·正名》）然而，这也不能忽视其中包含的对认识的影响。因为，荀子在谈“解蔽”时，也说过同样的话。如他说：“心枝则无知，倾则不精，贰则疑惑。”意思是说，精神（思想）分散，就不可能获得知识，不专注，认识就不可能精深，三心二意，就会疑惑不安。又说：“心不使焉，则白黑在前而目不见，雷鼓在侧而耳不闻，况于蔽者乎！”（《荀子·解蔽》）这是说，当一个人的注意力分散于其他事物时，则某一事物，即使就在他的身边眼前，也会视而不见，听而不闻。这应当说是每一个人都有过的切身经验。因此，荀子前面说的心理上的忧虑和恐惧，造成食不知味、听不闻声、视不见色的现象，设若从认识论的角度看，则可以说，如果一个人的注意力被忧虑和恐惧所分散或干扰，那么他就会连味道的好坏、音乐的雅俗、色彩的妍丑也分不清了。

关于心理（思维、精神）状态会直接影响到对客体正确认识的问题，在《大学》一书中也有所论及。如说：“所谓修身在正其心者，身有所忿懥（按，朱熹集注引程子曰：“‘身有’之‘身’当作‘心’。”忿懥是发怒之意），则不得其正；有所恐惧，则不得其正；有所好乐，则不得其正；有所忧患，则不得其正。心不在焉，视而不见，听而不闻，食而不知其味。”朱熹对这段话是这样注释的：“盖是四者，皆心之用，而人所不能无者。然一有之而不能察，则欲动情胜，而其用之所行，或不能不失其正矣。”意思是说，人不可能没有喜怒哀乐的感情，这是一种心理活动，如果不能明白觉察而让它占了上风的话，那么在它的影响下，人的认识不可避免地会失去它的正确性。

荀子的学生韩非（约前280—前233）曾分析说：“聪明睿智，天也；动静思虑，人也。人也者，乘于天明以视，寄于天聪以听，托于天智以思虑。”（《韩非子·解老》）这一分析，发展了上述荀子关于“天官”和“心”在认识中的不同作用和地位的思想。在这里，韩非把耳目感官的视听功能，乃至于“心”的思虑功能，都归之为天赋予人的一种自然功能，而同时则强调，只有发挥人的主观能动作用去驾驭那些天赋的功能，才可以获得视听及思虑的实际效果。但他也指出，如果过分地去使用耳目的视听和心的思虑，其结果则将导致目不明、耳不聪、智识乱，从而也就不能起到辨黑白之色、别清浊之声、审得失之地的认识作用。因此，他又提出了“适动静之节，省思虑之费”的主张。[①] 韩非把认识主体分析为生理功能和精神能动两个层次，特别是对“心”也作了一般生理功能和主观能动两个层次的分析，也就是说，主体思维器官所具的思维能力与耳目的聪明一样，也要由主体去运用它，才能发挥其思虑的作用，成为一种主观能动的作用。这一论述，加深了对于认识主体能动性的认识。

王夫之对这一问题也有相当精彩的论述。他说：“夫天与之目力，必竭而后明焉；天与之耳力，必竭而后聪焉；天与之心思，必竭而后睿焉。……可竭者天也，竭之者人也。”（《续春秋左氏传博议》卷下）这与韩非“聪明睿智，天也；动静思虑，人也”的说法是一样的。他又说：“人之所以异于禽兽者，以其知觉之有渐，寂然不动，待感而通也。若禽之初出于鷇，兽之初坠于胎，其啄龁之能，趋避之智，啁啾求母，呴噳相呼，及其长而无以过。使有人焉，生而能言，则亦智侔雏麑，而为不祥之尤矣。是何也？禽兽有天明而无己明，去天近而其明较现。人则有天道（命），而抑有人道（性），去天道远，而人道始持权也。”“耳有聪，目有明，心思有睿知，入天下之声色而研其理者，人之道也。”（《读四书大全说》卷七）这是说，动物只有本能而没有主体的思维能动作用，它生来的本能如何，至其长大也不会有所长进（按，经人类专门驯养

① “故视强则目不明，听甚则耳不聪，思虑过度则智识乱。目不明则不能决黑白之分，耳不聪则不能别清浊之声，智识乱则不能审得失之地。目不能决黑白之色则谓之盲，耳不能别清浊之声则谓之聋，心不能审得失之地则谓之狂。……书之所谓‘治人’者，适动静之节，省思虑之费也。”（《韩非子·解老》）

者当除外)。人则不一样，他的认识是随其成长而不断进步的。这是因为人类主要不是按本能行动，而是要充分发挥人类的主体能动作用（即所谓“去天道远，而人道始持权也”)。因此，人不仅能感物而通，而且具有深入天下之声色而研究其道理的主体的思维能动作用。这是人和动物的根本区别之所在。王夫之在这里充分地表述了人类认识主体在认识过程中所特别具有的能动性的特点，其理论意义是相当深远的。

陆王心学把认识的基点定在反求诸己上，所以更是强调“尽心”、扩充“良知”、“致良知”等等，要求充分发挥主体的能动作用。

王守仁（1472—1529）特别强调认识过程中的主客一体而不可分离的原则。这是从他的心、物（心、理）不二的基本立论中推衍出来的。他认为，离开人的心而去求物之理，那有什么物之理？同样，离开物之理而去求人的心，这心又是什么东西呢？[①] 因此，在认识论方面，认识主体与被认识的客体也是不可分之为二的。他说，当认识主体与被认识的客体没有相接触时，主体与客体都归于暗寂未显的状态；而当认识主体与被认识的客体一旦相接触后，那么，认识主体与被认识的客体同时都会明白地显现出来。这就是王氏游南镇时与友人一段著名对话的主要意思。文载《传习录下》：“先生游南镇，一友指岩中花树问曰：‘天下无心外之物，如此花树在深山中自开自落，于我心亦何相关？’先生曰：‘你未看此花时，此花与汝心同归于寂，你来看此花时，则此花颜色一时明白起来，便知此花不在你的心外。’”

以往，这段话大都被引用来作为王守仁否定有独立存在的客体的主要证据，甚或认为，王守仁在这里提出了外物（客体）当未被感知时便不存在，它类似于贝克莱“存在就是被感知”的命题。如果单就王氏“便知此花不在你的心外”的结论来讲，以上的分析不

① “夫物理不外于吾心，外吾心而求物理，无物理矣；遗物理而求吾心，吾心又何物耶？”（《答顾东桥书》）

能说没有一定的道理，但如果仔细读一下王氏的论证文字，则以上的分析未必完全符合王氏这段话的意思。首先，王氏这里所讲的“寂”，不是“不存在”的意思，而是与下面的“明白”对文，为“暗寂”未显的意思；其次，王氏不是单讲“花”的“寂”，而是讲“此花与汝心同归于寂”，也不是单讲“花”的“明”，而是讲“花颜色（颜色指心的感知）一时明白起来”；再次，王氏讲“你未看此花时”“你来看此花时”等，也还是以花的存在为前提的。

事实上，在任何一个具体的实际的认识过程中，只有当主客体相结合时，才有认识可言，这时认识的主体和被认识的客体才具有实际存在的意义。一个未被任何认识主体所认知的客体，是一个死寂的客观存在；同样，一个未与任何认识客体相接触的主体，也只是一颗死寂的心。仅就这一点来说，王氏的这一段论述，尚有值得注意之处。比如，他说的“你来看此花时，则此花颜色一时明白起来”，着重强调了客观事物的形色性质只有通过人的主观认识活动才能“明白”起来。其中也包含了这样的意思，即调动和发挥认识主体的主观能动作用，对于扩大和深化对客观事物的认识，有着重要的、积极的意义。

基于以上各家对于认识主体在认识过程中的能动作用及其重要性的认识，许多思想家们进一步探讨了关于认识主体修养的各种具体途径和方法。

对认识主体修养方法的探求

在中国传统哲学中，最早明确提出关于主体修养的必要和方法问题的，大概是现存《管子》一书中的《心术上》。① 这篇文章中有这样一段话："人皆欲知，而莫索其所以知。其所知，彼也；其所以知，此也。不修之此，焉能知彼？"意思是说，人都想要得到知识，但不能了解如何才能获得知识。人们所认识的是那个对象，而之所以能去认识，则是人这个主体。不把这个认识主体修养好，怎么能认识那个对象呢？与此同时，在这篇文章中也提出了认识主体修养的原则和方法，那就是所谓的"静因之道"。

这里，"因"是最根本的原则。《心术》等篇的作者认为，事物本身都有一定的客观存在的形状以及与它相适应的名称，按照事物的形状而为它定名称，这就是"因之术"。所以说，所谓"因"也就是不作任何主观的增加或减少，而要按照事物的本来状态去认识它。②"静"是贯彻"因"的原则的必要前提。他们认为，在事物到来之前就急躁妄动，是不可能去观察事物的，只有保持"心"的安静才能按照事物的本来面貌去认识它们。③ 而要保持"静"，就需要先做到"虚"。"虚"一方面指去掉过多的"嗜欲"，因为他们认为"嗜欲充溢，目不见色，耳不闻声"。所以说："虚其欲，

---

① 《管子》一书的作者为谁，至今学术界尚无一致的意见。一种意见认为是战国时期管仲学派的著作集（如任继愈主编的《中国哲学发展史（先秦）》）；一种意见认为是战国中后期齐国稷下学官讲学各家著述的汇集，不是单一学派的著作（如郭沫若等著《管子集释》）。关于《心术》等篇（包括《心术上》《心术下》《内业》和《白心》四篇）的作者问题，郭沫若等据《庄子·天下篇》等所记史料，断为宋钘、尹文一派佚著。但全面考察《天下篇》《孟子》《荀子》《韩非子》等先秦著作中所记述的宋钘、尹文学派的思想学说，与《心术》等前所阐明的思想有很大的不同。所以，我们对《管子·心术》等篇，暂作不明作者的论文的思想来加以探讨。

② 如说："物固有形，形固有名。此言名不得过实，实不得延名。""因也者，无益无损也。以其形，因为之名，此因之术也。""因也者，舍己而以物为法者也。"等等。（《心术上》）

③ 如说："毋先物动者，摇者不定，趮者不静，言动之不可以观也。""静则能制动矣。故曰静乃自得。"（《心术上》）

神将入舍。”另一方面，“虚者，无藏也”，即不要让已有的认识停留在“心”中，因为那样会妨碍接受新的认识。因此他们主张“物至则应，过则舍矣”，并且认为，“舍矣者，言复所于虚也”。人们如能保持“静”，则必能达到“一”。“一”主要是指专一。他们认为，如能专心一意，耳目必能端正，而能观察更为深远的事物。①

《管子·心术》等篇中这些关于认识主体修养的思想，为荀子所继承和发展。他在总结前人各派有关理论的基础上而提出的“虚壹而静”说，是中国传统哲学中最有代表性、最为概括的关于认识主体修养的理论，并且对于后世思想家有着深远的影响。

如前所述，荀子认为，“凡万物异，则莫不相为蔽，此心术之公患也”（《荀子·解蔽》）。意思是说，一切事物的差异，都会造成人们认识事物时的片面性（如看到了这一面就看不到那一面，等等），这是思想方法上的共同毛病。要克服这种“心术之患”和“蔽塞之祸”，就需要确立一个标准，即所谓“兼陈万物而中悬衡焉”，这样就可以达到“众异不得相蔽以乱其伦（类别、秩序）也”。荀子把这个“衡（标准）”叫作“道”。而人如何来认识和掌握“道”呢？则要靠“心”的“虚壹而静”。他强调说，想求得道，只有虚才能进入；想学习道，只有壹才能穷尽；想研究道，只有静才能清楚。所以说，如能做到“虚壹而静”，就可达到认识上的“大清明”，一种极为透彻而毫无偏蔽的境界。②

一、关于“虚”

荀子说：“人生而有知，知而有志。志也者，藏也。然而有所谓虚，不以所已藏害所将受，谓之虚。”（同上）“志”是记忆的意

① 如说：“静则精，精则独立矣，独则明，明则神矣。”（《心术上》）又说：“专于意，一于心，耳目端，知远之证。”（《心术下》）

② “将须道者，虚则入；将事道者，壹则尽；将思道者，静则察。”“虚壹而静，谓之大清明。万物莫形而不见，莫见而不论，莫论而失位。坐于室而见四海，处于今而论久远，疏观万物而知其情，参稽治乱而通其度，经纬天地而材官万物，制割大理而宇宙理矣。”（《荀子·解蔽》）

思。这是说，人生下来就会有认识，有认识就会有记忆，记忆就是藏。然而有所谓的虚，即不以已有的认识去妨碍将要接受的认识，这就叫作“虚”。这是从《管子·心术》中所讲的“虚者，无藏也”的意思发展而来的。但是，两者有着很大的不同。《管子·心术》中所讲的“虚”“无藏”，带有否定或取消记忆的意思，即所谓“物至则应，过则舍矣”。而荀子则是在肯定或保持记忆的前提下来讲“虚”的，所以只要求“不以所已藏害所将受”。显而易见，荀子所讲的“虚”，克服了《管子·心术》中对待已有认识的消极态度，更切合人们认识过程中处理已有认识和将接受的认识之间的实际。事实上，正如荀子所讲的，有认识就一定有记忆，也就是说，人在一个新的认识之前，总已有各种各样的先入之见存于“心”中，这些先入之见往往又会集合为一种主观成见，对此如果没有自觉的话，就会妨碍或干扰将要接受的认识。完全“无藏”的“虚”不仅是消极的，而且也是不现实的。但是，“不以所已藏害所将受”的“虚”，不仅是必要的，而且通过自觉的主体修养是可以达到的。

荀子反对“纵欲”，但也反对“去欲”“寡欲”，而是主张“节欲”“导欲”和“养欲”，因此对于《管子·心术》中提到的“虚”的另一层意思，即“虚其欲”方面，他一点也没有提起。

不过，如何认识和对待“欲”的问题，确实也是主体修养中的一个重要问题。孟子就强调说：“养心莫善于寡欲。”（《孟子·尽心下》）道家学派也主张寡欲，甚至于无欲，他们认为，欲对于认识主体的影响极大。如老子说：“五色令人目盲，五音令人耳聋，五味令人口爽，驰骋畋猎令人心发狂，难得之货令人行妨。”（《老子·十二章》）庄子也说过这样的话：“其嗜欲深者，其天机浅。”（《庄子·大宗师》）这里“天机”指生来就具有的认识能力，“浅”是肤浅、低下的意思。这也就是说，嗜欲过多的人，他的天赋认识能力必然低下。所以道家竭力鼓吹“见素抱朴，少私寡欲”（《老子·十九章》），“致虚极，守静笃”（《老子·十六章》），以至于“同乎无欲”（《庄子·马蹄》）。

北宋理学创始者之一的周敦颐则明确认为，无欲是主体修养的最重要的准则。如他说："予谓养心不止于寡焉而存耳，盖寡焉以至于无。"（《养心亭说》）又说："圣可学乎？曰：可。曰：有要乎？曰：有。请闻焉。曰：一为要。一者，无欲也。无欲则静虚动直。静虚则明，明则通；动直则公，公则溥。明通公溥，庶矣乎！"（《通书》）宋明理学家严于"天理""人欲"之辨，一般都认为欲有蔽知的危害。如程颢说："人心莫不有知，惟蔽于人欲。"（《程氏遗书》卷十一）朱熹也认为，人的天赋灵明之所以昏昧，完全是被"气禀所拘，人欲所蔽"（《大学章句》）。因此，程颐说："养心莫善于寡欲，不欲则不惑。"（《程氏遗书》卷十五）朱熹更说："学者须是革尽人欲，复尽天理，方始是学。"（《朱子语类》卷十三）心学的集大成者王守仁同样认为："此心无私欲之蔽，即是天理"（《传习录下》），并要求人们"静时念念去人欲、存天理，动时念念去人欲、存天理"（《传习录上》）。

道家老庄的"无欲"说，是与他们否定人类认识活动的"弃智""无知"等理论联系在一起的，其消极性和片面性是一目了然的。宋明理学家们则是过分夸大了人欲的负面作用，过分强调遏制人欲对去蔽的作用，以至要"革尽人欲"，表现为一种禁欲主义的倾向。而其后，戴震在批判宋明理学的禁欲主义时，则连同欲有蔽知的一面也给否定了。他认为，欲的毛病只是带来私，而与蔽无关。①

其实，人的各种感情欲望是会对人的认识活动产生影响的，但这种影响绝不是单方面的，更不是只有负面的影响。在某种情况下，情欲会把人的认识引向片面的歧途；而在另一种情况下，情欲却可能正是求知解蔽的动力。"纵欲"对认识活动定然无益，"无欲"对认识活动也未必有益。人们当善解"虚其欲"句，会得其意可矣。

---

① 如说："凡出于欲，无非以生以养之事。欲之失为私，不为蔽。自以为得理，而所执之实谬，乃蔽而不明。天下古今之人，其大患，私与蔽二端而已。私生于欲之失，蔽生于知之失。"（《孟子字义疏证》卷上）

二、关于“壹”

荀子说：“心生而有知，知而有异，异也者，同时兼知之。同时兼知之，两也。然而有所谓一，不以夫一害此一，谓之壹。”（《荀子·解蔽》）这句话的大意是说，人的认识活动不可能是单一的，必定会同时遇到多种事物，进行多方面的认识活动（“异”“兼知”），而这就会造成认识活动中注意力的分散（“两”）。然而有所谓的一，即不要让那个认识去妨碍这个认识，这就叫作“壹”。可见，荀子讲的“壹”，是指认识活动中集中注意力，专心一志的问题，荀子关于“壹”的论述，比之于《管子·心术》中所讲的“一”要丰富、深刻得多了。一则，他是在肯定“知而有异”和知可能“同时兼知之”的前提下来谈如何做到专一的。再则，他把“壹”与“虚”的界限划得十分清楚。“虚”是处理已有的认识与将要接受的认识之间关系的方法，而“壹”则是处理同一时间不同认识活动之间关系的方法。又，在荀子那里，“壹”一方面是讲“专心”，如说：“目不能两视而明，耳不能两听而聪。”再一方面则是讲“恒心”，如说：“锲而舍之，朽木不折；锲而不舍，金石可镂。”（《劝学》）他列举了一批传说中有特别成就的人物，指出他们的成功都是在于能“壹”，即既能“专心”又有“恒心”。①所以，他的结论十分明确：“自古及今，未尝有两而能精老也。”（《解蔽》）

专心一志对于认识的重要性是显而易见的，要获得认识，要深化认识，要扩大认识，都是离不开专心一志的。但是，要做到专心一志却不是一件容易的事。所以，除了荀子特别提出“壹”来讲以外，历代思想家也不厌其烦地反复强调专心一志的必要和重要。孟子关于弈秋诲徒的故事，是人们十分熟悉的比较专心一志与否，以

---

① “故好书者众矣，而仓颉独传者，壹也；好稼者众矣，而后稷独传者，壹也；好乐者众矣，而夔独传者，壹也；好义者众矣，而舜独传者，壹也。”（《荀子·解蔽》）

及其不同结果的有名典故。① 现存《刘子新论》一书中有《专学》一篇，更以围棋国手弈秋和算学专家隶首为例说明，即使像这样的名家高手，如果在下棋或计算时心神分散，而人们若在此时去问他们应当如何下子，如何算数，那他们就会连最起码的棋道和算法都回答不上来。所以，作者强调说，学者只有“精勤专心”，才有可能“入于神”。②

宋明理学家们也十分重视专心一志在认识活动中的意义，并把专一的养成，当作一项重要的道德修养内容来对待。朱熹说：“为学须是专一。吾儒惟专一于道理，则自有得。”“既知道自家患在不专一，何不便专一去。”（《朱子语类》卷八）程朱理学在讲主体修养时特别强调“敬”这个项目，而“敬”的主要内容，则正是“专一”的意思。朱熹晚年的高足陈淳，在他所著的《四书性理字义》（通称《北溪字义》）一书中，对于程朱理学所讲“敬”的内涵，有一全面综合的叙述，简明扼要，深得主旨。今摘录其中主要段落，以见一斑。如说：“程子谓‘主一之谓敬，无适之谓一’。文公（朱熹）合而言之，曰‘主一无适之谓敬’，尤分晓。”“主一只是心主这个事，更不别把个事来参插。若做一件事，又插第二件事，又参第三件事，便不是主一，便是不敬。”“无事时，心常在这

① “今夫弈之为数，小数也，不专心致志，则不得也。弈秋，通国之善弈者也。使弈秋诲二人弈，其一人专心致志，惟弈秋之为听。一人虽听之，一心以为有鸿鹄将至，思援弓缴而射之，虽与之俱学，弗若之矣。为是其智弗若与？曰：非然也。”（《孟子·告子上》）

② “弈秋，通国之善弈也。当弈之时，有吹笙过者，倾心听之，将围未围之际，问以弈道，则不知也。非弈道暴深，情有暂暗，笙猾之也。隶首，天下之善算也。当算之际，有鸣鸿过者，弯弧拟之，将发未发之间，问以三五，则不知也。非三五难算，意有暴昧，鸿乱之也。弈秋之弈，隶首之算，穷微尽数，非有差也，然而心在笙鸿而弈败算挠者，是心不专一，游情外务也。”“是故学者必精勤专心，以入于神。”（《刘子集校》卷一《专学第六》，林其锬、陈凤金集校，1985 年 10 月上海古籍出版社出版）按，关于《刘子新论》一书之作者，历来有多种说法，比较集中的意见是：一说为北齐刘昼著，一说为梁刘勰著。《刘子集校》作者考辨结论为梁刘勰著。

里，不走作，固是主一。有事时，心应这事，更不将第二第三事来插，也是主一。”“无适者，心常在这里，不走东，不走西，不之南，不之北。”总之，“程子就人心做工夫处，特注意此字。盖以此道理贯动静，彻表里，一终始，本无界限。”“格物致知也须敬，诚意正心修身也须敬，齐家治国平天下也须敬。敬者，一心之主宰，万事之根本。”这里对“敬”的作用和地位的无限夸大，是十分幼稚和荒谬的。但是，他们指出在求知行事中必须保持精神思想的“主一无适”，则还是有其合理性的，也是值得我们在认识主体的修养中加以提倡的。

三、关于“静”

荀子说：“心，卧则梦，偷则自行，使之则谋。故心未尝不动也。然而有所谓静，不以梦剧乱知，谓之静。”（《荀子·解蔽》）这句话的意思是说，睡觉时会做梦，闲散时会随便乱想，使用时会出谋划策，所以说“心”这个“思之官”无时无刻不在活动着。然而有所谓的静，不要让梦中的幻觉和闲散时的随便乱想去干扰正常的认识活动，这就叫作“静”。“静”与“虚”之间的界限是比较含混的，“虚静”“静虚”经常是并用的联绵词，可作互训。在《管子·心术》篇中，“静”与“虚”也并没有分得很清楚。但是，荀子在这里对“静”与“虚”的内容，则作了相当明确的区别和界定。同时，他又是在肯定“思之官”无时无刻不处于“动”的前提下来谈“静”的。因此，他对于“心”的“动”与“静”的关系的分析，要比《管子·心术》篇中对于“静”的理解，丰富具体得多。

荀子与许多中国古代思想家一样，也以镜子或水来比喻“心”。因镜或水只有保持平静，才能照清东西，于是认为心也必须保持平静，才能认清东西。他说：“故人心譬如盘水，正错（放置）而勿动，则湛浊在下，而清明在上，则足以见须眉而察理矣。微风过之，湛浊动乎下，清明乱于上，则不可以得大形之正也。心亦如是矣。故导之以理，养之以清，物莫之倾，则足以定是非决嫌疑矣。小物引之，则其正外易，其心内倾，则不足以决粗理矣。”（同上）

在《庄子·天道》篇中也有相同的比喻，如说："圣人之静也，非曰静也，善，故静也。万物无足以铙心者，故静也。水静则明烛须眉，平中准，大匠取法焉。水静犹明，而况精神？圣人之心静乎，天地之鉴也，万物之镜也。"这种比喻是极其素朴的，但是荀子能注意到幻觉和随便乱想与正常认识之间的区别，并由此提出通过保持"思之官"的平静，排除幻觉、乱想的干扰，以求得正确认识的思想，则还是相当深刻的。

北宋的周敦颐倡导"无欲""虚静""立诚"，把"主静"看作是圣人订立的人生准则的一项重要内容。① 这以后，"主静"之说在宋明理学家中有着极大的影响。如程颢认为，"性静者可以为学"（《程氏外书》卷一），程颐则每见人静坐，便叹其好学。朱熹也认为静是根本，他说："人身只有个动静，静者养动之根，动者所以行其静。"（《朱子语类》卷十二）陆九渊"谓人读书为义外工夫，必欲人静坐，先得其心"（见薛瑄《读书录》卷三）。但是，二程朱陆都与周敦颐的完全"主静"不同，他们认为完全"主静"也是一偏。所以，在二程那里更多的是讲"主敬"。小程子说："如明鉴在此，万物毕照，是鉴之常，难为使之不照。人心不能不交感万物，亦难为使之不思虑。若欲免此，唯是心有主。如何为主？敬而已矣。"又说："敬则自虚静，不可把虚静唤做敬。居敬则自然行简，若居简而行简，却是不简。"（《程氏遗书》卷十五）这是说，心不可能没有感应，然只要能居敬，即可防止思想的杂乱。敬包含了静，而不会有以静为静的流弊。朱熹为预防因说"静"而误入释氏之学，故力张二程"主敬"说，以"敬"字贯于"动静"。他还认为，片面强调静也是不恰当的。如他说："如何都静得？有事须着应。人在世间，未有无事时节，要无事，除是死也。自早至暮，有许多事。不成说事多挠乱，我且去静坐！敬不是如此。若事至前，而自家却要主静，顽然不应，便是心都死了。"

① "圣人定之以中正仁义而主静，立人极焉。"（《太极图说》）

（《朱子语类》卷十二）① 陆九渊也反对片面主静，他说："何适而非此心？心正，则静亦正，动亦正；心不正，则虽静亦不正矣。"（《陆九渊集》卷四《与潘文叔书》）又如，他对吕子约"宜于静未宜于动"的说法，批评说："此甚不可。动静岂有二心？既未宜于动，则所谓宜于静者，亦未宜也。"（同上卷五《与高应朝书》）以上朱陆的批评，对纠正片面主张"主静"说所带来的理论上和实践上的谬误，是有一定意义的。

然至明代，"主静"之说，仍为许多理学家所积极提倡。如明初著名学者陈献章，据《明史》本传记载："献章之学，以静为主。其教学者，但令端坐澄心，于静中养出端倪。"陈氏确实十分推崇"静"字，他说："伊川先生每见人静坐，便叹其善学。此一静字，自濂溪先生主静发源，后来程门诸公递相传授，至于豫章、延平二先生，尤专提此教人，学者亦以此得力。晦庵恐人差入禅去，故少说静，只说敬，如伊川晚年之训。此是防微虑远之道，然在学者须自量度何如，若不至为禅所诱，仍多静方有入处。"（《陈献章集）卷二《与罗一峰书二》）黄宗羲在《明儒学案》中批评他说："静坐一机，无乃浅尝而捷取之乎？""静中养出端倪，不知果是何物。……终是精魂作弄处。"（《师说·陈白沙献章》）这是有一定道理的。不过，如陈氏所说的"善学者，主于静以观动之所本，察于用以观体之所存"（引自《明儒学案》卷五《白沙学案一》），则还是有一定的认识论方面的意义的。这也正如明初另一位著名学者薛瑄所说的："学问实自静中有得。不静，则心既杂乱，何由有得？"又更作比喻说："水动荡不已则不清，心动荡不已则不

① 朱熹相同的说法还有许多，如说："学问临事不得力，固是静中欠却工夫，然欲舍动求静，又无此理。盖人之心，动静二字循环反复，无时不然，但常存此心，勿令忘失，则随动随静，无处不是用力处矣。"（《朱文公文集》卷五十二《答吴伯丰》）"夫人心是活物，当动而动，当静而静，动静不失其时，则其道光明矣。是乃本心全体大用，如何须要栖之淡泊，然后为得？"（同上卷三十九《答许顺之》）"所论为学之意善矣，然欲专务静坐，又恐堕落那一边去。"（同上卷六十《答潘子善》）

明。故当时时静定其心，不为动荡所昏可也。”（《读书续录》卷三）至于王守仁则主“动静合一”说。他说：“人须在事上磨，方立得住，方能‘静亦定，动亦定’。”“若靠那宁静，不惟渐有喜静厌动之弊，中间许多病痛只是潜伏在，终不能绝去，遇事依旧滋长。”（《传习录上》）又，他在教导刘君亮要在山中静坐时说：“汝若以厌外物之心去求之静，是反养成一个骄惰之气了；汝若不厌外物，复于静处涵养，却好。”（《传习录下》）王氏的论述，对于纠正明初陈、薛之偏，与二程朱陆之纠宋初周氏之偏，有相类处。

如果把“静”理解为厌弃外物，物来无应，那么真就要像朱熹说的那样了：“若事至前，而自家却要主静，顽然不应，便是心都死了。”这对于认识来讲，毫无意义。然而，如果把“静”理解为一种使头脑保持清醒，不为各种主客观的动荡、杂乱所干扰的功能，那么，这正是认识主体修养中极其需要的一个方面。

除“虚壹而静”外，中国传统哲学中还有许多关于认识主体修养的理论和方法是值得今人去发掘和阐明的。在此我想再列举两点，作一简单的介绍。

“诚”是中国传统哲学中的一个重要概念，它既有本体论上的意义，也有道德论、认识论上的意义。从先秦的《中庸》、孟子、荀子等，经唐之李翱，到宋明理学各大家，无不把“诚”作为主体修养中最重要的节目之一，并把其作用夸大到无以复加的地步。对此，因非本文主旨，不拟多加分析，仅在文中引一些资料以供参考。这里只想征引《中庸》中的两段话：“自诚明，谓之性；自明诚，谓之教。诚则明矣，明则诚矣。”“唯天下至诚，为能尽其性；能尽其性，则能尽人之性；能尽人之性，则能尽物之性。能尽物之性，则可以赞天地之化育；可以赞天地之化育，则可以与天地参矣。”这两段话对宋明理学有很大影响，意思是说，“诚”的修养，或者说“诚”的道德培养，对于认识天地万物有着密切的关系。①

“志”也是中国传统哲学中的一个重要概念，主要用在道德修养方面。但是，不少著名思想家也注意到了“志”在认识论方面的意义。如荀子就说：“无冥冥之志者，无昭昭之明；无惛惛之事者，无赫赫之功。”（《荀子·劝学》）程颐则说：“学者先务，固在心志。”（《程氏遗书》卷十五）朱熹也说：“学者大要立志。所谓志者，不道将这些意气去盖他人，只是直截要学尧舜。”“学者立志，须教勇猛，自当有进。志不足以有为，此学者之大病。”“立志要如饥渴之于饮食，才有悠悠，便是志不立。”（《朱子语类》卷八）

无论是“诚”还是“志”，主要都是讲的主体的道德修养方面的问题，但它们确实又都与主体的认识活动有密切的关系。正如前面讲到的“专”中包含着的“恒心”这一层面的意义，其实主要也是属于道德修养方面的问题，但离了它要取得认识上的成功是绝对不可能的。中国传统哲学中这方面的贡献十分丰富，今人有责任去积极地继承和发扬。

如何对传统思想文化作出新的诠释和分析；如何实现传统思想文化的现代转化，使其与现代社会、现代科学、现代思维方式衔接起来；如何让传统思想文化为现代社会、现代科学、现代思维服务，这是我们每一个从事传统思想文化研究工作者的责任。本文从一个方面做了一些初步的探索，不当之处在所难免，望各界方家不吝指正。

---

① 如《中庸》说：“诚者，天之道也；诚之者，人之道也。诚者，不勉而中，不思而得，从容中道，圣人也。诚之者，择善而固执之者也。”孟子也说：“诚者，天之道也；思诚者，人之道也。至诚而不动者，未之有也；不诚，未有能动者也。”（《孟子·离娄上》）荀子说：“君子养心莫善于诚。致诚则无它事矣，唯仁之为守，唯义之为行。诚心守仁则形，形则神，神则能化矣；诚心行义则理，理则明，明则能变矣。”（《荀子·不苟》）李翱说：“诚者，圣人之性也。寂然不动，广大清明，照乎天地，感而遂通天下之故，行止语默，无不处极也。”“道者，至诚也。诚而不息则虚，虚而不息则明，明而不息则照天地而无遗。”（《复性书上》）周敦颐说：“诚者，圣人之本。”“圣，诚而已矣。诚，五常之本，百行之源也，静无而动有，至正而明达也。”（《通书》）

发扬人文精神，重视自我修养[①]

一

今年是孔子2550周年诞辰纪念，他是我国历史上一位伟大的思想家和教育家，也是一位享誉世界的文化名人。他创立的儒家学说，两千多年来对中华文化的发展，对传统伦理观念和道德规范的形成，对中华民族民族精神的树立都有着深远的影响，而且对我国的周边邻国、东亚地区，乃至欧美西方世界也有着广泛而深刻的影响。

在中国由传统农耕社会向近现代工商社会转变的历史进程中，在一个相当长的时期里，在绝大多数社会改革家和进步思想家的头脑里，都把孔子儒家思想，特别是儒家的政治理念、伦理观念看作是阻碍社会改革、社会进步的主要障碍。因此，在中国近百年的历史上，对孔子儒家学说，发起了一次又一次，而且是一次比一次更为激烈的社会性的批判运动。

从变法维新运动到新文化运动对于传统文化和儒家学说的批判，应当说都是有其历史的必要性和合理性的，没有这种冲击，中国社会向近现代转化可能要困难得多。然而，同时我们也不能不看到，从变法维新运动到新文化运动，尤其是十年“文化大革命”时期，对传统文化和儒家学说的批判带有严重的偏激情绪和全盘否定

---

① 此文部分发表于《孔子研究》1999年第4期，是作者1999年为纪念孔子2550周年诞辰而作。

的倾向，而这种对传统文化，特别是对传统伦理的否定式思维方式，其影响是极为深远的，以至于在相当长的一个时期里，人们不能客观公允地从正面来议论继承和发扬传统文化和传统伦理的问题。

“文化大革命”以后，否定一切的思维方式得到了纠正。不少知识界人士对于近百年来我们民族在对待传统文化上的偏激情绪和片面态度等问题进行了认真的反思和检讨。因此，对于传统文化、伦理，包括儒家伦理在内，大多数人开始能用比较客观、公允的态度去进行分析研究。进入改革开放年代以来，当各种各样的西方文化和伦理价值观念随之涌进来以后，人们一方面深感其与本土国情民俗甚多相违之处，不当任其自由泛滥；但另一方面又困于传统文化和传统伦理价值观的长期被自我否定，难以理直气壮地去面对和回应西方伦理价值观的挑战。这一历史的和现实的严酷教训，终于使人们有所醒悟而开始认识到：传统文化和传统伦理价值观念不应全盘否定，继承与发扬其中的优秀部分，对于建设现代中国新文化和现代伦理价值观是极其重要和必不可少的。传统文化是建设和发展现代文化的根基，现代伦理价值观应当在与传统伦理价值观的整合中确立。

九十年代以来，党和政府各部门对弘扬优秀传统文化积极关怀，社会上广大群众对传统美德的表扬和召唤，教育界、理论界乃至许多企事业管理部门，对传统伦理价值观念和道德规范的热烈讨论，等等。这一切都表明，传统文化和传统伦理，在新的视角下受到了政府、社会和民众的关注与重视。我个人认为，现阶段是我国近百年来对待传统文化和传统伦理问题最正常的时期。

以孔子为代表的儒家学说，如经过科学的实事求是的分析与批判，扬弃其封建性的糟粕，那么还是有不少合理的因素可以为现代社会、现代人所借鉴，为现代文明的建设服务。这里我仅想就孔子儒学中的人文精神与自我修养两个方面谈一点个人的看法。

二

中国传统文化的基本特征之一，就是它鲜明的人文精神，而这种人文精神的确立，是与孔子儒学的大力倡导、弘扬分不开的。所谓人文精神，其核心就是以人为根本，不为神役，不为物役，通过礼乐伦理教化，达到人与自然的和谐，人与社会（人与人）的和谐，以及个人身心的和谐。

在中国典籍中，很早就有“人”是天地所生万物中最灵、最贵者的思想。如《尚书·泰誓》中说：“惟天地，万物父母；惟人，万物之灵。”《孝经》中则借孔子的名义说：“天地之性（生），人为贵。”正是有见于此，中国古代思想家们认为，人虽是天地所生万物之一，然可与天地并列为三。荀子说：“天有其时，地有其财，人有其治，夫是之谓能参。”（《荀子·天论》）这里的“参”字就是“叁（三）”的意思，整句话的意思是说，人以其能治天时地财而用之，因而与天地并列为三。而在天地人三者中，人是处于一种能动的、主动的地位。从生养人与万物来讲，当然天地是其根本，然而从治理人与万物来讲，则人是能动的，操有主动权。就这方面说，人在天地万物之中可说是处于一种核心的地位。因此，无论在对自然的治理方面，还是在对社会的治理方面，主动权都在人自身，而不应当听命于神。

孔子认为，自然界的运行是无意志的。他说：“天何言哉？四时行焉，百物生焉。天何言哉？”（《论语·阳货》）荀子更明确宣称：“天行有常，不为尧存，不为桀亡。应之以治则吉，应之以乱则凶。强本而节用，则天不能贫，养备而动时，则天不能病，修道而不贰，则天不能祸。”并提出了“制天命而用之”“理物而勿失之”的人定胜天的光辉思想。儒家认为，人在治理和改造自然，必须要充分发挥人的智慧和能力，但绝不能是人的随意逞能，而是要“顺自然”“不违天时”，即必须尊重自然的客观规律。儒家把大禹治水的智慧看成是“顺自然”治理自然的典范，孟子对这一问题的论述是极有启迪的。他说：“所恶于智者，为其凿也。如智者若禹之行水也，则无恶于智矣。禹之行水也，行其所无事也。如智者亦行其所无事，则智亦大矣。”（《孟子·离娄下》）朱熹非常赞赏孟子的这一论述，他的注释发挥了孟子的思想，且有助于我们了解孟子这段话的精义之所在。他说：“禹之行水，则因其自然之势而导之，未尝以私智穿凿而有所事，是以水得其润下之性而不为害也。”“愚谓，事物之理，莫非自然。顺而循之，则为大智，若用小智而凿以自私，则害于性而反为不智。”（《四书章句集注》）在这样的治理自然过程中，人与自然的关系是一种平等和谐的关系。

在社会的治乱、国家的兴亡问题上，周初人已认识到其关键在于人，而不在于神。他们总结夏、商两代的兴亡，认为其兴是由于有德和得民，而其亡则在于失德和失民。由此他们认识到“皇天无亲，惟德是辅”（《尚书·蔡仲之命》）的道理，提出了“以德配天”的行为准则。这里的“天”有祖先神、天命等含义，然如果结合当时流行的“天视自我民视，天听自我民听”（《尚书·泰誓》）的说法，则“以德配天”的观念中，无疑地其伦理道德的因素大大超过了其宗教的色彩。相传，春秋初管仲更直截了当地对齐桓公说：“君人者以百姓为天，百姓与之则安，辅之则强，非之则危，背之则亡。”（《说苑》卷三《建本》）

因此，人事急于神事，民意重于神意的观念深植于中国传统文化之中，并成为历代圣贤、明君无时不以为戒的教训。《礼记·表记》中尝借孔子之口，比较了夏、商、周三代文化的不同特色，其中在述及周文化特色时说：“周人尊礼尚施，事鬼敬神而远之，近人而忠焉，其赏罚用爵列，亲而不尊。其民之敝：利而巧，文而不惭，贼而蔽。”周文化这一近人而远鬼神的特色影响深远，以至于当季路向孔子问“事鬼神”之事时，孔子相当严厉地斥责说：“未能事人，焉能事鬼！”（《论语·先进》）而当孔子在回答樊迟问“知”时，则又表示说：“务民之义，敬鬼神而远之，可谓知矣。”（《论语·雍也》）“务民之义”是“人有其治”的具体体现，人之治如果搞不好，鬼神也是无能为力的。因此说，只有懂得近人而远鬼神，把人事放在第一位，切实做好它，才能称之为“知”。这也许就是为什么在中国传统中，把建设好政权看得比崇拜神权更重的文化上的根源。

三

孔子儒家学说中不为物役的人文精神，则大量地体现在他们有关心性道德修养的理论中。儒家学说和中国传统文化之所以注重并强调心性道德修养，这是与中国历代圣贤们对人的本质的认识密切相关的。荀子在论及人“最为天下贵”说：“水火有气而无生，草木有生而无知，禽兽有知而无义，人有气、有生、有知，亦且有义，故最为天下贵也。”（《荀子·王制》）这里，荀子把天下万物分为四大类：一类是无生命的水火，一类是有生命而无识知的草木，一类是有生命也有识知的禽兽，最后一类就是不仅有生有知而更是有义的人类。“义”是指遵循一定伦理原则的行为规范，“夫义者，内节于人而外节于万物者也”（《荀子·强国》）。这就是人类与其他万物，特别是动物（禽兽）的根本区别之所在。

荀子的这一观点是很有代表性的。在中国传统文化中，绝大部分的圣贤都持这样的观点，即把具有伦理观念和道德意志看作人的本质，作为区别人与动物的根本标志。如孟子也说过：“人之所以异于禽兽者几希，庶民去之，君子存之。”（《孟子·离娄下》）那不同于禽兽的一点点，就是人的伦理意识和道德感情。孔子在回答子游问孝时尝说：“今之孝者，是谓能养。至于犬马，皆能有养；不敬，何以别乎？”（《论语·为政》）孟子则说：“人之有道也，饱食、暖衣、逸居而无教，则近于禽兽。”（《孟子·滕文公上》）

孔、孟的这两段论述都是强调，只有具有自觉的伦理意识和道德感情，才能把人的行为与禽兽的行为区别开来。对此，荀子更有进一步的论述，他说：“人之所以为人者，非特以二足而无毛也，以其有辨也。今夫狌狌形笑亦二足而毛也，然而君子啜其羹、食其胾。故人之所以为人者，非特以其二足而无毛也，以其有辨也。夫禽兽有父子而无父子之亲，有牝牡而无男女之别。故人道莫不有辨，辨莫大于分，分莫大于礼，礼莫大于圣王。”（《荀子·非相》）

既然明于伦理和只求物欲满足是人与禽兽区别的根本标志，所以对于人的伦理与物欲的关系问题，一直成为中国儒家和传统哲学中最重要的主题之一。这也就是为什么在中国传统文化中，尤其是儒家学说中，把人格的确立（以区别于禽兽）和提升（以区别于一般人）放在第一位，而且把伦理观念、道德规范的教育和养成看作是一切教育之基础的根源之所在。

在中国历代圣贤的心目中，正确认识和处理伦理与物欲的关系问题是确立人格和提升人格的关键。对于这一问题，在儒家学说中大致是从三个层次来进行探讨的。一是理论层次，讨论“理”“欲”问题；一是实践层次，讨论“义”“利”问题；一是修养（教育）层次，讨论“役物”“物役”问题。概括地讲，在理论上以“以理制欲”“欲需合理”说为主流，部分思想家将其推至极端，而提出了“存理灭欲”说；在实践上以“先义后利”“重义轻利”说为主流，部分思想家将其推至极端，而提出了“正其谊不谋其利，明其道不计其功”之说；在修养上则概以“役物”为尚，即做物欲的主人，而蔑视“物役”，即沦为物欲的奴隶。

人不应当“役于神”，更不应当“役于物”，人应当有自己独立的人格。众所周知，18 世纪欧洲的启蒙运动，高扬人本主义去冲破中世纪神本文化的牢笼，然而诚如当时那些主要思想家所言，他们倡导的人本主义，从中国儒家学说的人文精神中得到了极大的启发和鼓舞。而当今东西方思想家注目于中国传统文化和哲学，则恐怕主要是有见于中国传统文化和哲学中那种提升人的精神生活、道德境界的人文精神，以之抵御日益泛滥的拜金主义和拜物教，以及由此而造成的人类的自我失落和精神空虚。这大概也就是中国儒家学说和传统文化中的人文精神为什么还值得人们在今日来认真研究和发扬一番的理由吧！

四

近年来，人们对儒家伦理学说中的心性修养理论、家庭孝悌之道、仁爱待人之心、见利思义之理等问题展开了广泛的讨论。大部分意见认为，儒家在这些问题上的许多论述，对于纠正我们当前社会现实生活中存在的问题是很有启发的，应当积极继承与发扬，并通过新的、通俗的阐发，普及到广大民众中去。

儒家的心性修养学说，是新文化运动以来批判旧道德的重点内容之一。尤其在“文化大革命”中，随同对刘少奇《论共产党员的修养》一书的严厉批判，儒家心性修养之说更被视为所谓培养地主阶级孝子贤孙的理论和方法而遭到彻底否定。不仅如此，由于指控刘少奇所提倡的“修养论”是要引导人们做“驯服工具”，是要培养地主资产阶级的孝子贤孙、修正主义的苗子，于是在社会大众的心目中，相当普遍地把讲传统儒家心性修养看成是一种可怕可恶的“修养经”而加以排斥和否定。所以，在相当长的一个时期里，在我国大中小学的思想教育课程中是不讲“修身养性”问题的，即使在专门的“伦理学”教科书中也没有关于“心性修养”的内容。

随着我国社会经济、文化、政治改革开放的深入发展和国际交流的广泛开展，人们越来越感觉到我国国民素质亟待提高。而且，人们也越来越意识到这种国民素质的提高，应当是一种全面的提高。也就是说，它不仅是现代科技知识的提高，而且包括一般人文知识的提高，以及为人之道的提高。而从某种意义上来说，为人之道的提高，亦即基本做人准则、伦理观念、道德规范的确立和提高，在国民素质的养成和提高中，具有更为根本、更为重要的意义。而为人之道的养成和提高，主要靠教育（社会教育、学校教育、家庭教育）和自我修养。这里，教育是外在的、被动的，自我修养则是内在的、主动的。伦理道德的践行既有外在的他律约束，更需要靠内在的自律自觉。自我心性修养既是主动养成正确伦理观念和不断提升人格境界的途径，更是在行为上自觉实践伦常义务、道德规范的自律功夫。可以这样说，有没有自我修养是检验一个人是否是一个自觉的人的根本标志。于是，自我修养的问题从理论上、实践上重新引起了社会的关注，人们开始为“修养论”恢复名誉。同时，对儒家伦理中丰富的心性修养理论和实践经验，人们也开始敢于如实地肯定其中所包含着的各种合理因素，以及值得我们今天继承和借鉴的东西。

儒家的修养学说是建立在他们对人的本质的认识之基础上的。如上所说，儒家认为人的本质就在于具有伦理观念和道德规范，这是人与禽兽根本区别之所在。而能不能自觉地培养、遵循伦理观念和道德规范，能不能不断提升人格境界，则是圣贤与一般人的区别之所在。儒家十分重视教育在基本伦理观念和道德规范养成方面的作用，但是在培养伦理观念和道德规范的自觉，以及不断提升人格境界方面，则更为强调自我的修养功夫。孔子说：“为仁由己，而由人乎哉?”(《论语·颜渊》)也就是强调道德的自觉自律。

人们一般都把儒家的修养论理解为仅仅是道德方面的修养，其实儒家所讲的修养，是以道德为中心的一个人的全面素质修养。儒家学者认为，道德修养不是孤立的，而是与一个人的全面素质提高密不可分的。因此，儒家所讲的修养论中，同时也包括了文化知识、文学艺术、职业技能，乃至日常生活中的礼仪规范等的养成和提高在内。孔子说，人之为学应当“志于道，据于德，依于仁，游于艺”(《论语·述而》)。这里所谓的“艺”，就是传统上所说的礼、乐、射、御、书、数等“六艺”。儒家学者把日常生活中的各种礼仪规范，如洒扫应对等，也看成是进德成业不可或缺的修养内容。这是很有道理的。试想，一个连最起码的生活中的礼仪都不愿意做或做不好的人，怎么可能期望他会成为一个有高尚品德和能成就大事业的人呢?

事实上，现代社会对每一个人的素质要求更高。科学越发展，人类驾驭和支配自然资源的力量越强大，同时也就要求人们能更自觉地约束自己，节制自己的欲求，而且要学会尊重自然，爱惜资源，树立起一种“生态伦理”观念来。在这方面，儒家伦理中强调“不违天时”“节用”“御欲”，反对不合时的砍伐、渔猎，讨伐“暴殄天物”等思想是很值得我们今天借鉴的。同样，民主越发展，个人越自由，同时也就要求每个人都能更加自觉地约束自己，更加懂得尊重他人，树立起一种真正符合人人平等自由的“人际伦理”观念来。在这方面，孔子说的“己所不欲，勿施于人”的“恕”道等，即使在今天也不失为一条有益的教训和人际伦理的准则。可是，我们今天有多少人能有这样的修养功夫呢?不少人以为民主自由就是无拘无束的任性所为，殊不知当你要求的自由与他人所要求的自由发生矛盾时，双方各自所要求的自由，同时也就成了对方自由的制约。这样，每个人的自由度越大，相互间发生矛盾的概率也就越大，制约也就越多。更何况还有各种团体的、社会的、政府国家的守则、制度、法律等等约束着你。所以，一个人如果不能自觉自律，而滥用民主自由，我相信即使在一个再民主的制度下，他也会“动则得咎”的。

孟子说："天将降大任于是人也，必先苦其心志，劳其筋骨，饿其体肤，空乏其身，行拂乱其所为，所以动心忍性，曾益其所不能。"（《孟子·尽心上》）对于生长在现代优裕生活环境中的青少年，尤其需要有这种自找苦吃的自我修养精神，否则是担负不起未来21世纪的人类社会建设任务的。值得一提的是，1995年纪念"五四"76周年时，北京大学的研究生会曾倡议发起了一项以自我修养为中心的继承发扬传统美德，树立新一代大学生精神风貌的道德建设工程。这一消息在报纸和电视台发布后，得到了全国许多高等院校的热烈响应，也纷纷开展起了道德建设工程。这是一件十分可喜的事，它完全是学生们自动发起的，是他们从时代、社会的要求和自身形象塑造中体会出来的，所以既亲切又真实。在他们所制定的工程计划中，学习传统伦理学说是重要内容之一。这就充分说明，即使在青年中也已认识到传统伦理，包括儒家伦理，在建设现代社会文明中还是有其重要意义的。

在儒家伦理中，"忠""孝"问题也是一直受到激烈批判的，而其中尤其是对"孝"道的否定，更是长期以来使人不敢正面议论的一个题目。然而，近年来社会上弃老不养，乃至虐待亲生父母的事情时有发生，至于对尊长缺少礼貌，甚至连基本的尊老敬长礼貌都不清楚的，则更是一个相当普遍的现象。目前，在中国家庭中，父母对子女的慈爱有加无已，有的甚至大大过了头，变成了溺爱，而反过来子女对父母的孝敬则不仅无增，反而有减。这样的家庭伦理，长此以往是十分令人担忧的。家庭是社会的细胞，是最基础的社会结构，家庭伦理习惯的养成，是走向社会、接受社会伦理的准备。孟子尝说："老吾老，以及人之老；幼吾幼，以及人之幼。"（《孟子·梁惠王上》）一个在家庭中不知孝敬父母长辈的人，很难想象他在社会上能敬重师长和尊长。因此，目前中国社会上伦序失常的现象，并不比家庭伦常失序的现象好多少。而社会伦序的失常，除了表现在对尊长的缺少礼貌外，更表现在大量的职务职责上的失伦失序，即不能在各自的职位上尽伦尽职。

有鉴于此，近年来一些有识之士，不断呼吁社会重视家庭伦理的建设和教育。特别是一些伦理学学者，提出了对"孝"道的重新检讨，认为在当前中国社会环境下，在家庭伦理中只提倡一般的“尊老爱幼”是不够的，还应当强调子女对父母的孝敬之道。因为，父母对子女有直接养育之恩，这种亲情之间的孝慈关系，是与对一般尊长的敬重关系不完全相同的。提倡孝敬父母，正是要人们增强这种亲情的天伦观念，而且要人们懂得对家庭尽伦也就是对社会尽职的道理。

理论的讨论推动了行动的决心，现在“孝敬父母”的条文已正式列入了“小学生守则”，成为国民基础教育的一项内容。这一变化在中国来讲，应当说是十分巨大的。甚至可以说是近百年来在对待传统文化，特别是传统伦理问题上，价值观念的一个根本性转变。随着对传统文化、儒家伦理种种偏见和误解的消除，去掉那些儒家伦理中的封建性糟粕，我相信，儒家伦理是能够为现代中国的经济建设和文化建设做出积极贡献的。

中华人文精神的两大传统①

与西方文化相比，以人为本的人文精神是中华文化的根本精神之一，也是中华民族对人类的一项重要贡献。中华文化从西周以来就确立了以人为本的文化品格，而西方在公元以后形成的是以神为本的文化，直至欧洲启蒙运动时期才高举起人本主义的旗帜，启发人不要做神的奴隶，要做人自己。它的思想来源是古希腊罗马文化，同时也受到16世纪以后传教士从中国传回去的人本文化的影响。

以人为本的人文精神有两个重要传统。第一个是“以史为鉴”。唐太宗说，“以铜为鉴，可正衣冠；以古为鉴，可知兴替”，强调历史经验的重要性。也正因为如此，我国的历史著作在全世界是最系统、最完备的，仅正史就有二十四史或者说二十五史，还有很多野史和辅助性历史资料。每个朝代政权相对稳定以后，做的第一件事情是修订礼乐，第二件事情就是修前朝历史。中国以人为本的人文精神就是通过“以史为鉴”总结出来的，是这个传统的一个成果。

商灭夏，周灭商，在历史上被称为“汤武革命”，夏商两代的历史给周王朝非常深刻的启示，以历史为借鉴，周王朝一开始就认识到一个重要的道理：“天命靡常。”天命并非恒常不变，不是获得了就可以一劳永逸，它是会因人而变的。那么，天命是如何变化的，又根据什么变化呢？《尚书》里记载了周人对历史的总结：“皇天无亲，惟德是辅。”周人提出了一个重要观念——“敬德”，而且要“疾敬德”，国家治理者要努力地、快快地提升自己的德行。

① 原载《人民日报》2016年7月18日第16版。

这就形成了中国文化的一个根本特性，即决定命运和政权兴亡的不在于外在力量，而在于人自身德行的好坏。上天是根据民意来行事的，《尚书》里有很多这样的记载，如“民惟邦本，本固邦宁”“天视自我民视，天听自我民听”等等。“王者以民为天”，中国文化里的天不是简单地指天空的天，也不是一个造物主的天。天的含义很丰富，是自然而然天道的天，也是代表民意的天。中国文化以人为本的人文精神重点在于人不是受外在力量主宰的，而是靠自己德行的提升来行动。

中国文化中的第二个重要传统是“以天为则”。孔子说：“大哉！尧之为君也，巍巍乎！唯天为大，唯尧则之。”中国人非常强调以天地为榜样，向天地学习。传统上用“德配天地”来赞扬孔子。圣人的品德能够与天地相配，与天地一样高明博厚。人绝对不能妄想去做万物的主宰，而要向天地万物学习。“天无私覆，地无私载，日月无私照”，天地是这样的广大无私、广阔包容。人们首先就要学习天地的这种品德。同时，天地也是非常诚信的。孟子说：“诚者，天之道也；思诚者，人之道也。”人道是从天道学来的，天道诚，所以做人也要诚。

人不仅要向天地学习，还要向万物学习。唐代诗人白居易的名句：“离离原上草，一岁一枯荣，野火烧不尽，春风吹又生。”这是要人们学习小草坚韧不拔的生命力。又有两句诗描写竹子：“未出土时先有节，及凌云处尚虚心。”这是用竹子做比喻，人们要学习它从根子上就要有做人的气节，地位再显赫也虚心谦下。中华传统文化中很多人提到要学习的物，就是“水”。古书记载，孔子遇水必观，非常注重向水学习，因为水的品德太多了。老子也说：“上善若水。”水总是往下流，普润万物，却从不居功自傲，也不要求回报；水能够包容万物，却没有自己的形状，而是随器赋形。这彰显了“道”的精神。

纵观近几百年来的历史，人与自然的关系、人与人或社会的关系、人自身身心的关系出现了各种各样的紧张，这与传统以人为本人文精神的式微颇有关系。现在亟须重振这种精神，正确阐释和弘扬中华文化中以人为本人文精神的现代意义，将它贡献给世界。

君子之德

君子的意义与德行[①]

君子的意义

君子是中国文化的一个重要内容，“君子”一词很难界定，勉强相应于西方文化中的绅士 Gentleman。现有的研究表明，君子一词出现在儒家之前，或者说在孔子之前，春秋之前君子主要是指社会的掌权者、当权者，后世也有在这个意义上使用的，如“无君子莫治野人，无野人莫养君子”（《孟子·滕文公上》）。我们都希望社会的管理者是像样的君子，这里面带有一定的文化的素养或者一个道德的含义，因为中国历代文化都强调统治者作为一个民族的表率，要引导社会，引导民众，通过教育来化导民众。君子既是一个统治者，同时在某种意义上讲也是一个教育者。《礼记·学记》开篇就讲“建国君民，教学为先”，就是说建立一个国家，君子来管理一个国家，要把教育放在第一位；通过教育来教化民性，改变社会的风俗；通过教育达到的最后目标是“化民成俗”，形成一个良好的社会氛围。虽然君子是一个在上位的统治者或者管理者，但这主要是指社会地位、身份的不同，是相对于小人、野人来讲的。孔子以后，君子的概念发生了比较大的变化，君子从社会地位的标志转变为人格品格的标志，孔子主要从道德的理念来给“君子”做一个这样的规定，这在以后整个中国文化中形成了主流。君子跟小人

---

① 原载《道德与文明》2016 年第 6 期。本文根据作者在“梁启超先生《君子》演讲一百周年纪念会”上所作的报告整理而成。

的差别主要是在道德上、品格上的差别，是学养、德行的分别，这是一个很大的变化。

当然中国文化中也不是仅有“君子”这一个词，与君子含义相近的，一个是“士”，所以我们有时候说“士君子”；再一个是圣人。士与君子，有同有不同，后来荀子给这三个概念做了相当明晰的解释，他说：“好法而行，士也。”（《荀子·修身第二》）这个“法”既包括理，也包括现在讲的法律，遵循一定的规律办事，侧重于从现实的做人做事方面，来实现和遵守这个“法”。荀子接着讲，“笃志而体，君子也”（《荀子·修身第二》），笃志，是指实实在在去做，志向非常坚定，所讲的君子特别强调君子的志向坚定，“体”就是实践，身体力行，所以这个君子既有远大的、坚定的志向，又能够很实在地去实践，也就相当于《中庸》里所谓“博学之，审问之，慎思之，明辨之，笃行之”，要实实在在地去做。而“齐明而不竭，圣人也”，“齐明”就是对各种各样的道理都非常清楚，对天地人之理都看得很清楚，而且没有停止，不断向上，不断探索，去认识世界，认识人生，这就是圣人。荀子给“士”“君子”“圣人”做了相当清楚的定义，有三个层次，圣人是最高的。这里面实际上也贯穿了一个统一，士、君子、圣人都是遵循一个做人的根本道理，遵循社会应该遵守的一个理法去做的，而且要坚持不懈不断地提升。君子和圣人的差别在于，圣人更理想化一些，所以孔子讲自己算不上圣人，圣人只可能是少数，不可能人人都是圣人。当然，从道理来讲，人人都可以成为圣人，可是真正能够成为圣人，真正能够流传千古的圣人，那绝对是少数，圣人更理想、更完美。君子是我们在现实生活中可以达到的道德楷模，所以君子更现实、更实际，我们达不到做圣人，但是可以做一个君子，所以这两者也是有一些区别的。但总的来讲，君子、圣人都是德行上的楷模，所以我们用“博雅”来形容君子最恰当，所谓“博”就是学识丰富，“雅”就是品行端正。要做个君子，就要学识丰富，品行端正，“博雅”两个字是君子所要具备的一个基本素养，君子也称作“博雅君子”。

所以我们定义君子是很明确的，君子有社会身份差异的含义，不过更重要的是在德行方面君子的社会作用。首先是引领道德风尚。“君子之德风，小人之德草。草上之风，必偃”（《论语·颜渊》），就是说君子的德行就像一阵风一样，小人的品德就像草一样，风往哪儿吹，草就往哪儿倒。君子起引领的作用，是社会正能量的体现，他能够引领社会，要做个君子就不能赶时髦，赶时髦是会丧失某些气节的，君子要成为一个社会道德的引领者。宋代的张载在《正蒙》里面也说，“君子于民，导使为德而禁其为非”，就是指君子引导民按照社会的德行前进。引领就必须以身作则，要身教，自己先做到“身教胜于言教”，君子能够以身作则地身教，所以说“君子不出家而成教于国”（《礼记·大学》）。君子不用出门就可以使国家的百姓受到教育，就因为他身体力行，作出榜样，以自己的行为教育大家，君子“不赏而民劝，不怒而民威于𫓧钺”（《礼记·中庸》）。

君子的另一个作用是传承文化。文化的传承靠君子来延续，社会上如果没有专治于文化传承的人，那这个文化就会中断。文化在不断地前进，不断地发展，不断地变化，随时代的变化，文化的内涵和形式都会发生各种各样的变化，但是文化的根本精神不能放弃，这要靠君子来传承。我们要传承传统文化，并不是要大家拘泥于外在的各种各样的形式，而是要把文化的灵魂和精神的东西传承下来。礼仪的根本精神，集中起来讲主要在两个方面：一个是大报本也，大报本就是不要忘掉我们从哪儿来的、我们的生命从哪儿来的，记着我们的本。中国讲礼有三本，“天地者，生之本也；先祖者，类之本也；君师者，治之本也”（《荀子·礼论》）。君就是国家象征；师，是师长、老师；治，是治理的治，治我自己，也就是让我懂得怎么样做个人。所以教育、教化非常重要，能够让人成为一个真正的人。“天地君亲师”是我们生命的本源，儒家教育归根结底是让人通过教育恢复人性，改变兽性。孟子是复性，性善；荀子是化性，性恶，要改变礼是大报本，原始返终，要追到最后的根源上去，这是礼的一个核心的东西，所以我们要知恩报恩。礼的第二个重要内容是敬，这体现在人与人之间要相互尊敬，不仅要相互尊敬，自己也要尊敬自己，所以去掉敬，礼仪都是虚设的。所有的礼仪都体现了一种核心精神：相互尊敬仪式可以变化很多，但这个内涵不能丢掉，丢掉了就会手足无措。《孟子》里有个例子，弟子问孟子：我见了人都很恭敬，给他们鞠躬，但总觉得别人对我的鞠躬行礼没什么特别的反应，这是怎么回事？孟子说，你问别人干什么，问问你自己，你是真正出于内心对他的尊重而给他行礼的，还是作为一种形式给他敬个礼？这是有很大差别的，礼里面的敬是出于内心的，不是形式上的。当然，我们首先要从形式上开始，最根本的是不能丢掉礼，君子的一个责任就是传承这种文化的根本精神。

君子还有引领社会风气的作用。引领在某种意义上就是营造一种氛围，一种习俗。一个社会的良好习俗非常重要，三百多年前，欧洲的启蒙思想家孟德斯鸠在其《论法的精神》里面就讲道："当一个民族有良好风俗的时候，法律就是简单的。"① 什么都要用法律来管理，社会是管不过来的，要靠大家道德的自觉，形成一个良好的社会习俗要靠君子去营造这样一个氛围，大家都是坦荡君子，都是谦谦君子，那这个社会就互相谦让，互相尊敬，互相讲诚信。社会不可能没有不正之风，也不可能没有负能量，整个社会永远处在一个正负之间的平衡中，君子应当成为社会风气的引领者。

君子的德行

作为一个君子要具备什么样的品德？对君子的要求有很多，有一个字的要求，有两个字的要求，有三个字的要求，有四个字的要求，等等。一个字的要求就是"孝"，百善孝为先，这跟中国文化是有密切关系的。西方文化把孝归为对上帝的敬，因为所有的人都是上帝的子孙，都是上帝所生的。中国文化讲天地生万物，万物包含人类，人类有人类的祖先，所以我们要孝我们的祖先，最直接的就是我们的父母。孝是中国文化的核心，和生命观是有密切关系的，生命是父母所生，所以要报答父母，父母要养育教育子女，子女就要孝顺敬重父母，这是相互的关系，是一种自然的关系，孝不

① 〔法〕孟德斯鸠：《论法的精神》，张雁深译，商务印书馆，1981 年。

是强制的、强迫的。魏晋时期，王弼对孝做了非常好的诠释，他说："自然亲爱为孝。"（《论语义疏》）父母子女之间就是自然亲爱的关系，孝是一种自然亲爱的伦理。相比于西方文化，中国的传统文化更强调职责，强调尽伦尽职，教导人们通过礼乐教化明白自己的身份，然后按照自己的身份去尽自己的职责。过去我们都讲孝首先要光宗耀祖，其实这是孝的最充分的体现，让父母能够在大众面前露脸，被称为"大孝""大孝尊亲"（《大戴礼记》），让父母得到社会的尊重，得到大家的认同。"其次不辱"（同上），不能给祖先争光争彩，至少不能让父母受到社会的羞辱。"其下能养"（同上），能养父母是孝里面最低的要求。所以孝有三：大孝尊亲，其次不辱，其下能养。孝体现在方方面面，尤其是通过丧礼来体现。中国很重视丧礼，守丧三年就为了报答父母养育之恩，丧礼是"慎终"，非常慎重地对待死去的人，祭礼是"追远"，追逐我们远去的祖先。《论语》说"慎终追远，民德归厚"，大家都不忘本，都记着祖先对我们的养育之恩、教育之恩，社会有这样的风气，民风才能淳朴。这不是一件简单的事情，礼仪是可以千变万化的，过去守丧三年，现在不需要，改为在家里设一个牌位；也不见得一定要天天祭祀，初一、十五去祭祀一下，也是可以的。但是现在这种社会氛围越来越淡薄了，没有了，所以我们要重新认识孝的社会意义。

两个字的要求是"诚敬"。南宋的朱熹曾经讲过，为人行事，诚敬二字，做人做事把握这两个字就可以了。诚者勿自欺，勿妄为，不要自己去欺骗自己，不要妄为，想怎么做就怎么做。敬是不怠慢，不放荡，我们要敬畏别人，也要敬畏自己，同时也要敬畏所从事的各种各样的事业，不能怠慢，更不能放荡。一个人如果能够根据这两个字去做，一生这样做，就是"君子人与？君子人也"（《论语·泰伯》）。有人问孔子，人做到这样，是君子吗？孔子答曰，当然是君子！勿自欺，不妄为，不怠慢，不放荡，这个人就具有君子的品德了。

三个字的要求是"智、仁、勇"。智、仁、勇三个字的含义，我们现在的理解比较肤浅，一般以为"智"是有智慧，"仁"是爱人，“勇”是勇敢、勇气，其实不然。《中庸》对这三个字做了非常深刻的诠释：“好学近乎知。”（《礼记·中庸》）作为一个君子就要好学，不断地学，学无止境，不断上进，只有学习才能不断上进。仁，也不是我们一般理解的“爱人”“力行近乎仁”（《礼记·中庸》），要去做，踏踏实实地去做才是“仁”。至于勇，知耻而后勇，懂得羞耻的人才能勇，真正有勇气的人，是能够发现自己的错误就去改正的，具备“智、仁、勇”三种品质的人才能成为君子。

四个字的要求是“礼、义、廉、耻”。对君子最基本的要求应该是守礼、敬人。守礼，就是做符合自己身份的事，每个人在社会中都有一个身份，这个身份不是指地位，而是指人在社会家庭中间的身份。儒家讲的“五伦”是礼的一个非常重要的内容。父子、夫妇、长幼、朋友，这都是自然的关系，无法逃避，守礼就是按照身份做该做的事情，就是尽伦尽责。君臣是从社会关系来讲的，一个正常运作的社会，人与人之间是要有分工的，需要有不同的地位角色，否则就会成为无政府主义状态。在中国文化中，君臣之间的关系不是父子、夫妇、长幼这样的自然关系，但要尽量想办法把它变成这种自然关系，所以君臣关系常常被化解为君父、臣子关系，官员也被化解为父母官，要按父母子女关系处理这种关系。义，就是该怎么做，不该怎么做，这是人特有的。人要明白什么能做，什么不能做，一不小心，一念之差就会变为禽兽，甚至禽兽都不如。所以孟子老讲，人与禽兽的差别几希，一点点，有时候就是一念之差，所以人要懂得什么该做什么不该做，要掌握这样一个方向。“义者，宜也”（《礼记·中庸》）；“义者，人路也”（《孟子·告子上》），人应该走人的路，不要去走禽兽的路。廉，正直、清廉，做人就应该正直才能起表率作用，一个正直的人才能够诚信，“君子坦荡荡，小人长戚戚”（《论语·述而》）。所以君子做什么事情都是可以让大家知道的，可以让大家看到的，正因为他有一颗这样正直的心，所以他才能做到这一点。第四个是耻，羞耻，做人要懂得羞耻。我们通过礼的教育，道德的教育，目的就是要让人们有一种羞耻心，使他的行为能够非常方正。《论语》讲“道之以政，齐之以刑，民免而无耻”（《论语·为政》），也就是用政治、政教的方法告诉大家，一定要守住一个底线，要走正路。用法律去规范大家走正路，所达到的结果是“民免而无耻”。“无耻”，就是没有羞耻心，不足以让人感觉到这样做是不对的。而“道之以德，齐之以礼，有耻且格”（《论语·为政》），通过道德教育的办法，启发人的道德自觉性，然后用礼来规范有羞耻心的人，行为一定是“格”的，就是方方正正的，所以四个字的要求就是“礼、义、廉、耻”。

君子的养成

君子品德怎么养成？环境非常重要，但环境的影响又不是绝对的，不是决定因素，因为决定因素还在人自己身上。中国文化始终是反求诸己的，历来是为己之学，“古之学者为己，今之学者为人”（《论语·宪问》），所谓“为己之学”，也可以说是“君子之学”。荀子明确讲过，“君子之学也，以美其身”（《荀子·劝学》），君子学习是使自己成为更加完美的人，君子的学问是“入乎耳，著乎心，布乎四体”（《荀子·劝学》），从耳朵听进去，留在心里，落实到行动中去，使得自己变得更加完美。“小人之学”或者“今之学者”是为人的，“小人之学也，以为禽犊”（《荀子·劝学》），把学到的东西看作飞禽走兽，禽犊就是人所拥有的财富，这些东西也可以说是做表面文章的，显示给别人看的，所以“小人之学”，就是入乎耳，出乎口，口耳之间四寸而已，根本不落到心里面去，更不落到行动上去。中国文化始终强调为己之学，强调成为一个君子主要靠自己，要反求诸己，通过自我的不断提升，不埋怨环境，不随波逐流，能够“笃志而体”，有坚定的志向，而又去身体力行，这才是君子。另外还要寻求名师良友，荀子讲最直接的就是向身边的君子学习古代人注重择邻、择友，就是要寻求好的环境、好的朋友。不仅如此，我们还可以放开眼界，向天地万物学习。中国文化中用很多东西来比喻君子，反过来讲君子要向这些物去学习，比如水、玉、莲花等。周敦颐《爱莲说》讲莲是花中君子，是因为它具有“中通外直，出淤泥而不染，濯清涟而不妖”的品格，可以远远地去欣赏它，不能近处欺负它。《论语》里有君子不器、君子不党、君子不同，这与从万物中学习是有直接关系的，还有“岁寒三友”

“四君子花”，它们都有很多值得我们欣赏学习的品德。君子并非高不可攀，只要我们能够谦虚谨慎，向天地万物学习，向良师益友学习，每个人都可以成为君子。

君子具体的品德实在太多了，先秦文献提到“君子”的不下两千处，把重复的、意义不是很大的去掉，至少也有一千五百个词是可以用的，我们不须多讲，努力做到以上所讲的“一二三四”就可以了，也就是：孝，诚、敬，智、仁、勇，礼、义、廉、耻。如果一个人能取一言而终身奉行，坚定不移，笃志而体，就是君子。真正做到君子，不在于多，而在于实实在在地终身奉行。

儒家修养论今说[①]

一

人与动物的本质区别究竟在什么地方？古今中外的前贤硕儒，从不同的角度进行过大量的探讨和论述。有的以人具智识理性与动物区别开来，有的以人不能离群（社会组织、人际关系）为与动物区别的标志，有的以人的行为的自觉性和合目的性为与动物的本质区别，有的以人有伦理观念、道德意志为与动物的根本区别，等等。这些论点，虽说有深浅的不同，有本质和非本质的区别，但并不是互不相容的。如果人们能够正确地理解这些从不同角度说明人与动物区别的论述，则对于全面把握人的本质都还是有其理论价值的。

中国古贤们在上述各种理论中，更强调的是把是否具有伦理观念和道德意志作为区别人与动物的根本标志。如孟子说："人与禽兽的差别只有那么一点点，一般人常常轻易地丢弃它，而君子则牢牢地保住它。"[②] 这一点点的差别就在于人是具有伦理意识、道德情感的。所以，孟子又说："没有恻隐之心，没有羞恶之心，没有

---

① 原载《国故新知：中国传统文化的再诠释》，北京大学出版社，1993 年。

② "孟子曰：人之所以异于禽兽者几希，庶民去之，君子存之。"（《孟子·离娄下》）

辞让之心，没有是非之心，是不能称作人的。”① 荀子在论述人与万物区别时也特别强调说，人是因为具有了礼义，才成为天下万物中最尊贵者的。② 他还说，天上最明亮的是日月，地上最明亮的是水火，万物中最明亮的是珠玉，而对于人类来说，最明亮的则应当说是礼义了。③ 孟、荀以上的论述，代表了中国传统文化对于人与天地万物本质区别的最基本观点。《礼记》中归纳说，人如果不讲礼义，即使能说话，那也还是禽兽之心。禽兽没有礼义，父子可同与一雌性禽兽发生关系。因此之故，圣人出来制定礼义以教化人，使人因有礼义而自觉地与禽兽区别开来。④ 以后各时代、各学派学者的有关论述，虽说也有不少发展和丰富，但从总体上讲，都没有

---

① “无恻隐之心，非人也；无羞恶之心，非人也；无辞让之心，非人也；无是非之心，非人也。”（《孟子·公孙丑上》）

② “水火有气而无生，草木有生而无知，禽兽有知而无义，人有气、有生、有知，亦且有义，故最为天下贵也。”（《荀子·王制》“人之所以为人者，非特以其二足而无毛也，以其有辨也。夫禽兽有父子而无父子之亲，有牝牡而无男女之别。故人道莫不有辨，辨莫大于分，分莫大于礼。”（《荀子·非相》）

③ “在天者，莫明于日月；在地者，莫明于水火；在物者，莫明于珠玉；在人者，莫明于礼义。”（《荀子·天论》）

④ “鹦鹉能言，不离飞鸟；猩猩能言，不离禽兽。今人而无礼，虽能言，不亦禽兽之心乎？夫唯禽兽无礼，故父子聚麀。是故圣人作，为礼以教人，使人以有礼，知自别于禽兽。”（《礼记·曲礼》）

超过这一基本观点。①。

基于以上对于人的本质的理解，所以在中国传统文化中，尤其是儒家文化中，把人格的确立（以区别于禽兽）和提升（以区别于一般人）放在第一位，因而也就特别强调伦理观念、道德规范的教育和养成。儒者们十分推崇孔子“学而不厌，诲人不倦”（《论语·述而》）的精神，重视个人的学习和对他人的教育。而在他们的心目中，学和教的首要内容是完全相同的，即学习和教人如何做人（为人），亦即确立和提升人格的问题。孔子尝说：“古之学者为己，今之学者为人。”（《论语·宪问》）所谓“为己”“为人”的意思，可以用孟子的一段话来作说明。孟子说：“有天爵者，有人爵者。仁义忠信，乐善不倦，此天爵也；公卿大夫，此人爵也。古之人，修其天爵而人爵从之；今之人，修其天爵以要人爵，既得人爵而弃其天爵。”（《孟子·告子上》）荀子的解释则说：“古之学者为己，今之学者为人。君子之学也，以美其身；小人之学也，以为禽犊。”（《荀子·劝学》）这里的“美其身”，就是“为己”，相当于孟子讲的“修天爵”，指人格的提升；而所谓的“为禽犊”，就是“为人”，相当于孟子讲的“要人爵”，即把“学”作为追求名利的手段，这是儒家大师们最为反对的。这里，我们还可举出南宋两位不同学派的著名学者的论述为例，来说明这一点。如，心学大家陆九渊说：“人们学习究竟为了什么？人生在天地之间，做人

① 如宋儒吕大临解释上引《礼记》那段话时说：“夫人之血气嗜欲，视听食息，与禽兽异者几希，特禽兽之言与人异尔，然猩猩、鹦鹉亦或能之。是则所以贵于万物者，盖有理义存焉。圣人因理义之同，制为之礼，然后父子有亲，君臣有义，男女有别，人道之所以立，而与天地参也。纵恣怠敖，灭天理而穷人欲，将与马牛犬彘之无辨，是果于自暴自弃而不欲齿于人类者乎！”（孙希旦《礼记集解》）又如明儒薛瑄说：“人之所以异于禽兽者，伦理而已。何谓伦？父子、君臣、夫妇、长幼、朋友五者之伦序是也。何谓理？即父子有亲，君臣有义，夫妇有别，长幼有序，朋友有信五者之天理是也。于伦理明而且尽，始得称为人之名。苟伦理一失，虽具人之形，其实与禽兽何异哉？”（《薛瑄文集》卷十二《戒子书》）按，吕、薛二氏之说，足以代表宋明理学家的观点，所以录出以供参考。

就应当尽其为人之道。因此，人们之所以求学，就是学如何为人而已，没有其他的目的。”① 理学大家朱熹则在他的《白鹿洞书院揭示》中说道：“考察以往圣贤之所以教人，无非是让人们探求明白做人的道理，进行自我修身，然后推以及人。并不只是教人们广闻博记，写漂亮文章，以便去沽名钓誉，追求利禄。”②

在中国传统文化中，关于建立人的伦理道德的根据问题，有着各种不同的甚至相反的观点。如有的以性善论为建立人的伦理道德的根据（如孟子等），有的则以性恶论为建立人的伦理道德的根据（如荀子等）。此外，也还有性无善无恶、性有善有恶、性可善可恶等种种理论。尽管在建立人的伦理道德的根据上有如此众多的分歧，然而在如何才能建立起人的伦理道德，或者说如何才能成为一个真正的人，则几乎是完全一致的，即都认为必须通过教育、学习和修养。孟子认为，人人都具有“亲亲”“敬长”的“良知”“良能”③，人人都具有“恻隐”“羞恶”“辞让”“是非”之心，是为善之端。所以，从根本上来说，人的本性是善的。但是，由于环境的影响和个人的懈怠，这些善的本性在不断地丧失，如果没有教育、学习和修养，这些“良知”“良能”和为善之端，是不会自动地发展为仁义礼智等道德行为的，当然也不会成为具有完善人格的人的。所以他说：“学问之道无他，求其放心（放逸、放失之心）而已矣！”（《孟子·告子上》）荀子认为，人生而好逸恶劳，好利恶害，有好利心、疾恶心和耳目之欲求等等，如果顺其发展，必然

① “凡欲学者，当先识义利公私之辨。今所学果为何事？人生天地间，为人自当尽人道，学者所以为学，学为人而已，非有为也。”（《陆九渊集》卷三十六《年谱》）

② “熹窃观古昔圣贤所以教人为学之意，莫非使之讲明义理，以修其身，然后推以及人。非徒欲其务记览、为词章，以钓声名、取利禄而已也。”（《朱文公文集》卷七十四《白鹿洞书院揭示》）

③ “孟子曰：‘人之所不学而能者，其良能也；所不虑而知者，其良知也。孩提之童，无不知爱其亲者；及其长也，无不知敬其兄也。亲亲，仁也；敬长，义也。’”（《孟子·尽心上》）

走向争夺暴乱。所以，从根本上来说，人的本性是恶的，必须有待于教育、学习和自我修养，才能使人成为一个有伦理观念、遵守道德规范的人。① 因此，荀子所著之书，首篇即题为“劝学”。他说，从学的意义来讲，就是要从学做一个懂礼义的人开始，而最终成就为一个圣人。从这一意义来讲，学是一刻也不能没有的。学了就能成为一个人，不学就会沦为禽兽。②

总观历代儒家学者的有关论述，我们可以看到，在基本人格的确立，基本伦理观念、基本道德规范的养成方面，他们着重强调的是社会良好环境的创造，以及师友、父母的言传身教。而在人格的提升、伦理观念的深明和道德规范的自觉、道德境界的向上方面，则着重强调的是个人的学习和修养。孔子说：“实践仁的品德，完全是自己的事，难道还要靠别人！”又说：“仁的品德离我们很远吗？不，我想要得到它，它就会来到。”③ 孟子也说：“君子遵循正确的道理和方法去不断地提高，主要是要求他自觉地有所得。正确的道理和方法，就像大路一样一目了然，哪有什么难于了解的？所怕的是人们不去求罢了。”④ 这些话都强调了个人修养在提升道德人格方面的决定作用。毫无疑问，社会环境对于人格品德形成和提升是有着巨大影响的，但同时显而易见的事实又是，生活在大致相同社会环境中的人们，在人格品德等各个方面却往往存在着极大的差异。这说明，同样的社会环境对于不同的人，所发生的影响和效

---

① “今人之性，生而有好利焉，顺是，故争夺生而辞让亡焉；生而有疾恶焉，顺是，故残贼生而忠信亡焉；生而有耳目之欲，有好声色焉，顺是，故淫乱生而礼义文理亡焉。然则，从人之性，顺人之情，必出于争夺，合于犯分乱理而归于暴。故必将有师法之化、礼义之道，然后出于辞让、合于文理而归于治。”（《荀子·性恶》）

② “其义则始乎为士，终乎为圣人。”“若其义则不可须臾舍也。为之人也，舍之禽兽也。”（《荀子·劝学》）

③ “为仁由己，而由人乎哉！”（《论语·颜渊》）“仁远乎哉？我欲仁，斯仁至矣。”（《论语·述而》）

④ “君子深造之以道，欲其自得之也。”（《孟子·离娄下》）“夫道，若大路然，岂难知哉？人病不求耳。”（《孟子·告子下》）

果是很不相同的。究其原因，主要是与每个人的主观努力和接受程度直接相关。而从理论上讲，也就是人们常说的，外因必须通过内因起作用。这就是个人修养既必要又重要的现实根据和理论根据之所在。

近代以来，人们对于儒家的修养论有许多十分严厉的批判，其中有不少是缺乏科学性的，但如果把它放在近代反封建的历史背景下去考察，这些严厉的批判也还是可以理解的。然而，在史无前例的十年“文革”期间，却大大地发展了这种对传统文化不科学的批判运动。它首先给传统文化中儒家的修养论定为封建地主剥削阶级的、唯心主义的货色，然后去批判刘少奇同志的《论共产党员的修养》。因为刘少奇同志在该书中充分肯定并强调了共产党员自我修养的必要性和重要性，同时也认为在中国儒家中有许多修养身心的方法是可以借鉴利用的。而通过对刘少奇同志《论共产党员的修养》的批判，不仅进一步否定了传统文化中儒家的修养论，甚至进一步完全否定了一般的自我修养的必要性。应当指出，“文革”期间炮制出来的这种完全否定自我修养的谬论，曾一度给社会的道德教育带来了极大的冲击、极坏的影响。至今，人们也不应当忽视其在理论上和思想上所造成的混乱，而应当予以必要的澄清。事实上，随着物质文明的高速发展和世界交往的日益开放，社会对于现代人的品质要求是越来越高了。所以，对于现代社会的每一个成员来说，不是要不要自我修养的问题，而是如何加强自我修养以适应现代化社会的问题。古语说得好：“玉不琢不成器，人不学不知道。”（《礼记・学记》）这是一个朴实无华、颠扑不破的真理。

二

我国古代哲人们在修养问题上有着极其丰富的理论阐发和实践原则，对于这些理论和原则我们不仅要进行历史的整理研究，而且要根据时代的需要“择其善者而明用之”（《荀子・王霸》），即选择其精华，阐明其现代意义，把它运用到现代人的修养生活中来。以下，就儒家修养论所论及的有关修养范围和方法等方面做一些考察，探求一下其中有没有值得我们今天借鉴、吸收和发展的东西。

儒家所讲的修养主要是道德方面的修养，但他们所讲的道德是一种广义上的道德，它包括了作为一个社会的人所应具备的各方面的基本品质。因此，儒家讲的修养范围，实际上包括了一个人的文化、艺术、性格、品德等多方面的修养。儒家在这方面有许多论述是相当深刻的，很值得我们择其善者而明用之。

文化修养，首先当然是一般文化知识的接受和提高。由于儒家着重强调的是道德教育和修养，所以在许多人的印象中都认为，儒家轻视一般文化知识的教育和修养。其实，这种印象是不够全面的。在中国历史上，儒家是以从事社会国民教育为主要职业的一个学派。他们的教育对象，从幼儿开始到各种专门人才都有。他们的教育内容，则从童蒙识字开始到各种专门知识的传授。《论语》记载，孔子以四方面的内容教育学生，首先教的是历史文献。① 他也认为，通过学习《诗经》，不仅可以学到许多做人的道理，同时也可以增加许多关于鸟兽草木方面的知识。② 孔子非常注意“因材施教”，在他的学生中既有以德行著称的颜渊、闵子骞等，也有专长于政事的冉有、季路等；同时也还有语言方面的专家，如宰我、子贡等和文学方面的专家，如子游、子夏等。③ 可见，儒家对于文化知识教育也还是相当重视的。他们反对的只是为知识而学知识的倾向，而强调学知识要有助于提高人的道德品质。在今天新知识层出不穷、瞬息万变的信息时代，人们如果在文化知识方面不能不断地提高和更新，则必将被时代所淘汰。但是，在人们不断提高和更新文化知识时，也不能回避这样一个问题：这些高、新、精、尖的知识，在迅速提高人们的物质生活的同时，是否有利于改善人的整体生存环境，是否有助于人的精神生活的提升？目前世界上日益热门的研究课题，如新兴的“生态伦理学”（我以为还应当提出“科技

① “子以四教：文，行，忠，信。”（《论语·述而》）

② “子曰：小子何莫学夫诗？诗可以兴，可以观，可以群，可以怨。迩之事父，远之事君；多识于鸟兽草木之名。”（《论语·阳货》）

③ “德行：颜渊、闵子骞、冉伯牛、仲弓。言语：宰我、子贡。政事：冉有、季路。文学：子游、子夏。”（《论语·先进》）

伦理学"），以及古老的"人生价值论"等等，正是由此而提出来的。这样，儒家把一般文化知识与伦理联系起来的传统观念，对以上今天人们所关心和思考的热点问题，不也还是有某种启发意义的吗？

儒家所讲的文化修养，不单单是知识的高低多少，同时也表现在一个人的礼仪风度方面。我觉得，这一点在今天似乎很有必要特别提出来讲一讲。今天，我们许多人似乎特别欣赏那些在礼仪上不拘小节的人，认为这样才是"潇洒"。而在我们对中小学青少年的一般文化教育中，也主要偏重于知识的传授，而对他们的基本礼仪规范的养成教育则是很不够的。更令人担忧的是，今天有一些"小皇帝"们，在"二"（父母）加"四"（祖父母、外祖父母）的百般溺爱下，不知礼貌仪表为何物。孔子是"席不正不坐""割不正不食""食不语，寝不言"（《论语·乡党》）。举这个例子，并不是说要我们今天的人还要完全照孔子的样子去做。但是，我想一个坐没有坐相，站没有站相，吃没有吃相，穿着邋遢以及见了尊长连个招呼都不打，麻烦了别人连句感谢话也不说，在公共场所目无他人、任意所为的人，总不能说是一个有文化教养的人吧？礼貌、仪表、风度是反映一个人文化素质高低的重要方面。在儒家经典《仪礼》《礼记》等著作以及许多著名学者的"家训""学规"中，有大量的关于日常衣食住行、待人接物等方面的礼仪规范。其中有相当一部分，在经过新的解释后，是可以作为今日礼仪教育或修养之用的。而且，不仅可以作为青少年基本品德养成教育和修养之用，甚至也可以作为各行各业成人职业礼仪教育和修养之用。

人们常说中国传统文化是一种富于伦理精神的文化，殊不知中国传统文化还是一种具有丰富艺术精神的文化。可以毫不夸张地说，在中国传统文化中，伦理精神与艺术精神，犹如车之两轮、鸟之两翼，两者相辅相成，相得益彰。儒家对于艺术教育和修养的重视，丝毫也不亚于对伦理道德的教育和修养。在他们看来，艺术修养有助于道德修养，同样是达到完美人格不可或缺的一个基本组成部分。在先秦儒家那里，艺术教育和修养的主要内容是"诗教"与"乐教"。孔子教训他的儿子伯鱼说："不学诗，无以言。"（《论语·季氏》）意思是说，不学习古代诗歌就不会应对酬答。他认为，认真地学习古代诗歌，可以感发人的心志，提高观察能力，培养合群性，学得表达感情的方法。而且诗歌中所讲述的道理，近则可以用于事奉父母，远则可以用于服事君上。此外，学习诗歌也还可以多识鸟兽草木的名目。对于音乐，儒家尤为重视，总是把它与礼相提并论。他们认为音乐体现了一种和谐精神，音乐最能深刻感动人心，最能迅速变化人的性情，从而起到移风易俗的作用。① 孔、孟、荀诸子，都注意到了不同的音乐会对人发生不同的影响，会产生不同的社会效果。有的使人哀伤，有的使人悲壮，有的使人淫荡，有的使人端庄。② 所以，儒家十分重视音乐的格调和品位，认为一首好的乐曲应当是美与善的统一。③ 随着时代的发展，艺术的样式和内容越来越丰富多样，书法、绘画、戏剧、小说等等，也都成为人们表达情感、陶冶性情、提升格调的手段与方式。

在魏晋玄学崇尚自然、得意忘象等理论和思维方式的影响下，形成了中国艺术以“立意”“传神”“求韵味”为上的重要特点和根本精神。中国的艺术作品内涵丰富，具有深邃的哲理性。它寄托着创作者深层的感情，又启发着欣赏者无限的情思。艺术活动，无论是创作还是欣赏，都是一个人内心感情最直接的表露，反映了他对于自然、社会、人生的理解和追求。艺术创作中立意的正邪，欣赏趣味中格调的高低，也就会反映出或影响到一个人品格或境界的正邪与高低。因此，通过艺术修养培养起高尚的艺术欣赏趣味来，这对于高尚人格、理想人生境界的追求和确立有重要的、积极的意义。追求艺术的完美与追求人生的完美，在其终极处是相通的、一

---

① 如荀子说：“夫声乐之入人也深，其化人也速，故先王谨为之文。”“乐者，圣人之所乐也，而可以善民心，其感人深，其移风易俗，故先王导之以礼乐而民和睦。”（《荀子·乐论》）

② 如荀子说：“故齐衰之服，哭泣之声，使人之心悲；带甲婴軸，歌于行伍，使人之心伤；姚冶之容，郑卫之音，使人之心淫；绅端章甫，舞韶歌武，使人之心庄。”（《荀子·乐论》）

③ 如孔子说：“韶尽美矣，又尽善也。”（《论语·八佾》）

致的，这就是中国传统文化中艺术精神的体现。

通过艺术修养，人们不仅能培养起高尚的创作或欣赏趣味，而且还能够从中体悟到不少自然、社会、人生的哲理。艺术修养不但能提升人的精神生活，同时也能提高人的实际理事处世能力。艺术的完美离不开和谐，艺术家们对于诗句的平仄对仗，乐章的高低缓急，画面的经营布置，舞台的人物调度，无不煞费苦心，其目的无非是求得某种完美的和谐。艺术作品所达到的和谐程度，反映了一位艺术家水平的高低。推而广之，一切通过经营布置以达到完美和谐的活动，都可称之为一种艺术创作活动。因此，一个真正领会和把握了中国艺术精神的人，他一定能够巧妙地运用艺术的手法去经营布置好各种自然、社会与人际之间的复杂关系，使之达到某种合理的、最佳的和谐与协调状态。艺术修养对于人生的重要，于此可见一斑。

儒家在修养论中还提出了一个“变化气质”的问题。所谓“气质”，许多儒者都把它说成是与生俱来的，而另一些学者则认为是后天习染所成。从现代科学的观点看，所谓“气质”，与个人某些先天的生理特征有一定的关系，但最主要的还是由后天的环境影响形成的，它大致相当于我们今天所讲的“习性”。变化气质，改变习性，也就是上文所提到的性格修养。北宋著名的哲学家张载十分重视变化气质的问题。他认为，求学最大的益处是在于能使人自觉地改变自己的气质，否则的话，学问反而会对人有害。而变化气质是与能否虚心互为表里的。① 由此看来，儒家所讲的“气质”含有某种贬义，是与心浮气躁、骄傲自满等习性联系在一起的。所以，儒家强调的“变化气质”，如果从正面来讲，主要是指的涵养与意志等方面的修养和锻炼。

一个趾高气扬、自以为是、指手画脚、高谈阔论的人，人们一

① “为学大益，在自求变化气质。不尔，皆为人之弊，卒无所发明，不得见圣人之奥。故学者先须变化气质，变化气质与虚心相表里。”（《经学理窟·义理》，《张载集》，中华书局，1978 年）

定会说他是一个缺少涵养的人。所以，变化气质而使自己成为一个有涵养的人，其关键和目标就在于要能虚心地待人接物，这也就是人们所说的涵养功夫。在孔子弟子中，曾参是一位特别注重修养的人，他说的“吾日三省吾身”（《论语·学而》），是早为人们熟知的名言。此外，他更大力提倡要向在才能上、学问上不如自己的人请教，而自己则应当表现为像是一个没有学问、腹中空空的人那样，即使是受到了别人的欺侮，也不要与人计较。他说，他从前的一位朋友（指颜渊）就是按照这样的教导去进行修养的。[①] 一个人要做到时时事事都能够谦虚谨慎并非易事，尤其是要做到如曾子所说的不耻下问，更是需要经过长期的自我修养才有可能达到的。汉末思想家徐干曾说：“人的品德就如同一个器皿，器皿是空的才能装进东西，满了就装不进东西了。所以，一个人应当经常地保持虚心和恭敬，不要以自己有超群之才，而凌驾于别人之上。要处处看到别人的优点，而时时看到自己的不足。这样，别人才会愿意帮助你、教导你。[②] 古语说：“人道恶盈而好谦。”（《周易·谦卦“象曰”》）又说：“满招损，谦受益。”（《尚书·大禹谟》）“君子以虚受人。”（《周易·咸卦“象曰”》）这些都是儒家学者所推崇的人生哲理，而至今读来也仍然不失其为人处世的至理名言。

汉代著名儒者刘向，在他编撰的《说苑》一书中，记载了一个孔子由观周庙中一种空时倾斜，注入一半水时持平，而灌满水时就倾覆的器皿（“欹器”），而得到“恶有满而不覆者”的启发的故事。并且借子路之问，进一步引发出了孔子关于“持满之道”当“挹而损之”和如何“损之”的一番议论。所谓“挹而损之”，就是从灌满水的器皿中舀出一些来，使它不致倾覆。以人的修养来讲，其“损之”之道的具体内容，则如孔子所说：当是“高而能

---

① “曾子曰：‘以能问于不能，以多问于寡；有若无，实若虚。犯而不校。昔者，吾友尝从事于斯矣。’”（《论语·泰伯》）

② “人之为德，其犹器欤？器虚则物注，满则止焉。故君子常虚其心志，恭其容貌，不以逸群之才，加乎众人之上。视彼犹贤，自视犹不足也。”（《中论·虚道》）

下，满而能虚，富而能俭，贵而能卑，智而能愚，勇而能怯，辩而能讷，博而能浅，明而能暗”。这就叫作“损而不极”，即保持一定的空虚，而不是满到了极点。最后，孔子十分肯定地说：“能行此道，唯至德者及之。”① 今天，我们以这个故事和孔子所论述的“持满之道”“损之”之道来作为个人修养的教材，也还是相当生动而深刻的。

孟子为他心目中的“大丈夫”（真正的人）立了三条标志，即“富贵不能淫，贫贱不能移，威武不能屈”（《孟子·滕文公下》）。确实，一个人如果真能做到这三条，那他就是一位无愧于天地，具有高尚品德的真正的人。然而，一个人要真正做到这三条又谈何容易。他需要长期地进行品德方面的修养，树立起一个正确的人生观和价值观，才有可能做到的。在这方面，儒家以“义利”“公私”“苦乐”“生死”等这些人生面临的最现实的价值选择问题，对人们进行基本的品德修养教育，是很值得今人注意的。因为，现代人的品德修养教育同样也离不开这些基本的人生价值选择。而儒家学者在这方面的许多精辟论述，无疑也还是可以作为今天人们品德修养的指导的。

讲到“义利”问题，儒家总的倾向是重义而轻利、先义而后

① “孔子观于周庙而有攲器焉。孔子问守庙者曰：‘此为何器？’对曰：‘盖为右坐之器。’孔子曰：‘吾闻右坐之器，满则覆，虚则攲，中则正。有之乎？’对曰：‘然。’孔子使子路取水而试之。满则覆，中则正，虚则攲。孔子喟然叹曰：‘呜呼！恶有满而不覆者哉？’子路曰：‘敢问持满有道乎？’孔子曰：‘持满之道，挹而损之。’子路曰：‘损之有道乎？’孔子曰：‘高而能下（见正文引）。’”（《说苑·敬慎》）

利，主张以义制利、见利思义。① 在当今这个以功利为上的世界里，如果有人按汉代大儒董仲舒所提倡的“正其谊不谋其利，明其道不计其功”（《汉书·董仲舒传》）的训条去做，则将被人们视为迂腐。其实，无论哪一个社会，也总是有这么一些只问耕耘不计功利的“迂腐”者的，他们的真诚和高尚的品德是无可非议的。我们并不要求每个社会成员都这样去做，都要达到这样的境界。但是，我们总也不会希望社会每个成员凡事都斤斤计较于功利吧！当然，更不会希望人人唯利是图，见利而忘义。因此，希望人们做到如清初大儒颜元修正后的训条：“正其谊以谋其利，明其道而计其功”（《四书正误》卷一），也就不能说是过分的要求了。

在“公私”问题上，儒家一贯强调大公无私、先公后私，提倡公而忘私，反对假公济私。随着时代的发展，“公”和“私”的具体对象和内容都已发生了根本的变化，但是，我想在处理公与私两者之间的关系上，则儒家所强调的这些原则至今仍然是正确而有效的。

在“苦乐”问题上，儒家历来不以物质生活的贫富论苦乐，而是以精神生活的充实与否论苦乐；又以为个人之苦乐算不了什么，众人的苦乐才是真正的、最大的苦乐。历史上儒者所称道的“孔、颜乐处”就是一种安于物质生活的贫困，而去追求充实的精神生活的“乐”。② 孟子则反对“独乐”而强调要“与民同乐”。他曾以

---

① 如，孔子说：“君子义以为上。”（《论语·阳货》）“君子喻于义，小人喻于利。”（《论语·里仁》）“见利思义”（《论语·宪问》）孟子对梁惠王说：“王何必曰利，亦有仁义而已矣。”（《孟子·梁惠王上》）荀子则说：“义与利者，人之所两有也，虽尧舜不能去民之欲利，然而能使其欲利不克其好义也。”“故义胜利者为治世，利克义者为乱世。”（《荀子·大略》）“国者，巨用之则大，小用之则小。巨用之者，先义而后利；小用之者，先利而后义。”（《荀子·王霸》）“先义而后利者荣，先利而后义者辱。荣者常通，辱者常穷；通者常制人，穷者常制于人。是荣辱之大分也。”（《荀子·荣辱》）

② 如孔子赞扬颜渊说：“贤者回也！一箪食，一瓢饮，在陋巷，人不堪其忧，回也不改其乐。贤者回也！”（《论语·雍也》）

欣赏音乐为例说，一个人乐，不如与他人一起乐；与少数人乐，不如与所有人一起乐。① 北宋大政治家范仲淹的名言："先天下之忧而忧，后天下之乐而乐。"（《岳阳楼记》）可以说集中地表达了儒家的"苦乐"观。

至于"生死"问题，孔子说的"死生有命"（《论语·颜渊》），代表了儒家对待自然生死问题的基本态度。而对于来自社会原因的生死问题，儒家则总是将其与"义利""公私"等问题联系在一起，而始终提倡"杀身成仁""舍生取义"，而反对"苟且偷生"。儒家这些有关"苦乐""生死"方面的基本观念和精神，至今也还是值得肯定和应当效法的。

三

儒家在修养论上十分强调"知行合一"，也就是说，修养既要在认识上弄清道理，而且要在行为上身体力行。由此，他们在"求知"和"力行"方面，提出了许多具体的修养方法，其中也不乏可供今人择善而用之的东西。以下择要介绍之。

儒家讲修养，首先讲立志。所谓"立志"，就是要确立宏大的、坚定的志向，明确自身的责任和奋斗的目标。孟子讲："故天将降大任于是人也，必先苦其心志，劳其筋骨，饿其体肤，空乏其身，行拂乱其所为，所以动心忍性，曾（增）益其所不能。"（《孟子·告子下》）这是大家都很熟悉的一段话，他在这里指出了一个事实，即一个要承担天下重任的人，必定要受到种种艰难困苦的磨炼。由此也可知，只有那些有宏大、坚定志向的人，才会自觉地去进行修

① 如孟子因梁惠王好乐（音乐）而引导说："独乐乐，与人乐乐，孰乐？"（王）曰："不若与人。"（孟）曰："与少乐乐，与众乐乐，孰乐？"（王）曰："不若与众。"（孟）曰："臣请为王言乐。今王鼓乐于此，百姓闻王钟鼓之声，管籥之音，举疾首蹙频而相告曰：'吾王之好鼓乐，夫何使我至于此极也。父子不相见，兄弟妻子离散。'……此无他，不与民同乐也。今王鼓乐于此，百姓闻王钟鼓之声、管籥之音，举欣欣然有喜色而相告曰：'吾王庶几无疾病与，何以能鼓乐也？'……此无他，与民同乐也。今王与百姓同乐，则王矣！"（《孟子·梁惠王下》）

养，主动地接受种种艰难困苦的磨炼。孔子弟子子夏说：“广博地学习而且志向坚定不移，诚恳地讨教而且联系实际思考，这样仁德就在其中了。”① 宋儒程颐在解释第一句话时说：“学不博则不能守约，志不笃则不能力行。”② 明确地指出了坚定的志向对于修养实践的重要性。反过来说，一个志向不坚定的人，他的修养是不能成功的；而一个志向不宏大的人，他的修养至多也只能成就一个独善其身者。

儒家以“反求诸己”“改过迁善”“见贤思齐”为修养之要旨。孔子说：“君子求诸己，小人求诸人。”（《论语·卫灵公》）所以他总是强调“不患人之不己知，患其不能也”，而从来是“不怨天，不尤人”（《论语·宪问》）的。孟子则更具体而明确地说：如果你爱别人而别人并不亲近你，那就应当反思你的仁爱是否真诚；如果你治理别人而别人并不服从你的治理，那就应当反思你的智慧是否足够；如果你礼貌待人而别人并不敬重你，那就应当反思你的礼貌是否虔诚。总之，一切行为如果在实践中达不到预期效果的，都应当“反求诸己”。③ 反求诸己就是要能发现自己的不足或过错，不足者补足之，有过错则不讳言而勇于改过。儒家是允许人们犯过错的，只是要求人们知错必改。诚如孔子所说：“过则不惮改。”（《论语·学而》）“过而不改，是谓过矣。”（《论语·卫灵公》）程颐在解释这一思想时，进一步发挥说：“学问之道无他也，知其不善，则速改以从善而已。”又说：“君子自修之道当如是也。”朱熹也说：“自治不勇，则恶日长，故有过则当速改，不可畏难而苟安也。”④ 不足者补足之，则就要善于发现别人的长处，积极主动地学习别人的长处，这就是儒家常说的“见贤思齐”。而如果当你见到别人身上“不贤”的方面，则应当赶紧反思一下，自己是不是也

---

① “子夏曰：博学而笃志，切问而近思，仁在其中矣。”（《论语·子张》）

② 朱熹《论语集注·子张》。

③ “孟子曰：爱人不亲反其仁，治人不治反其智，礼人不答反其敬。行有不得者，皆反求诸己。”（《孟子·离娄上》）

④ 朱熹《论语集注·学而》。

存在着这方面的问题，以便一并改过。① 修养就是要通过平时长期的自我锻炼、自我改造以适应环境、改造环境。所以，儒家在修养中强调的“严以律己”“反求诸己”“见贤思齐”“改过迁善”等等，仍然是我们今天进行修养的有效方法。

在“严以律己”方面，儒家还提出了一个“慎独”的修养方法。所谓“慎独”的主要含义是洁身自好。如孟子说：古时候的人，得志时则普施恩惠于百姓，不得志时则修品德以显于世。一个人不通达时应当“独善其身”，而当其通达之时则应当“兼善天下”。② 孟子所谓的“独善其身”，也就是“洁身自好”的意思。荀子最早提出“慎其独”这个命题，并把它与“诚”（诚实不欺）的概念联系在一起。他认为，一个人的修养，最重要的就是要做到“诚”。君子有至德，所以为人们理解、亲近与尊敬，这都是因为他能“慎其独”的缘故。然而，只有做到诚，才能“慎其独”，只有“慎其独”，才能显示出至高的品德，才能支配万物、教化百姓。③ 以后，儒家重要经典《大学》和《中庸》也都讲“慎其独”，进一步发挥了荀子所强调的“诚”的思想。如把“慎其独”解释为“诚其意”，而“诚其意”就是“毋自欺”；或者说，在人们看不

① “子曰：见贤思齐焉，见不贤而内自省也。”（《论语·里仁》）又，荀子也说：“见善，修然必以自存也；见不善，愀然必以自省也。”（《荀子·修身》）

② “古之人，得志，泽加于民；不得志，修身见于世。穷则独善其身，达则兼善天下。”（《孟子·尽心上》）

③ “君子养心莫善于诚，致诚则无它事矣。……天不言而人推高焉，地不言而人推厚焉，四时不言而百姓期焉。夫此有常，以至其诚者也。君子至德，嘿然而喻，未施而亲，不怒而威，夫此顺命，以慎其独者也。善之为道者，不诚则不独，不独则不形。不形则虽作于心，见于色，出于言，民犹若未从也，虽从必疑。天地为大矣，不诚则不能化万物。圣人为知矣，不诚则不能化万民。”（《荀子·不苟》）

到、听不见的地方要格外地谨慎，不可做出亏心事来。① 后人引申此意，有所谓“不欺暗室”之说。宋明理学家大都十分赞赏“慎独”的修养方法，因此近代以来也常常受到人们的批评和否定。不过，我以为朱熹在讲解《大学》“慎其独”一句时说的“独者，人所不知而己所独知之地也。言欲自修者知为善以去其恶，则当实用其力，而禁止其自欺”，还是很有道理的。试问，一个连“毋自欺”都做不到的人，还谈得上什么修养？

进行自我修养也与做其他事一样，要从一点一滴做起，要能专心一志、持之以恒地去做，否则是达不到修养目的的。荀子曾说：路虽然很近，不走是到不了的；事虽然很小，不做是成不了的。一个经常无所事事的人，是不会有什么出人头地之处的。所以，不从半步半步地积累起来是不可能达到千里的，没有一条一条细小河流的汇集是不会有大江大海的。荀子还认为，人们在修养方面应当有明确的目标，目标确定之后，只要坚持不懈地去做，那么不管什么样的人，或快或慢，或先或后，总是可能达到的。千里马日行千里，而平常马不停地跑上十天也能达到；同样，只要半步半步不停地往前走，一只瘸了腿的鳖也能达到千里之远；只要一筐一筐不断地往上垒，最终总能堆成一座高山。② 持之以恒与专心一志也是分不开的。孟子关于弈秋教二人下棋，一人专心致志，一人三心二意的故事是人们十分熟悉的。而孟子举这个例子，则正是为了批评那

① 如《大学》说：“所谓诚其意者，毋自欺也。如恶恶臭，如好好色，此之谓自谦，故君子必慎其独也。”“此谓诚于中，形于外，故君子必慎其独也。”又如《中庸》说：“道也者，不可须臾离也，可离非道也。是故君子戒慎乎其所不睹，恐惧乎其所不闻。莫见乎隐，莫显乎微，故君子慎其独也。”

② “道虽迩，不行不至；事虽小，不为不成。其为人也，多暇日者，其出入不远矣。”（《荀子·修身》）“故不积跬步，无以至千里；不积小流，无以成江海。”（《荀子·劝学》）“将有所止之，则千里虽远，亦或迟或速，或先或后，胡为乎其不可以相及也。”“夫骥一日而千里，驽马十驾，则亦及之矣。”“故跬步而不休，跛鳖千里；累土而不辍，丘山崇成。”（《荀子·修身》）

种“一日暴之，十日寒之”，即不能持之以恒的现象的。① 决心、专心、恒心，这是修养者能否达到修养目标的关键所在。荀子有两句十分精辟的话，可以作为我们修养时的座右铭：“锲而舍之，朽木不折；锲而不舍，金石可镂。”“无冥冥之志者，无昭昭之用；无惛惛之事者，无赫赫之功。”（《荀子·劝学》）

俗话说：“近朱者赤，近墨者黑。”环境和师友对一个人的影响是不容忽视的。所以，孔子以能与仁者相邻为美事，认为不能选择仁者做邻居，就不能算是有智慧的人。② 而荀子则反复强调“隆师而亲友”。他认为，一个人不管他原有的资质如何好，如何聪慧，也必须“求贤师而事之，择良友而友之”，然后才能不断地进步。假如整天与不良的人处在一起，那么最后连身陷刑网时还糊里糊涂呢！所以俗话说：“不知其子视其友。”③ 他还说，所谓朋友的意思，就是在共同理想的基础上互相帮助，如果没有共同的理想，又怎么能互相帮助呢？因此他告诫说：“不可以不慎取友。”④ 这是人们在修养中绝不可忽视的一个方面，否则或将因师从不当、交友不慎而使自己的长期修养成果毁于一旦。

言行不一是儒家修养论中最为人所不齿的。孔子说：“古人不

---

① “虽有天下易生之物也，一日暴之，十日寒之，未有能生者也。……今夫弈之为数，小数也，不专心致志，则不得也。弈秋，通国之善弈者也。使弈秋诲二人弈，其一人专心致志，惟弈秋之为听。一人虽听之，一心以为有鸿鹄将至，思援弓缴而射之，虽与之俱学，弗若之矣。为是其智弗若与？曰：非然也。”（《孟子·告子上》）

② “子曰：里仁为美。择不处仁，焉得知？”（《论语·里仁》）

③ “非我而当者，吾师也；是我而当者，吾友也；谄谀我者，吾贼也。故君子隆师而亲友。”（《荀子·修身》）“夫人虽有性质美而心辩知，必将求贤师而事之，择良友而友之。得贤师而事之，则所闻者尧舜禹汤之道也；得良友而友之，则所见者忠信敬让之行也；身日进于仁义而不自知也者，靡使然也。今与不善人处，则所闻者欺诬诈伪也，所见者污漫淫邪贪利之行也；身且加于刑戮而不自知者，靡使然也。传曰：不知其子视其友，不知其君视其左右。”（《荀子·性恶》）

④ “匹夫不可以不慎取友。友者，所以相有也，道不同，何以相有也。”（《荀子·大略》）

轻易说话，就是怕自己在行动上做不到。”又说：“君子以说得多、做得少为羞耻。”① 这些都是要求人们在修养中做到言行一致。一个人立志固然要宏大，但如果他只是一位言而不行的人，那就反而不如那些立志虽不宏大，却能说一点就做到一点的人。

以上所提到的这些儒家关于修养的方法和要求，只是全部儒家论修养方法和要求中的一小部分而已。我认为，这些修养方法和要求，在经过现代阐释后，是可以提供给今人修养时参考和采用的。

儒家认为，修身是做人的根本，要达到“齐家”“治国”“平天下”，都要从“修身”做起，所以他们说：“自天子以至于庶人，壹是皆以修身为本。”（《大学》）我并不认为修身有如此之大的作用，因为社会经济的决定力量大大超过道德的教化力量。但是，我也不认为因此就可以放弃道德教化的努力，否定自我修养的必要。人不应当沦为单纯的经济动物，把自己变成自己创造的物质文明的奴隶；人应当用自己创造的物质经济成果来为净化人的生活环境，提升人的道德品格服务。修养将使人自觉到这一点。物质文明越发达，精神文明就越重要，自我修养也就越不可缺少。所以我认为，今天在小学、中学、大学都应当考虑设立一门“修身课”，作为青少年养成教育的一个重要内容；而在广大职工中也应当广泛地、经常地展开各种与职业有关的“修身”活动，作为成人终身教育的一个重要内容。

① “子曰：古者言之不出，耻躬之不逮也。”（《论语·里仁》）“子曰：君子耻其言而过其行。”（《论语·宪问》）

儒家学说的实践性格[①]

一

儒家学说是一种“成人”之学。这里的“成”不是“成年人”的“成”，而是“成为人”的“成”，即教育人成为一个真正的“人”。那么在儒家学说中，什么样的人才算是一个真正的人呢？简单地讲，《大学》中开宗明义提出的“三纲领”：“明明德”“亲民”“止于至善”，就是儒家心目中的“成人”。必须指出，儒家的这种“成人”学说，绝不仅仅是一种“理论”的探讨，而是要付诸实践，落实到行动中去的。所以《大学》紧接着就说明道：“古之欲明明德于天下者，先治其国；欲治其国者，先齐其家；欲齐其家者，先修其身；欲修其身者，先正其心；欲正其心者，先诚其意；欲诚其意者，先致其知；致知在格物。”这也就是著名的“八条目”。在这“八条目”中，“修身”是中心环节。“格物、致知、诚意、正心”是为了“修身”，而“修身”是为了“齐家、治国、平天下”。前者可称为“内圣”功夫，而后者可称为“外王”之用。所以，《大学》中强调说：“自天子以至于庶人，壹是皆以修身为本。”就这一角度讲，儒家学说也可以说是以“修身”为核心建立起来和深入展开的。

“修身”对个人讲是要完善自我人格，乃至“希贤希圣”，追求圣贤的至善品德；对家庭、社会、国家讲则是要遵守个人、家

---

① 原载《儒家文化与和谐社会》，学林出版社，2005 年。

庭、社会的道德规范，推行和维护家庭、社会、国家的伦理秩序。而这一切都不是单纯的理论探讨能解决的，而是要通过实践，落实到行动中去才能实现的。由此而言，儒家学说当以“实践”为其特性，而事实上儒家学说也确实有其鲜明的实践性格。

《论语·公冶长》中记载着子贡说的一句话：“夫子之文章，可得而闻也；夫子之言性与天道，不可得而闻也。”它说明，孔子当年很少谈一些抽象的形上学的问题。事实也是如此，我们从《论语》中记载的孔子教育学生的言论看，可以说都是一些具体的行为道德规范，而且都有非常鲜明的针对性。如：

> 答樊迟问仁，一则曰：“仁者先难而后获，可谓仁矣。”（《雍也》）一则曰：“爱人。”（《颜渊》）
>
> 答颜渊问仁，曰：“克己复礼为仁。”（《颜渊》）
>
> 答仲弓问仁，曰：“出门如见大宾，使民如承大祭。己所不欲，勿施于人。在邦无怨，在家无怨。”（《颜渊》）
>
> 答司马牛问仁，曰：“仁者，其言也讱。”（《颜渊》）
>
> 答子张问仁，曰：“能行五者（恭、宽、信、敏、惠）于天下，为仁矣。”（《阳货》）

再如说“巧言令色，鲜矣仁”（《学而》《阳货》），“刚、毅、木、讷，近仁”（《宪问》），以及有子说的“孝弟也者，其为仁之本与”（《学而》）等等，无一不是具体实践行为中遵守的规范原则。

孔子强调的“为己之学”，是儒家学说实践性格最切实的体现。《论语》中记载着孔子有一次很感叹地说：“古之学者为己，今之学者为人。”（《宪问》）后来荀子引用了这句话，而且还作了解释。荀子说：“古之学者为己，今之学者为人。君子之学也，以美其身；小人之学也，以为禽犊。”再具体点说：“君子之学，入乎耳，著乎心，布乎四体，形乎动静。端而言，蝡而动，一可以为法则。小人之学也，入乎耳，出乎口；口耳之间，则四寸也，曷足以美七尺之躯哉！”（《荀子·劝学》）按照荀子的诠释，所谓“为己之学”，就是“学”要落实到自己的一言一行中，“学”是为了完善自己的人格。而“为人之学”的“学”则只是“入乎耳，出乎口”，听听说说而已，这样的“学”只是为了显示给别人看，而与自己人格的完善毫不相干。

孔子非常注重言之必行和言行一致，他赞扬古人说：“古者言之不出，耻躬之不逮也。”《论语·里仁》又说：“君子耻其言而过其行。”（《论语·宪问》）所以，孔子对那些言行不一，说而不做的学生都要给以严厉的批评。如有一次他看到宰予大白天睡觉，就痛责道：“朽木不可雕也，粪土之墙不可杇也。”并且由此反省说：“始吾于人也，听其言而信其行；今吾于人也，听其言而观其行。”（《论语·公冶长》孔子对学生的要求是，言行要一致，知了就要行，学了就要行。这个要求大概是十分严格的，以至于《论语》中记载有这样一则材料：“子路有闻，未之能行，唯恐有闻。”（同上）孔安国对这句话的解释是：“前所闻未及行，故恐后有闻不得并行也。”（《论语注疏》）意思是说，子路以前从孔子那里听到的道理，还没有落实到行动上，因此怕再听到孔子讲新的道理，而同样不能落实到行动上去。由此可见，孔子儒家学说对实践的重视程度，此诚如荀子所言：“道虽迩，不行不至；事虽小，不为不成。”（《荀子·修身》）

关于儒家学说重视实践的说法，在先秦儒家典籍中可说俯拾皆是，现摘引数则，以见一斑。

> 非知之艰，行之惟艰。（《尚书·说命中》）
>
> 博学之，审问之，慎思之，明辨之，笃行之。（《礼记·中庸》）
>
> 君子有三患：未之闻，患弗得闻也；既闻之，患弗得学也；既学之，患弗能行也。
>
> 君子有五耻：居其位，无其言，君子耻之；有其言，无其行，君子耻之；既得之而又失之，君子耻之；地有余而民不足，君子耻之；众寡均而倍焉，君子耻之。（《礼记·杂记下》）
>
> 君子既学之，患其不博也；既博之，患其不习也，既习之，患其无知也；既知之，患其不能行也；既能行之，贵其能让也；君子之学，致此五者而已矣。

> 君子博学而孱守之，微言而笃行之，行必先人，言必后人，君子终身守此悒悒。(《大戴礼记·曾子立事》)

> 不闻不若闻之，闻之不若见之，见之不若知之，知之不若行之。学至于行之而止矣。(《荀子·儒效》)

其实，何止儒学如此，就连道家、墨家同样也把“行”放在最根本的地位。如说：

> 上士闻道，勤而行之；中士闻道，若存若亡；下士闻道，大笑之，不笑不足以为道。(《老子》四十一章)

> 士有道德不能行，惫也。(《庄子·山木》)

> 士虽有学，而行为本焉。(《墨子·修身》)

就此而言，实践性格也许不仅仅是儒家学说独有的特征，抑或可说是整个中国思想文化的共同特征。

二

受佛教、道教的影响，唐宋儒者也开始探寻、阐发儒家的形上理论。较早自觉到这一问题的是唐代的李翱，他在其《复性书上》中讲道：“性命之书虽存，学者莫能明，是故皆入于庄、列、老、释。不知者，谓夫子之徒不足以穷性命之道，信之者皆是也。有问于我，我以吾之所知而传焉。遂书于书，以开诚明之源，而缺绝废弃不扬之道，几可以传于时。”大意是说，儒家关于探求性命原理的著作虽然存在，可是由于儒者不了解和不能发明，所以一般人都走向了佛、道。不了解情况的人，都以为儒学不足以探明性命的根本原理，许多人也信这种说法。现在有人向我提出这方面的问题，我将尽我所知告诉大家。于是我就写成文章，揭示出性命之学的源头。

儒学中几乎断绝废弃的道理，也许能继续传下去。到了宋代理学家那里，儒学形上理论的研究讨论才发展和成熟起来。于是，就有了程颐强调“仁”与“爱”的体用性情分别之说，如他说：“孟子曰：‘恻隐之心，仁也。’后人遂以爱为仁。恻隐固是爱也。爱自是情，仁自是性，岂可专以爱为仁？孟子言恻隐为仁，盖为前已言‘恻隐之心，仁之端也’，既曰仁之端，则不可便谓之仁。退之言

'博爱之谓仁'，非也。仁者固博爱，然便以博爱为仁，则不可。”（《二程集·遗书卷第十八·伊川先生语四》）也就有了朱熹释“仁”时说的：“仁者，爱之理，心之德也。”（《论语·学而》注）“仁者，本心之全德……为仁者，所以全其心之德也。盖心之全德，莫非天理，而亦不能不坏于人欲。故为仁者，必有以胜私欲而复于礼，则事皆天理，而本心之德复全于我矣。”（《论语·颜渊》注）等等具有浓厚形上理论色彩的说法。

应当说，理学家发掘出儒家学说中的形上理论，是对儒家学说的重大发展。魏晋南北朝、隋唐以来，在身心修养方面，玄学、佛教、道教的影响远超过儒家，而宋明理学的兴起，儒学形上理论的建立，使得儒学重新取得了在身心修养领域的主导地位。同时我们也应当看到，尽管理学的形上理论色彩加重了，但他们仍然是把实践放在学说最根本的位子。理学家之所以要复兴儒学，是因为他们认为佛、道之学都是“虚空”之学，修养得再好也无助于现实社会伦常关系的建立和巩固。而儒家伦理学说则处处落到社会现实的伦常层面上。

正因为如此，所以程颐尝说：“看一部《华严经》，不如看一《艮》卦。”（《遗书卷第六·二先生语六》）为什么这样说？程颐说，因为《华严经》“只言一止观”（同上）。又说：“禅学只到止处，无用处，无礼义。”（《遗书卷第七·二先生语七》）其兄程颢也说：“释氏只曰止，安知止乎？”（《遗书卷第十三·明道先生语三》）他们的意思是说，佛教《华严经》讲“止”无落实处。而儒家《周易》《艮》卦也是讲“止”，但有个落实处。如程颐说：“《艮》卦只明使万物各有止止，分便定。”（《二先生语六》）又说：“所谓止，如人君止于仁，人臣止于敬之类是也。《易》之《艮》言止之义曰：'艮其止，止其所也。'言随其所止而止之，人多不能止。”（《伊川先生语四》）程顺也说：“'艮其止，止其所也。'各止其所，父子止于恩，君臣止于义之谓。”（《遗书卷第十一·明道先生语一》）当然，佛教、《华严经》的思想及其实践意义，是否就像二程所理解和批评的那样，佛教徒自有他们的理解和辩解，此处不及细论。正是在这一意义下，理学家称自己的儒学为

"实学"，而称佛、道之学为"虚学"。

上达天理是理学家追求的根本目标，然为此必须从下学做起。《论语》中记载着这样一件事："子游曰：'子夏之门人小子，当洒扫、应对、进退，则可矣。抑末也，本之则无，如之何？'子夏闻之，曰：'噫！言游过矣！君子之道，孰先传焉？孰后倦焉？譬诸草木，区以别矣。君子之道，焉可诬也？有始有卒者，其惟圣人乎！'"（《论语·子张》）这段话的意思是说，子游认为子夏的弟子们做一些洒扫、应对等具体的事还可以，至于对儒学根本道理的把握则还谈不上。子夏听了很不以为然，认为儒学君子之道有先有后，有始有终。也就是说，先要从具体的洒扫、应对开始，最后才能把握儒学君子之道、圣人之学的根本。

让我们看一下理学家是如何来评论这件事的。朱熹在《论语集注》中一连引了五段程颐评论这件事的话，这在整个朱熹《四书章句集注》中也是少见的。引文说："程子曰：'君子教人有序，先传以小者近者，而后教以大者远者。非先传以近小，而后不教以远大也。'又曰：'洒扫应对，便是形而上者，理无大小故也。故君子只在慎独。'又曰：'圣人之道，更无精粗。从洒扫应对，与精义入神贯通只一理。虽洒扫应对，只看所以然如何。'又曰：'凡物有本末，不可分本末为两段事。洒扫应对是其然，必有所以然。'又曰：'自洒扫应对上，便可到圣人事。'"

这里，第一段是解释子夏说的话的意思，以下四段则是程颐自己的体会，以及按照理学的观点所作的发挥。朱熹对此说明道："程子第一条，说此章文意，最为详尽。其后四条，皆以明精粗本末。其分虽殊，而理则一。学者当循序而渐进，不可厌末而求本。盖与第一条之意，实相表里。非谓末即是本，但学其末而本便在此也。"程颐评论的中心思想是说，本末是不能分为两截的，洒扫应对与精义入神，一理贯通，洒扫应对便是形而上，所以从洒扫应对上，便可到达圣人之事。这也就是说，上达天理，与下学洒扫、应对、进退之事是不可分的，甚至可以说只有从洒扫、应对、进退之事做起，才能做明天理的圣人之事。所以，程朱理学同样也把"行""践履"放在根本的地位。且引朱熹的几条论述，以见一斑。

如夫子告颜子“非礼勿视、听、言、动”，只是行上做工夫。（《朱子语类》卷四十一）

知、行常相须，如目无足不行，足无目不见。论先后，知为先；论轻重，行为重。（《朱子语类》卷九）

学之之博，未若知之之要；知之之要，未若行之之实。（《朱子语类》卷十三）

然理学家所发挥出来的儒家道德伦理的形上之学，如执之过分，脱离实践，同样也会沦于“空谈”蹈“虚”，而于实际无补。宋亡于元，清初颜元即尖锐批评理学末流之流弊为：“无事袖手谈心性，临危一死报君王。”（《颜元集·存学篇卷一·学辨一》）明清时期的理学变迁，除外部原因外，就理学内部讲，其实都与是否把儒学作为实践之学的“虚”和“实”之争有关。明中叶阳明学的兴起，主要是为了批判和纠正理学末流把程朱理学流变为“空谈心性”之“虚”学，致使“满口仁义道德，满肚男盗女娼”的“假道学”贻害社会。王阳明正是针对此种“虚学”，而提倡儒学“实学”之本来面目，恢复孔子以来儒学实践的性格。所以，他竭力倡导“知行合一”之说。

他批评那些知而不行的人说：“今人却就将知行分作两件去做，以为必先知了，然后能行。我如今且去讲习讨论做知的工夫，待知得真了，方去做行的工夫。故遂终身不行，亦遂终身不知。此不是小病痛，其来已非一日矣。某今说个知行合一，正是对病的药，又不是某凿空杜撰，知行本体原是如此。”（《传习录上》）又说：“学至于穷理，至矣，而尚未措之于行，天下宁有是邪？是故知不行之不可以为学，则知不行之不可以为穷理矣。知不行之不可以为穷理，则知‘知、行’之合一并进，而不可以分为两节事矣。”（《传习录中·答顾东桥书》）总之，“知者行之始，行者知之成。圣学只一个工夫，知行不可分作两事”（《传习录上》）。

阳明学之末流也不免步程朱理学末流之后尘，时至明末清初，阳明学末流亦被斥之为“虚”，于是又涌现出一批提倡“真孔子”，恢复儒学本来面目的“实”学家。其中，突出的代表人物如颜元，就尖锐批评程朱陆王之学，非孔子本来之学说，而真正的孔子之学是以实践为第一的。他曾说："秦汉以降，则著述讲论之功多而实学实教之力少。"（《存学编卷一》）他认为："读书无他道，只须在'行'字着力。如读'学而时习'，便要勉力时习；读'其为人孝弟'，便要勉力孝弟，如此而已。"（《颜习斋先生言行录卷上》）他在给弟子李塨的一封信中也说："孔子教人不过忠信、忠恕等语，不止罕言命，亦罕言性，盖性命之说渺茫，不如实行之有确据也；实行敦，而性命自在其中矣。此孔子维世立教之深意也。"（《颜习斋先生年谱卷上》）

总之，对于颜元来说，那些只知诵读经典，明虚理、记空言的学问绝不是孔子真儒学的学问，只有学之用以修身，付以致用，落实到经世济民，才可以称之为孔子真儒学。

时至今日，儒学离现时代已经很远了，无论是认为儒学应彻底摒弃者，还是认为儒学尚有可为今日社会所吸纳的成分者，大多数人都已将儒家学说作为一种历史留存下来的思想理论来研究，也就是说，儒学只是一种知识对象，而不是把它作为指导自己行为的规范去对待，因此，研究儒学、弘扬儒学，并不一定要身体力行。我们不能说这样的研究、弘扬毫无意义，但是我想，儒学如果丢弃了它的实践性格，这样的儒学还会有生命力吗！

因此，我认为，当我们认为儒学中尚有不少思想理念在今天仍有它的价值和意义的话，那么就不能只把它当纯粹的历史文化和知识对象去对待，而至少应当有一批仁人志士去切实地践行它。在中国传统文化中，儒释道三教互补共生，如今佛教有大量寺庙和数十万出家人在传承着、实践着，道家依托道教也有宫观和道士在传承着、实践着。然而儒家呢？它的传承载体在哪里，它的实践群体又是谁？这是我们今天讨论儒家思想，发掘其现代价值和意义时，也必须要认真思考的问题。

荀子礼乐论发微[1]

在中国传统文化中，特别是儒家文化传统中，一向十分重视礼乐的问题。如孔子在讲到为人时说："兴于诗，立于礼，成于乐。"[2] 在回答子路问怎样才称得上是一个"成人"（完全之人）时又说："若臧武仲之知，公绰之不欲，卞庄子之勇，冉求之艺，文之以礼乐，亦可以为成人矣。"[3] 这是说，若具有此四人的才能、品德，再以礼乐来规范之、文饰之，使其内在的材德与外在的仪表协调一致，这样才称得上是一个完人。[4] 而在讲到为政时则也强调说："礼乐不兴，则刑罚不中；刑罚不中，则民无所措手足。"[5] 由此可见，在孔子看来礼乐对于个人和社会都是不可或缺的。

荀子是中国历史上最早系统地论述礼乐问题的一位思想家，是中国传统文化中礼乐理论的奠基人。在他的传世著作中，除了《礼论》与《乐论》两篇专题论文外，其余诸篇也几乎没有不论及礼乐问题的。他的礼乐理论，对于以后成为儒家文化基本经典之一的《礼记》一书有很大的影响。《礼记》中的礼乐理论，可以说是以

---

① 原载《传统文化与现代化》1994 年第 3 期。

② 《论语·泰伯》。

③ 《论语·宪问》。

④ 参看朱熹《论语集注》释文："成人，犹言全人。……言兼此四子之长，则知足以穷理，廉足以养心，勇足以力行，艺足以泛应，而又节之以礼，和之以乐，使德成于内，而文见乎外。则材全德备，浑然不见一善成名之迹；中正和乐，粹然无复偏倚驳杂之蔽，而其为人也亦成矣。"

⑤ 《论语·子路》。

荀子礼乐理论为基础，同时融会了孔门后学儒家各派的礼乐观点汇集而成的。

为什么礼乐对于个人和社会都是不可或缺的呢？荀子首先论证了礼乐的起源。他在《礼论》篇中开宗明义就说："礼起于何也？曰：人生而有欲，欲而不得，则不能无求，求而无度量分界，则不能不争。争则乱，乱则穷。先王恶其乱也，故制礼义以分之，以养人之欲，给人之求。使欲必不穷乎物，物必不屈于欲，两者相持而长，是礼之所起也。"这是说，礼起源于对社会人群物质欲求分配的需要。通过礼，确定每个人在社会中的名分，然后按照名分来分配，以满足每个人的物质请求，这就是礼的社会作用。荀子认为，一个社会是不可能绝对平均的。如他说："分均则不偏，势齐则不壹，众齐则不使。有天有地，而上下有差；明王始立，而处国有制。夫两贵之不能相事，两贱之不能相使，是天数也。势位齐而欲恶同，物不能澹（赡），则必争，争则必乱，乱则穷矣。先王恶其乱也，故制礼义以分之。使有贫富贵贱之等，足以相兼临者，是养天下之本也。《书》曰：'维齐非齐。'此之谓也。"[1] 这里，荀子把贫富贵贱的等级，看作天经地义，那是由其时代的局限性决定的。然而其中阐发的"维齐非齐"的道理，即如何通过合理的差别，使整个社会达到有序而和谐，这还是很值得深思的。

由此，荀子进一步认为，人之所以为人，人之所以能胜物，原因即在于人能群居而和一。而人之所以能做到群居和一而不争不乱，关键就在于规定社会每个成员的名分。这也就是荀子反复强调"人之生不能无群"，"群"不能"无分"的道理。他说："（人）力不若牛，走不若马，而牛马为用，何也？曰：人能群，彼不能群也。人何以能群？曰：分。分何以能行？曰：义。故义以分则和，和则一，一则多力，多力则强，强则胜物，故宫室可得而居也。故序四时，裁万物，兼利天下，无它故焉，得之分义也。故人生不能无群，群而无分则争，争则乱，乱则离，离则弱，弱则不能胜物，

① 《荀子·王制》。

故宫室不可得而居也。不可少顷舍礼义之谓也。”①

总而言之，荀子认为，人类如果“离居不相待，则穷；群而无分，则争。穷者患也，争者祸也，救患除祸则莫若明分使群矣”②。这也就是礼在社会中的重要性和必要性。在《乐论》篇中荀子对乐的起源分析说：“夫乐者，乐也，人情之所必不免也，故人不能无乐。乐则必发于声音，形于动静，而人之道，声音、动静、性术之变尽是矣。故人不能不乐，乐则不能无形，形而不为道，则不能无乱。先王恶其乱也，故制雅、颂之声以道之，使其声足以乐而不流，使其文足以辨而不諰，使其曲直、繁省、廉肉、节奏足以感动人之善心，使夫邪污之气无由得接焉，是先王立乐之方也。”这是说，乐是起源于对人的情感的正确引导的需要。通过乐，陶冶人的情操，培养人的善心，防止邪淫的腐蚀，这就是乐的社会作用。

在以上关于礼乐的论述中，荀子首先肯定了人的物质欲求和情感宣发是不能没有的，因而也是合理的。然后再分析说，物质欲求必须有一定的“度量分界”，情感宣发必须有正确的引导，否则将会引起人们间的物欲争夺和情感放纵，从而造成社会的混乱。所以，一个国家和社会必须要制定礼来界定和满足社会每个成员的物质欲求，制定乐来引导社会每个成员的情感得到正确的宣发。这里，荀子虽然是从人的最基本的生理欲求和情感出发来分析礼乐起源的，但同时也十分肯定地指出了礼乐制度是在社会经济、政治、文化发展到一定时期，由社会的管理者们（“先王”）制定出来的。这也就是说，礼乐问题既是社会制度、伦理的问题，同时又有着人性上的依据。应当说，这是对礼乐起源问题相当深刻的理论论述。

关于礼乐的社会作用及其重要性，特别是礼的社会作用和重要性，荀子有许多的论述。如他说：“礼者，人之所履也，失所履，必颠蹶陷溺。”③ 即礼是个人行为的准则。又说：“礼以定伦。”④

---

① 《荀子·王制》。

② 《荀子·富国》。

③ 《荀子·大略》。

④ 《荀子·致士》。

即礼也是确定社会人伦关系的准则。而更重要的是："礼者，政之挽也。为政不以礼，政不行矣。"① 即礼是维护社会安定的关键所在。因此，他反复告诫统治者说："国之命在礼。"② 总之，他认为："人无礼则不生，事无礼则不成，国家无礼则不宁。"③ "学至乎礼而止矣！"④

至于乐的社会作用和重要性，荀子认为，即在于乐不仅可以陶冶人的性情，而且还可以使上下"和敬"，家庭"和亲"，乡里"和顺"，"善民心"而"移风易俗"。而礼乐互相配合的综合社会效果则是："乐行而志清，礼修而行成，耳目聪明，血气和平，移风易俗，天下皆宁，美善相乐。"所以，荀子归纳说："乐也者，和之不可变者也；礼也者，理之不可易者也。乐合同，礼别异。礼乐之统，管乎人心矣。"⑤ 这是说，礼乐使人志趣纯洁，行为端正，耳聪目明，心平气和，移风易俗，社会安宁，人们以表扬善行为喜乐之事。乐礼体现了性情物理中不可变易的根本原则。

乐的作用是使群体和谐，礼的作用是使群体有序。所以，礼乐可以说统摄了天下的人心。《礼记》进一步发挥了荀子的礼乐理论。荀子曾说过："水火有气而无生，草木有生而无知，禽兽有知而无义，人有气、有生、有知，亦且有义，故最为天下贵也。"⑥ 即把具有礼义人伦作为人类与草木禽兽根本区别之所在。《礼记》作者同样也把礼乐文明作为人与禽兽相区别的根本标志强调出来，如《曲礼》篇中说："鹦鹉能言，不离飞鸟；猩猩能言，不离禽兽。今人而无礼，虽能言，不亦禽兽之心乎？夫唯禽兽无礼，故父子聚麀。是故圣人作，为礼以教人，使人以有礼，知自别于禽兽。"又《乐记》篇中也说："乐者，通伦理者也。是故，知声而不知音者，

---

① 《荀子·大略》。
② 《荀子·天论》。
③ 《荀子·修身》。
④ 《荀子·劝学》。
⑤ 《荀子·乐论》。
⑥ 《荀子·王制》。

禽兽是也；知音而不知乐者，众庶是也。唯君子为能知乐。”“乐行而伦清。”由此，《曲礼》的作者指出：“夫礼者，所以定亲疏、决嫌疑、别同异、明是非也。”“道德仁义，非礼不成；教训正俗，非礼不备；分争辨讼，非礼不决；君臣、上下、父子、兄弟，非礼不定；宦学事师，非礼不亲；班朝治军，莅官行法，非礼威严不行；祷祠祭祀，供给鬼神，非礼不诚不庄。是以君子恭敬、撙节、退让以明礼。”《礼记·仲尼燕居》的作者也强调说：“礼之所兴，众之所治也。礼之所废，众之所乱也。”而《礼运》的作者则更为严肃地指出说：“故礼义也者，人之大端也。……所以达天道、顺人情之大窦也。故唯圣人为知礼之不可以已也。故坏国、丧家、亡人，必先去其礼。”这最后一句话可能有危言耸听之嫌，然又确实是很值得我们注意和深思的。我国近代著名爱国思想家龚自珍曾极为深刻地指出过：“灭人之国，必先去其史；隳人之枋，败人之纲纪，必先去其史；绝人之材，湮塞人之教，必先去其史；夷人之祖宗，必先去其史。”①

一个国家和民族的历史，是其经济、政治、文化的集中体现，是民族精神之所在。要消除人们的民族主体意识，最好的方法就是不让他知道自己的历史。所以，历史是不可忘的，是不可不讲的。同样，在一个国家民族的礼制中也凝聚着这个民族的文化传统和价值观念，一旦丢弃之或割断之，轻则会造成社会伦理规范的失范，重则亦有可能招致“坏国、丧家、亡人”的结局。《乐记》作者对礼乐相配合的意义也作了进一步的阐发。如说：“乐者，天地之和也；礼者，天地之序也。和，故百物皆化；序，故群物皆别。”“礼乐皆得，谓之有德。”又，结合儒家的中庸理论，《乐记》作者还十分注意礼乐制度的适度性。如说：“乐者为同，礼者为异。同则相亲，异则相敬。乐胜则流，礼胜则离，合情饰貌者，礼乐之事也。”由此，它又认为，适度的礼乐制度一定是简明易行的，而不应是烦琐的，所以说：“大乐必易，大礼必简。”

---

① 龚自珍《定庵续集》卷二《古史钩沉论二》。

礼和乐是内外相配合的，即所谓："乐也者，动于内者也；礼也者，动于外者也。"关于这一点，在《文王世子》篇中进一步作了充分的说明，其文曰："凡三王教世子，必以礼乐。乐，所以修内也；礼，所以修外也。礼乐交错于中，发形于外，是故其成也怿（和顺），恭敬而温文。"荀子和《礼记》中有关礼乐的论述，是中国二千多年封建社会中礼乐制度和礼乐教育的根本理论基础，它的影响十分深远，并成为中华传统文化的主要特点之一。从这一意义上讲，谭嗣同说的"二千年来之学，荀学也"①，不能说没有一定的道理。

如上所述，传统的礼乐制度和礼乐教育，都是围绕着伦理道德问题展开的。在二千多年的封建社会里，礼乐的中心内容是协调人际关系的"五伦"观念，即所谓："父子有亲，君臣有义，夫妇有别，长幼有序，朋友有信。"② 可以这样说，五伦观念是支配我国人们道德生活中最有力的传统观念之一。就理论上说，五伦关系应当是关系双方的交互义务，这在原始儒学中，多少还可见到这种交互义务的五伦观念。如，孔子就说过："君使臣以礼，臣事君以忠。"③ 对于不仁不义之君，孟子、荀子都认为即使诛杀之也是无可非议的。④ 荀子则更从理论上提出了"从道不从君"⑤ 的原则，并认为如周之灭殷是"君臣易位而非不顺也"⑥。《礼记·礼运》篇中则更明确地把"父慈子孝，兄良弟弟，夫义妇听，长惠幼顺，君

① 《仁学》二十九。

② 《孟子·滕文公上》。

③ 《论语·八佾》。

④ 如，齐宣王以"汤放桀，武王伐纣"事问孟子："臣弑其君可乎？"孟子回答说："贼仁者谓之贼，贼义者谓之残，残贼之人谓之一夫。闻诛一夫纣矣，未闻弑君也。"（《孟子·梁惠王下》）荀子也说："诛暴国之君，若诛独夫"（《荀子·正论》）；"诛桀纣若诛独夫"（《荀子·议兵》）。

⑤ 《荀子·臣道》。

⑥ 《荀子·儒效》。

仁臣忠”①，即关系双方的交互义务，称为“人义”。至于朋友有信，则不言而喻必须是相互间的讲信。

西汉以后，随着封建君主专制制度的强化，五伦观念也发生了重大的变化。其中主要是把原来多少还带有某种交互义务的关系，改变为一方的绝对权利和一方的无条件服从。这就是从董仲舒到《白虎通》所确立起来的“三纲”说，亦即确立起君、父、夫的绝对权力地位和臣、子、妇的无条件服从。宋代理学家更给“三纲”说以“天理”的依据，如朱熹所言：“宇宙之间一理而已……其张之为三纲，其纪之为五常。盖皆此理之流行，无所适而不在。”②从此，绝对服从君权、父权、夫权的“三纲”说成了传统礼教的核心，成为封建专制主义的根本伦理观念和道德规范。

在近代民主革命时期，人们把以“三纲”为核心的封建伦理观念和道德规范怒斥为“吃人的礼教”，并对其进行了激烈的批判和彻底的否定。这是近代民主革命中一个不可或缺的伦理价值观念上的变革运动，否则就不能完成民主革命的任务。而且，从某些现状来讲，就是在今天，也还需要继续肃清以“三纲”为核心的封建伦理观念的残余影响，以完善社会民主制度、健全独立人格、发扬自主精神。

正是在这种历史和现实的背景下，“五四”以来极少有人正面谈论传统礼乐制度和礼乐教育的批判继承问题。即使在今天大讲弘扬优秀传统文化、提倡继承优秀传统道德的情况下，对于传统礼乐制度和礼乐教育中有没有值得我们今天继承的优秀内容，也还是为人们所怀疑或不敢直接加以肯定的。不少学者对儒家的仁的思想给予了很多的肯定和发挥，而对于儒家的礼乐教育思想不是予以否定就是避而不谈。其实，儒家的仁的思想与它的礼乐教育思想是不能完全分开的。孔子一句“克己复礼为仁”，已经点明了仁与礼之间的内外表里关系了。而要继承优秀传统道德，那么传统礼乐教育更

---

① 《大戴礼记·文王官人》篇中也说：“父子之间，观其孝慈也；兄弟之间，观其和友也；君臣之间，观其忠惠也。”

② 《朱文公文集》卷七十《读大纪》。

是一个回避不了的问题。由此看来，当前很有必要对传统礼乐教育问题作出新的研究，提出新的认识。

其实，礼乐制度和礼乐教育对于任何一个社会都是不可没有的，人们对封建时代“三纲”观念的否定，不应当成为对传统礼乐制度和礼乐教育的全面否定。礼是用来规定社会名分和协调社会人际关系的，它体现了一个社会的基本伦理观念。而礼所体现的基本伦理观念与各种具体的礼仪和道德规范相结合，同时再配之以乐的教育（今天当扩大为美育教育），是使一个社会得以“群居和一”①，即有序而和谐的必要保证。而对于个人来讲，基本礼乐观念的养成和主要礼乐仪式规范的修养，也是培养健全人格、文明风貌、立足社会所必不可少的。因此，儒家思想中，尤其是荀子思想中重视礼乐制度和礼乐教育的精神是很值得今人借鉴的。我们今天仍然很有必要建立起适合于现时代的礼乐制度来，仍然很有必要加强全民的礼乐教育。

关于传统礼乐制度和教育的核心——“五伦”观念，贺麟先生在1940年曾写过一篇题为《五伦观念的新检讨》的文章（收入《文化与人生》一书），其中有不少精辟的分析至今仍有其参考意义。特别是他对于“三纲”说的核心，即单方面的绝对义务说的分析，是很有启发性的。如他分析说：“三纲说认君为臣纲，是说君这个共相，君之理是为臣这个职位的纲纪。说君不仁臣不可以不忠，就是说为臣者或居于臣的职分的人，须尊重君之理，君之名，亦即是忠于事，忠于自己的职分的意思。完全是对名分、对理念尽忠，不是作暴君个人的奴隶。唯有人人都能在其位分内，单方面地尽他自己绝对的义务，才可以维持社会人群的纲常。”“我在这中国特有的最陈腐、最为世所诟病的旧礼教核心三纲说中，发现了与西洋正宗的高深的伦理思想和与西洋向前进展向外扩充的近代精神相符合的地方。就三纲说之注重尽忠于永恒的理念或常德，而不是奴役于无常的个人言，包含有柏拉图的思想。就三纲说之注重实践个

① 《荀子·荣辱》。

人单方面的纯道德义务，不顾经验中的偶然情景言，包含有康德的道德思想。……我认为要人尽单方面的爱，尽单方面的纯义务，是三纲说的本质。而西洋人之注意纯道德纯爱情的趋势，以及尽职守、忠位分的坚毅精神，举［凡］莫不包含有竭尽单方面的爱和单方面的义务之忠忱在内。”

因此，贺麟先生认为：虽说“三纲说在礼教方面的权威，三纲说的躯壳，曾桎梏人心，束缚个性，妨碍进步，达数千年之久”，然而，我们“现在已不是消极地破坏攻击三纲说的死躯壳的时候，而是积极地把握住三纲说的真义，加以新的解释与发挥，以建设新的行为规范和准则的时期了”。对于贺麟先生的论说，有兴趣者可找原文来读。我并不完全同意贺先生四十年代说的就“三纲说的真义，加以新的解释与发挥”的意见。因为，三纲说无论就其形式还是内容方面说，都是与现代民主时代的人际关系相背离的。当然也就无法为现代人所接受。所以，我们今天已不可能再借“三纲”概念来对它的真义做新的解释与发挥了。但是，当我们抛弃了三纲观念的羁缚后，对于如上引贺文中所揭示的其中包含着的某些重要的伦理观念和道德精神，也还是值得我们给予充分重视的。社会不能沦为只讲求相互酬答的交易式的、纯功利性的道德，现代社会也许更需要提倡尽单方面纯义务的尽职守、忠位分的道德精神。就此而言，我们今天是可以，同时也很有必要，对这一伦理观念和道德精神“加以新的解释与发挥”，把它融入现代人新的伦理观念和新的行为准则中去。

再则，就“五伦”所概括的五种人与人之间的关系而言，如果以现代社会中的“上下”（领导与被领导）关系来替换原来的“君臣”关系，那么，即使在现代社会，人与人之间的关系也可概括于“五伦”之内。又如果我们给“五伦”关系以新的解释和发挥，倡之以平等的交互义务的观念和准则，要求社会每一个成员都承担起对社会国家、家庭朋友的责任（这也是“五伦”观念根本精神之所在），那么，“五伦”观念在现代社会便不是一无可取者。

此外，传统礼教中还十分强调通过践行各种具体的礼仪来巩固和强化人们的基本伦理观念。如《礼记·昏义》中说：“夫礼，始于冠，本于昏，重于丧、祭，尊于朝、聘，和于乡、射。”这里把践行冠、昏（婚）、丧、祭、乡、射、朝、聘等礼仪，看作是体现礼的最基本的内容和规范。其实，这些传统礼仪如果赋予它新的含意，即使在今日也还是十分重要和有意义的。就拿冠礼来讲，《礼记·冠义》中说："冠者，礼之始也。""已冠而字之，成人之道也。""成人之者，将责成人礼焉也。责成人礼焉者，将责为人子、为人弟、为人臣、为人少者之礼行焉。"

由此可知，冠礼原指男子的成年礼①，表示从此对社会、家庭负有了成人的责任。在日本，至今每年的元月十五日都要为前一年年满二十岁的男女青年举行隆重的成年庆贺礼。在韩国也一直保留着这一古礼。近据《文汇报》载，我国上海日前也在外滩为年满十八岁的青年举行成年礼节，盛况空前，取得了很好的教育效果。又如婚礼，古人也是十分重视的。《礼记·昏义》中说："昏礼者，礼之本也。"为什么如此重视婚礼呢？《昏义》说，婚礼是"所以成男女之别，而立夫妇之义也"。"昏礼者，将合二姓之好，上以事宗庙，而下以继后世也。故君子重之。"

今天，我们当然不能再把婚姻看作主要是为了传宗接代，继续香火，但我们也不能否认，在文明社会中人类自身的延续是要通过男女婚姻来承担的。家庭是社会的细胞，家庭的和谐与稳定是社会和谐与稳定的重要因素之一。男女通过婚姻组成家庭，绝不仅仅是说男女双方有了相互的责任，同时也意味着他们对这个家庭的所有成员，特别是父母子女负有了敬爱养育的责任。这种对家庭的责任，也就是他们对社会应负责任的组成部分。所以我想，一个有意义的婚礼，不仅会给人们留下终生难忘的美好回忆，更重要的是它将使男女双方明白家庭建立后自己对家庭对社会的神圣责任。

---

① 古代男子二十岁行冠礼。《礼记·曲礼》说："男子二十，冠而字。"《礼记·内则》也说："二十而冠，始学礼。"又，古代女子的成年礼为"笄"礼。《内则》说："女子十有五年而笄，二十而嫁，有故，二十三年而嫁。"对此，郑玄解释说："十五而笄，谓应年许嫁者。女子许嫁，笄而字之，其未许嫁，二十则笄。"这是说，女子行成年礼由十五岁至二十岁均可。

同样，我们如能给丧、祭礼加上一些简明隆重而又富有文化内涵的礼仪诠释，那么它肯定要比现在社会上流行的只有大吃大喝的婚、丧礼仪意义大得多。

礼仪虽然主要是一些外在的形式的东西，但它又是某种内在的伦理观念的表达。人们通过一定的礼仪形式来表达某种伦理观念，同时通过一定礼仪规范的养成，反过来培育或深化对某种伦理观念的理解和把握。礼仪的完备与否与人们行为的合礼仪与否，是反映一个国家、社会文明程度的重要标志之一。而对于个人来说，礼仪举止则最能反映出他的文化素质和修养程度。我们要废除和改革那些繁文缛节、形式主义的礼仪，因为它不仅浪费人们的财力、物力、精力，甚至会招致人们对礼仪的逆反心理。然而，我们同时也要建立和提倡那些简洁隆重、内容充实的礼仪。一次开蒙启智的小学入学典礼，一次充满朝气的成年典礼，一次学成报国的毕业典礼，一次隆重热烈的成婚典礼，往往会在一个人的生活中留下不可磨灭的记忆，而对社会来讲则是一种有序而和谐的表现，它将产生一种强大而无形的凝聚力，对整个社会发生深远的影响。

在传统的乐教中更是十分注意不同的音乐对于人的情感思想的深刻影响。如荀子在《乐论》篇说："齐衰之服，哭泣之声，使人之心悲；带甲婴軸，歌于行伍，使人之心伤；姚冶之容，郑卫之音，使人之心淫；绅端章甫，舞韶歌武，使人之心庄。"《礼记·乐记》中也说："夫民有血气心知之性，而无哀乐喜怒之常，应感起物而动，然后心术形焉。是故，志微、噍杀之音作，而民思忧；啴谐、慢易、繁文、简节之音作，而民康乐；粗厉、猛起、奋末、广贲之音作，而民刚毅；廉直、劲正、庄诚之音作，而民肃敬；宽裕、肉好、顺成、和动之音作，而民慈爱；流辟、邪散、狄成、涤滥之音作，而民淫乱。"

这些论述虽然不免有所夸张，但他们指出的音乐（包括一切艺术活动）对于人的思想感情的巨大影响，则是我们今天也不容忽视的。所以，从传统的乐教中，我们是可以获得很多启示的。我们的艺术家在创作他的作品时，应当有高度的社会责任心，把健康向上的艺术作品奉献给社会。我们应当积极认真地推行美育教育，以提高民众，特别是青少年的艺术素养（主要是欣赏趣味和格调）。这是培养身心健康，具有高尚情操的青年一代绝不可无的教育内容之一。

从一定意义上来讲，中华传统文化亦可称之为“礼乐文化”，它体现了我国传统文化中的两个鲜明特征，即伦理精神与艺术精神。这两种文化精神也是我们在建设现代精神文明所需要大力发扬的。因此，我以为今天我们对于传统礼乐制度和礼乐教育的认真研究和批判继承具有了新的意义和需要。它对于现代伦理观念、艺术观念的建立，以及现代礼乐仪式规范的制定，都有着重要的借鉴意义。

儒家“节欲”观的现代意义①

当今世界，一切有识之士无不为人类赖以生存的地球自然环境的日趋恶劣而忧心如焚。生态平衡的肆意破坏，引起了全球的气候反常；生活环境的横遭污染，带来了致命的怪病恶疾。长此以往，不仅严重地威胁着现在世界人类的生存，而且将贻害子孙后代，大大缩短人类在地球上的生存历史。这绝不是故作危言耸听，而是摆在当今人类面前的无情现实。

从现象上看，造成当今世界人类生存环境危机的原因是：人类过度地向自然索取，进行破坏性、掠夺性的开发，以及大量有害的生产、生活废弃物的污染。因此把对自然的破坏性、掠夺性开发，改变为计划性、保护性开发，加强对有害生产、生活废弃物的积极治理，是可能取得改善当前人类生存环境的一定效果的。但是，这远不能从根本上解决问题。因为，追根究底，造成当今世界人类生存环境危机的根本原因，是人们对自己欲望的无限度放纵和追求。所有不顾一切后果地疯狂掘取自然资源，并且肆意加以挥霍浪费的行为，都是人们无限度放纵欲望追求的结果。所以，人类如果不能从节制自己的欲望追求入手，就不可能从根本上消除潜伏着的、未来严重危害人类生存环境的根源，同时也是不可能真正解决当今世界人类生存环境危机的。

因此，我认为，即将到来的21世纪，应当是人类认真自我检讨，并切实施行欲求自我节制的时代。人们需要设计各种科学合

① 原载《北京大学学报》（哲学社会科学版）1991年第1期。

理、利于身心健康的生活方式，重新调整人类与自然之间的关系，为子孙万代创造一个优美良好的生存环境。而为此，重温一下中国传统儒家的“节欲”观，则将大有益于人们对自我节制欲求问题的思考，具有重要的现实意义。

欲，是人类生活中一个最基本的问题。儒家在欲的问题上的一个基本立场，就是认为欲不应当无限度地放纵，而要受到一定社会规范的制约。

孔子说，他70岁以后达到了一种随心所欲而又不违离规范的境界。① 孔子这里所说的欲的含义是很宽泛的，包括各种生理要求和社会行为。这种个人欲求既能得到自由发挥，同时又能不违离社会规范，显然是对欲有所节制的结果。孔子到70岁以后才能做到，这说明它是通过长期自觉地节制欲而培养出来的一种精神境界。这也是以后历代儒学家追求的理想精神境界。

孟子也认为，人们的欲求是受到道德规范制约的，而且应当按一定的道德标准去取舍。如他说，求生是我的欲望，求义也是我的欲望，当二者不能兼得的时候，我将牺牲生命而去求得义。② 所以，他遵循这样一条原则：不去做那些我不当做的事，不去追求那些我不当追求的东西。③ 孟子还认为，太多的物质欲望甚至会有碍于人们的道德修养，因而提倡“寡欲”。他说，修养心性的方法最好是减少物质欲望。他的为人如果欲望不多，那么善性即使有所丧失，也不会很多；他的为人如果欲望很多，那么善性即使有所保存，也只是很少一点点。④

荀况（约前313—前238）提出了一套较为详密的“节欲”理论。例如，他在分析“礼”（指社会各种制度、道德规范、礼节仪

① “七十而从心所欲，不逾矩。”（《论语·为政》）

② “生亦我所欲也，义亦我所欲也。二者不可得兼，舍生而取义者也。”（《孟子·告子上》）

③ “无为其所不为，无欲其所不欲，如此而已矣。”（《孟子·尽心上》）

④ “养心莫善于寡欲。其为人也寡欲，虽有不存焉者，寡矣；其为人也多欲，虽有存焉者，寡矣。”（《孟子·尽心下》）

式等）的起源时，曾这样说："人生下来就有各种欲求，欲求得不到满足，就不能没有追求。人们欲望的追求如果没有一定的规定和限度，那就不可能不发生争斗。争斗会造成社会的混乱，混乱会使社会陷于困境。古代的圣王，为防止社会陷于混乱，因而制定各种等级制度、道德规范、礼节仪式等，以规定人们的社会地位，调节人们的欲望，满足人们的要求。从而使人们的欲求不至于因为物资的不足而得不到满足，而自然物资也不至于为人们的欲求所用尽。总之，使自然物资和人的欲求相互制约，保持协调地增长，这就是社会等级制度、道德规范、礼节仪式等产生的原因。"① 荀况的分析是相当深刻的，他在此既指出了欲是人类生理本能的一种要求，更说明了它是构成人类社会关系的一个基础部分。同时，又强调了社会各种制度、道德规范等在调节人们的欲望，协调自然物资和人们欲求之间关系中的重要作用。这就是说，人的欲求应得到满足，但也不能任其自流，而要由社会来加以限制和调节。由此也告诉我们，今天世界各国的人民和政府可以而且应当充分发挥社会各种制度、道德规范等的作用，既使人们的合理欲求得到应有的物资满足，同时又积极地保护好自然资源，使其不至于为人们的欲求所破坏。

荀况不同意"寡欲""去欲"的主张。② 他认为，欲不是有没有的问题，而是受之于自然的本性。那种认为只有去除人们的欲求才能治理好国家社会的理论，完全是由于他们没有办法来正确引导人们的欲求，而被人们的有所欲求困扰住了。那种认为只有减少人

① "礼起于何也？曰：人生而有欲，欲而不得，则不能无求，求而无度量分界，则不能不争。争则乱，乱则穷。先王恶其乱也，故制礼义以分之，以养人之欲，给人之求。使欲必不穷乎物，物必不屈于欲，两者相持而长，是礼之所起也。"（《荀子·礼论》）

② 荀况所反对的"寡欲"说，主要的并不是孟子为"养心"而提倡的"寡欲"，而是宋钘学派那种认为"人之情欲寡，而皆以己之情欲为多，是过也"（《荀子·正论》），"蔽于欲而不知得"（《荀子·解蔽》）的片面性观点。

们的欲求才能治理好国家社会的理论，完全是由于他们没有办法来合理节制人们的欲求，而被人们的过多欲求困扰住了。其实，如果人们所追求的欲望是合理的，即使多些，对于国家社会的治理又有什么影响呢？相反，如果人们所追求的欲望是不合理的，即使再少，也会给国家社会带来混乱。于是，他指出，人的欲望虽然不可能完全满足，但可使它近于满足；人的欲望虽然不可以完全去掉，但可加以节制。①

同时，荀况又指出，欲虽然受之于自然本性，但在很大程度上要受到人的内心多方面考虑的制约。这样，现实中的欲不再是单纯的自然本性的欲了。这用现代用语来说，现实中的欲是要受到社会发展情况的多方面制约的，而不可能任意发挥。他举例说：“人对于生的欲望是最迫切的，而对于死的厌恶是最强烈的。但是，有人竟放弃生的希望而去死，这并不是不愿意生而愿意死，只是由于考虑到某种情况下是不可以偷生的，而应当去死。因此，对于欲，不是简单地去除和减少的问题，关键是在于，如何按照一个正确的原则来处理欲望。人们如果能掌握这个原则，那么在可能的情况下，欲望将得到最大的满足，而在条件不许可的情况下，欲望将得到有效的节制。”②

以上，荀况在充分肯定欲的存在的合理性前提下，针对“去欲”说，提出了“道（导）欲”说；针对“寡欲”说，提出了“节欲”说。按，“寡欲”的反面是“纵欲”，在战国时期也有一些

① “欲不待可得，所受乎天也。”“凡语治而待去欲者，无以道（导）欲而困于有欲者也。凡语治而待寡欲者，无以节欲而困于多欲者也。”“心之所可中理，则欲虽多，奚伤于治？……心之所可失理，则欲虽寡，奚止于乱。”“欲虽不可尽，可以近尽也；欲虽不可去，求可节也。”（《荀子·正名》）

② “所受乎天之一欲，制于所受乎心之多，固难类所受乎天也。”“人之所欲，生甚矣，人之所恶，死甚矣，然而人有从生成死者，非不欲生而欲死也，不可以生而可以死也。”“道者，进则近尽，退则节求，天下莫之若也。”（《荀子·正名》）

学派着力地鼓吹“纵欲主义”理论，荀况对此也持尖锐的批判态度。[①] 他认为，“纵欲”会使人在道德上堕落，成为物欲的奴隶，以至损害自己的寿命，所以他又有“养欲”的说法。[②] 人的欲求既不能“无”和“去”，也不应“寡”和“纵”，那么唯一可行的就是“导”“节”和“养”了。所以我认为，荀况的“道（导）欲”说、“节欲”说和“养欲”说，不仅在历史上是一种正确调节人类欲求的理论，即使在当今世界，也仍然有着它的重要的现实意义。

荀况也曾经从经济的角度来分析和阐明“节欲”的必要性。他说，吃想吃鸡鸭鱼肉，穿想穿绫罗绸缎，行想有车马代步，此外还想有大量的财富积蓄，永远也没有满足的时候，这就是人的真实本性。然而，在现实生活中，人们虽养了鸡鸭猪狗，又养牛羊，但在吃的时候也不敢又是酒又是肉的；虽然有积蓄的钱财、粮食，但在穿的时候也不敢全身丝绸，行的时候也不敢出入车马。这并不是人们从本性中就不想得到这些，而是由于从长远考虑，顾及到以后，怕一旦接济不上。因此，人们采取节约消费和节制欲望（“节用御欲”）的办法来积累财物，作为接济日后的需要。荀况批评那些目光短浅的人，只图眼前不顾以后，无限度地挥霍浪费，那么用不了

---

① 如荀子所批判的它嚣、魏牟的学说，即是所谓“纵情性，安恣睢，禽兽之行”（《荀子·非十二子》）。他还说过：“天下害生纵欲。”（《荀子·富国》）

② “纵情性，安恣睢，而违礼义者为小人。”（《荀子·性恶》）“故欲养其欲而纵其情。……夫是之谓以己为物役矣。”“故向万物之美而盛忧，兼万物之利而盛害，如此者，其求物也，养生也？粥（鬻）寿也？”（《荀子·正名》）

多久，财物就会耗费殆尽，他也就免不了冻饿而死。① 荀况在经济理论上强调节约消费，而同时又强调积极发展生产，使人们过上宽裕的生活②。这也就是他所向往的理想社会。

宋明理学家十分注重"天理"与"人欲"的分别。所谓"天理"，是指自然的、普遍的、公共的准则或道理；所谓"人欲"，是指一己的私欲。如，以吃为例，朱熹曾分析说：人必须吃东西才能维持生命，这种属于生理需要的吃是"天理"；然而追求好吃的东西，为了满足个人口腹的欲望，那就是"人欲"了。③ 理学家们把欲归为一己的私欲，并把它与恶联系在一起，因此在总的倾向上是排斥欲的。如北宋著名思想家周敦颐，积极提倡"无欲"说。他认为，孟子提倡"寡欲"还不够，而应当寡而至于无，才可以达到"圣人"的境界。④ 周敦颐的"无欲"说，有明显的道家思想的影响。又如理学的主要创立人之一的程颐认为，人所有的不善行为，都是欲的诱惑或过分欲求的结果。因此，必须遏制人的欲望，使人

---

① "人之情，食欲有刍豢，衣欲有文绣，行欲有舆马，又欲夫余财蓄积之富也，然而穷年累世不知足，是人之情也。今人之生也，方知蓄鸡狗猪彘，又蓄牛羊，然而食不敢有酒肉；余刀布，有困窌，然而衣不敢有丝帛；约者有筐箧之藏，然而行不敢有舆马。是何也？非不欲也，几不长虑顾后而恐无以继之故也？于是又节用御欲，收敛蓄藏以继之也。是于己长虑顾后，几不甚善矣哉！今夫偷生浅知之属，曾此而不知也。粮食大侈，不顾其后，俄则屈安穷矣。是其所以不免于冻饿，操瓢囊为沟壑中瘠者也。"（《荀子·荣辱》）

② "故明主必谨养其和，节其流，开其源，而时斟酌焉。""足国之道，节用裕民，而善藏其余。"（《荀子·富国》）

③ "问：饮食之间，孰为天理，孰为人欲？曰：饮食者，天理也；要求美味，人欲也。"（《朱子语类》卷十三）"问：饥食渴饮，冬裘夏葛，何以谓之'天职'？曰：这是天教我如此，饥便食，渴便饮，只得顺他。穷口腹之欲，便不是。盖天只教我饥则食，渴则饮，何曾教我穷口腹之欲？"（同上，卷九十六）

④ "孟子曰：养心莫善于寡欲。……予谓，养心不止于寡焉而存耳，盖寡焉以至于无。无则诚立，明通。诚立，贤也；明通，圣也。"（《周子全书·养心亭说》）"圣可学乎？曰：可。曰：有要乎？曰：有。请闻焉！曰：一为要。一者，无欲也。"（同上，《通书》）

寡欲，才不至于做出违背“天理”的事来。① 发展到了理学的集大成者朱熹那里，则把“天理”“人欲”的对立推到了绝对的、互不相容的地步。如他说：在一个人的心中，保存着“天理”，“人欲”就会消亡；相反，“人欲”如果旺盛，那么“天理”就会消亡。“天理”和“人欲”是不可能混杂在一处的。因此，他大声疾呼要彻底消灭“人欲”，完全恢复“天理”。②

由于程朱等理学家过分夸大了“人欲”的可恶和可怕，过分强调压制和消灭“人欲”，表现出了禁欲主义的倾向。应当说，程朱理学家并不是完全反对欲，只是他们把那些最基本的、合理的欲归到天理中去了。但是，他们把人的欲求限制到了最低的生理需要的程度，也确实有某种禁欲主义的倾向，因而遭到了当时和以后许多思想家的反对和批评。例如，与朱熹同时的，以提倡心学而著名的陆九渊，他就不同意朱熹等把“天理”和“人欲”截然对立起来的观点。他认为，这种说法把天与人分割开来，是一种极有害的说法。③ 明末清初大思想家王夫之，也不同意把“天理”和“人欲”截然对立起来。他认为，离开人欲也就无所谓天理，每个人的欲望得到合理的满足，也就是天理的全体了。但是，他并不主张纵欲，特别是放纵“私欲”，而主张发扬“公欲”（合理的欲望），去除私

---

① “甚矣，欲之害人也！人之为不善，欲诱之也。诱之而弗知，则至于天理灭而不知反。”（《二程集·遗书卷二十五》）“养心莫善于寡欲，不欲则不惑。”（同上，卷十五）“凡人欲之过者，皆本于奉养，其流之远，则为害矣。”（同上，《程氏易·损卦》）

② “人之一心，天理存则人欲亡，人欲胜则天理灭。未有天理、人欲夹杂者，学者须要于此体认省察之。”“学者须是革尽人欲，复尽天理，方始是学。”（《朱子语类》卷十三）

③ “天理人欲之言，亦自不是至论。若天是理，人是欲，则是天人不同矣。此其原盖出于老氏。”（《陆九渊集》卷三十四《语录上》）“天理人欲之分，论极有病。”（同上，卷三十五《语录下》）

欲，以至于彻底干净。①

程朱学派的后学，对于程朱在理欲问题上的一些偏激说法，多少有所纠正。如明代著名程朱学派学者罗钦顺，对其前辈不无批评地说，人的欲望是天性所有，既不是个人所能去掉的，也有其不可改变的必然理由。只要是合乎必然的欲望，就不可能是不善的，只有那种任意放纵欲望而不知节制的，才会发展为恶。前辈学者都说要去除人欲、遏制人欲，他们的出发点固然是为了防止人们堕落为恶，因而不得不严格防范，但是强调得有些过分了。人的欲望与喜怒哀乐，都是本性中所具有的，怎么能去掉呢？②

清代著名思想家戴震与王夫之一样，反对把“天理”和“人欲”对立起来，而认为理就存在于欲中。他一方面对道家、佛教以及周敦颐等的“无欲”说进行了尖锐的批评，另一方面也坚决反对纵欲。他认为，人的欲望如不加注意，是很容易失去控制而泛滥起来，从而影响人的道德行为。因此，他主张人们应当以正确的原则来规范欲望，像大禹治水那样来疏导欲望，而不是简单地防御和遏制。特别值得提出一说的是，戴震直接把“天理”与“节欲”说联系了起来。他明确地说：“所谓天理，就是要节制人的欲望而不至于无限度地放纵欲望。所以说，欲望只是不应当无限度地放纵，而不是不应当有。有欲望而能节制它，使欲望既不超过它应有的限

---

① “天理原不舍人欲而别为体。”（《周易内传四上》）“人欲之各得，即天理之大同。”（《读四书大全说》卷四）“人欲之大公，即天理之至正矣。”（同上，卷三）“私欲净尽，天理流行，则公矣。”（《思问录·内篇》）

② “夫人之有欲，固出于天，盖有必然而不容已，且有当然而不可易者。于其所不容已者，而皆合乎当然之则，夫安往而非善乎？惟其恣情纵欲而不知反，斯为恶耳。先儒多以去人欲、遏人欲为言，盖所以防其流者不得不严，但语意似乎偏重。夫欲与喜怒哀乐，皆性之所有者。喜怒哀乐又可去乎？”（《困知记》）

度，又不是达不到它应有的满足，这难道能说它不是天理吗？”①这些论述，可以说都是与荀子的“节欲”说、“导欲”说前后相呼应的。

人类欲求的无限度追求，从大处说破坏了整个自然界的生态平衡，恶化了人类生活的自然环境，从小处说也直接影响到个人生理和心理的健康成长。此外，无可讳言，当今世界和社会上有许多国与国之间、人与人之间的争斗和不安定，也是与无限度地追求私欲的满足有着密切的关系。我们不是禁欲主义者，但也反对纵欲主义。我们需要一个美好的生活环境，一副健康的身心。为此，我们今天很有必要大力宣传一下儒家丰富的“节欲”“导欲”“养欲”理论，用它来认真地合理地规范一下现实中的人类生活的欲求，让人类从那无尽欲求的桎梏中摆脱出来，把当今人类生活的格调和情趣升华到一个新的境界。

---

① “理者存乎欲者也。”（《孟子字义疏证》卷上）“人有欲，易失之盈。盈，斯悖乎天德之中正矣。心达天德，秉中正，欲勿失之盈以夺之。故孟子曰：‘养心莫善于寡欲。’禹之行水也，使水由地中行；君子之于欲也，使一于道义。治水者徒恃防遏，将塞于东而逆行于西，其甚也，决防四出，泛滥不可救。自治治人，徒恃遏御其欲亦然。”（《原善》卷中）“天理者，节其欲而不穷人欲也。是故欲不可穷，非不可有，有而节之，使无过情，无不及情，可谓之非天理乎！”（《孟子字义疏证》卷上）

自然合理

老子“道”的原义及其理论和实践意义[①]

一、老子“道”原义的探讨

探讨老子的“道”，首先引人注目的当然是《老子》第一章的第一句话：“道可道非常道。”对这句话的字面意思，老子研究者们的解释基本是一样的，即认为这句话是说：“可以言说的道，不是恒常的道。”而对于老子在这句话中所要表达的思想，则大都认为他是要寻求一种超乎言说、超乎时空的恒常之道，并认为这就是老子“道”的根本含义，甚或认为是整个道家所说“道”的根本含义。

基于这一理解，又证以《老子》书中描述“道”的一些段落，如：

> 道之为物，惟恍惟惚。惚兮恍兮，其中有象。恍兮惚兮，其中有物。窈兮冥兮，其中有精。其精甚真，其中有信。自古及今，其名不去，以阅众甫。(二十一章)

> 有物混成，先天地生。寂兮寥兮，独立而不改，周行而不殆，可以为天下母。吾不知其名，字之曰道。(二十五章)

> 道生一，一生二，二生三，三生万物。(四十二章)

因此，不少人把老子所说的“道”理解和表述为一种实体化的精神性本体或物质性本体，或说老子的“道”为“无”为“常”，

---

① 本文原载赵敦华主编《哲学门》2005 年第 1 辑（总第 11 辑），北京大学出版社，2005 年。

类似柏拉图的“理念”或黑格尔的“绝对精神”等；或说老子的道是合“阴”“阳”二气，生成万物的“气”本体等。

其实，对《老子》书中这几段话的理解，又是与把第一章第一句话理解为老子思想是要寻求一个恒常之道直接相关的。并且为了强调老子“道”的“无”和“常”的特性，一直有一些学者把《老子》第一章中的一段话“无名天地之始，有名万物之母。故常无欲以观其妙，常有欲以观其徼”坚持句读为“无，名天地之始；有，名万物之母。故常无，欲以观其妙；常有，欲以观其徼”。

然而，在《老子》书中以“无名”“无欲”来描述道的特性，随处可见，如：

> 道常无名，朴虽小，天下莫能臣也。（三十二章）

当然，也有人把这句话句读为“道常无，名朴，虽小天下莫能臣也”。可是，我想以下几段中的描述“道”的“无名”“无欲”二词，是无论如何也不能分开来句读的。如：

> 道常无为，而无不为。侯王若能守之，万物将自化。化而欲作，吾将镇之以无名之朴。无名之朴，夫亦将无欲。不欲以静，天下将自定。（三十七章）
>
> 大方无隅，大器晚成，大音希声，大象无形，道隐无名，夫唯道，善贷且成。（四十一章）
>
> 大道泛兮，其可左右。万物恃之而生而不辞，功成而不名有。衣养万物而不为主，常无欲。可名于小。（三十四章）

那么，老子在“道可道非常道”一句中，所表达的思想是不是如一些人理解的要寻求一个超言语、超时空的恒常之道呢？这是一个值得再探讨的问题。

汉初史官司马谈在其《论六家要旨》中对道家思想特点是这样来描述的：

> 道家无为，又曰无不为，其实易行，其辞难知。其术以虚无为本，以因循为用。无成势，无常形，故能究万物之情。不为物先，不为物后，故能为万物主。有法无法，因时为业；有度无度，因物与合。故曰：“圣人不朽，时变是守。虚者道之常也，因者君之纲也。”（《史记》卷一百三十“太史公自序第

七十”)

这里描述道家“道”的本质是“以虚无为本，以因循为用”，而其具体表现出来的特点，则是“无成势，无常形”“因时为业”“因物与合”“时变是守”，等等。司马谈对道家“道”的本质和特征的这些归纳，显然与上述把老子或道家的“道”理解为一种超言语、超时空的恒常之道是根本不同的。司马谈的这种理解，在先秦典籍中是能够得到印证的。如在《管子》一书的《心术上》中，对“道”有这样一些表述，如说：

> 道也者，动不见其形，施不见其德，万物皆以得，然莫知其极。

这与上引《老子》中说的“大道泛兮，其可左右。万物恃之而生而不辞，功成而不名有。衣养万物而不为主”的说法十分相类。

此外，《心术上》还强调“道”的“虚无”和“因”的特点。如说“虚无无形谓之道”“道贵因”等等。

关于“因”，它解说道：

> 因也者，无益无损也。以其形，因为之名，此因之术也。

又说：

> 其应非所设也，其动非所取也，此言因也。因也者，舍己而以物为法者也。感而后应，非所设也，缘理而动，非所取也。

“虚”是与“因”密切相关的，如它解说道：

> 道贵因，因者，因其能者，言所用也。君子之处也若无知，言至虚也。其应物也若偶之，言时适也。若影之象形，响之应声也，故物至则应，过则舍矣，舍矣者，言复所于虚也。

反之，若“自用则不虚，不虚则仵于物矣”。

从这些强调“道”的特性在“因”和“虚无”的论述中，我们可以看到“道”不是超言语、超时空而恒常不变的，相反，恰恰是在现实时空中随物、随事、随时的变动而变动的。关于“道”的这一特性，在《韩非子·解老》篇中解释“道可道非常道”一句时，有更为明确的分析和表述。其中有两段话是这样说的：

万物各异理，万物各异理而道尽。稽万物之理，故不得不化；不得不化，故无常操；无常操，是以死生气禀焉，万智斟酌焉，万事废兴焉。天得之以高，地得之以藏，维斗得之以成其威，日月得之以恒其光，五常得之以常其位，列星得之以端其行，四时得之以御其变气，轩辕得之以擅四方，赤松得之与天地统，圣人得之以成文章。道与尧、舜俱智，与接舆俱狂，与桀、纣俱灭，与汤、武俱昌。以为近乎，游于四极；以为远乎，常在吾侧；以为暗乎，其光昭昭；以为明乎，其物冥冥；而功成天地，和化雷霆，宇内之物，恃之以成。凡道之情，不制不形，柔弱随时，与理相应。

凡理者，方圆、短长、粗靡、坚脆之分也。故理定而后物可得道也。故定理有存亡，有死生，有盛衰。夫物之一存一亡，乍死乍生，初盛而后衰者，不可谓常。唯夫与天地之剖判也俱生，至天地之消散也不死不衰者谓常。而常者，无攸易，无定理。无定理，非在于常所，是以不可道也。圣人观其玄虚，用其周行，强字之曰“道”，然而可论。故曰：“道之可道，非常道也。”

以下，我们就上述两段话中的论点做一点梳理：

其一，明确说明了“道”是“无常操”的。道之所以无常操，是因为道统摄了所有事物之理。道既然统摄了万物之理，它就必须是“不制不形，柔弱随时，与理相应”。所以说，“天得之以高，地得之以藏……”“道与尧、舜俱智，与接舆俱狂，与桀、纣俱灭，与汤、武俱昌”。

其二，对“常”的含义做了明确的界定，这就是“唯夫与天地之剖判也俱生，至天地之消散也不死不衰者谓常”。

其三，分析了“理”的特点是有“方圆、短长、粗靡、坚脆之分”的，是有“存亡”“死生”“盛衰”的。既然如此，“理”当然“不可谓常”。

其四，“道”既统摄万理，又“柔弱随时，与理相应”，当然也不应当是“常”的。因为，如果是“常”的话，一定是“无攸易，无定理”的。

其五，基于以上分析，于是得出了以下明确的结论：“圣人观其玄虚，用其周行，强字之曰‘道’，然而可论。”这样看来，《韩非子·解老》篇认为，《老子》“道可道非常道”一句的意思，并不是要去寻求那不可言说、超越时空的恒常之道。相反，是在否定不可言说、超越时空的恒常之道，而倡导、阐发在现实时空万物之理中（“与理相应”）可以言说（“可论”）的“道”。《解老》把《老子》第一章中的这句话，复述为“道之可道，非常道也”。看上去这里只加了一个“之”字，而且从字面意思讲也没有特别的变化，但从语气上讲，给人的提示显然是强调了“可道”（“可论”）之“道”，而不是“不可道”（“不可论”）之“常道”。

《解老》篇的解释是值得重视的，它是我们现在能见到的正式诠释《老子》这句话的最早文献。

由此看来，《解老》篇用“无常操”来描述老子的“道”，而且指出这是“道”能“稽万物之理”的原因。司马谈用“无成势，无常形”来描述道家的“道”，而且指出这是“道”“能究万物之情”的原因。接着，《解老》篇把“道”的这种特性概括为“柔弱随时”，司马谈则把它概括为“时变是守”，两者何其一致。若参之以《老子》的“天得一以清，地得一以宁，神得一以灵，谷得一以盈，万物得一以生，侯王得一以为天下贞”（三十九章），以及“辅万物之自然，而不敢为”（六十四章）等论说，《解老》篇和司马谈对道家、老子“道”含义的理解和分析，也许更接近道家、老子“道”的原义。

二、老子“道”“因循为用”“柔弱随时”思想的理论和实践意义

《老子》讲“道法自然”（二十五章），讲“道常无为”（三十七章）。“自然”“无为”是道家老庄思想的核心，这是所有道家老庄思想研究者的共识。同时，它也是现代人阐发道家思想现代意义的重点所在。

老子道家所谓“法自然”，是从尊重和因循事物本之于天地的自然之性、本然之性角度讲的；而所谓“常无为”，是从不干涉或

改变事物的自然之性、本然之性角度讲的。两者都是在肯定事物本然之性的合理性，强调“道”尊重事物的自然本性，以及“道”随顺事物自然本性的特点。因此，“无常操”“无成势”“无常形”“因循为用”“柔弱随时”，且可言说的“道”，才能真正体现出“法自然”“常无为”的根本精神。而那些强调道家老庄的“道”是一种不可言说、超时空的恒常之道的说法，则是很难与道家老庄“自然”“无为”的根本精神相贯通的。

在当今，人类为了满足一己之私欲，凭借现代科技手段，肆意掠夺和破坏自然资源，随意改变事物的本然之性，人类正日益走向自我异化的歧途而难以自拔。正是在沉痛的反思中，老子道家尊重自然、回归自然、尊重事物本然之性的思想，越来越为现代人所关注。关于这方面的论著很多，本人也曾有专文论述，此处就不再展开了。

弄清楚老子道家“道”的非“常”和“可道”的原义，不仅如上所言，能更好地理解和把握道家“自然无为”的根本精神，而且，也可以从中对老子道家思想中丰富的朴素辩证思维方法，得到更具体的认识。

如何来把握和运用这“无常操”“无成势”“无常形”的“道”呢？关键在于一个“时”字。《老子》中尝说“动善时”（八章），这是老子“道”思想中一个非常重要的观点，也是中国传统朴素辩证思维方法中的一个重要内容。因此，在韩非和司马谈概括老子道家“道”的主要特点中，两人同时都强调了这一点，如说“柔弱随时”“因时为业”“时变是守”等等。在老子道家那里，他们从生活实践中，直观地观察到了天地间万事万物的变化不居〔“夫天地万物，变化日新，与时俱往”（《庄子·齐物论》郭象注）〕，以及事物间的相互依存〔“有无相生，难易相成，长短相较，高下相倾，音声相和，前后相随”（《老子》二章）〕，尤其是相反事物间的相互转化〔“柔弱胜刚强”（《老子》三十六章）、“反者，道之动”（《老子》四十章）〕等现象。因此，特别强调要“因时”“随时”。“因时”“随时”并不是消极地听命于“时”，而是积极地随“时变”而“变”，乃至顺其趋势而引导“时变”。

“时”和“时变”，也是对中国传统思想文化有着重大影响的《易传》一书中反复强调的。如说：“六位时成，时乘六龙以御天”（《乾・彖传》）；“先天而天弗违，后天而奉天时”（《乾・文言》）；“坤道其顺乎！承天而时行”（《坤・文言》）；“其德刚健而文明，应乎天而时行”（《大有・彖传》）；“时止则止，时行则行，动静不失其时”（《艮・彖传》）；等等。由此，《易传》反复强调要“与时偕行”（《乾・文言》《损・彖传》《益・彖传》等），并且明确地指出说：“变通者，趣时者也。”（《系辞下传》）

《易传》和《老子》中的“时变”思想，构成了中国传统朴素辩证思维的重要内容，是中国历史上变革发展，不断日新自强思想的重要理论依据。它也启示了现代的中国人，我们要跟上世界的发展、时代的步伐，就必须“与时俱进”，在变革中前进。

长期以来，人们把老子道家的“道”诠释得十分玄奥，离现实事物与生活十分遥远。人们关注的也是它那“玄之又玄”的抽象理论，而很少能去揭示出其中强烈的实践性格和现实意义。因此，弄清楚老子“道”的原义，可以在很大程度上消除人们对老子“道”的抽象感、神秘感和距离感，而会产生一种亲切感和现实感。“道”就在每一现实事物中，就在每一个人中。尽管事物千差万别，每一个人也都不同，然“道”“因循”不同特性的事物和个人，存在于每个事物和个人之中，展现出千差万别的、各个事物的本然之性。并且，“道”还将随着各事物自然而然的发展变化之趋势而“因时”变化，随着社会自身发展变化的趋势而“随时”变化。

老庄的顺自然与反异化思想①

人类改造自然、改造社会的努力和活动，目的是获得自身更多的自由。然而，其结果常常是事与愿违。人类通过各种努力和活动创造出来的成果，往往在给人类增加某些自由的同时，也给人类带来了更多的限制和烦恼，或者是只给一部分人增加了自由，而给另一部分人带来了更大的不自由。这种人类创造活动的事与愿违的现象，就是哲学上所说的异化（alienation）现象。

人是自然界的产物，是自然界的一部分。随着人类征服自然界的能力愈强，成果愈大，人类离自然界也就愈远，人的自然本性也就丧失得愈多。同样，个人从社会中得到的权利和保障愈多，那么个人受到社会的约束和限制也就愈多。这就是人类为了生存而面对的一个无法避免的矛盾的现实。所以，从某种意义上来讲，自然和人类的发展过程本身，就是一个不断地自我异化的过程，不断为自己创造对立面，不断走向自己反面的过程。老子对这一点似乎有很深的体会，因此他才会说："反者，道之动。"（四十章）把向着反面发展看成是道的一个根本特性。

历史上不同的学派对于这种自然和人类自我异化的必然性，有着不同的认识和解决方案。道家老庄对于人与自然的异化和人与社会的异化，都是持批判态度的。他们认为因顺自然是防止异化、克服异化的最好方法，所以，他们提倡的自然主义哲学，从某种意义上讲，也可以说是一种反异化的哲学。

---

① 原载《学术论丛》1993年第4期。

老庄因顺自然的学说，首先强调的是人与自然的和谐一体。他们认为，人也只是自然中的普通一物，人如果认为自己不同于或优越于其他自然物的话，则一定会被自然看成是不祥之物。① 老庄也反对人类把自己的意志强加给自然，对自然的规律横加干涉和改变。庄子讲过一个寓言，是说南海之帝儵和北海之帝忽一起去拜访中央之帝浑沌，浑沌热情周到地款待了他们。告别之时，南海之帝和北海之帝想回报一下浑沌。他们商量说，人人都有七窍用来看、听、吃和呼吸，可独独浑沌没有，我们来为他打开七窍吧！于是，他们一天给浑沌打开一窍。七天后，七窍是开了，而浑沌却因此而死去了。② 这个寓言就是告诉人们，人为地改变自然，不仅无益，甚至会置自然之物于死地。因此，老子强调指出，人类应当“辅万物之自然，而不敢为”（六十四章）。

对于老庄顺自然而无为的学说，从古至今遭到不少的批评。如荀子在批评庄子思想时，就说“庄子蔽于天而不知人”（《荀子·解蔽》），即批评他不注重人的能动作用，而在自然界面前消极被动。无可否认，道家老庄自然无为思想中确有消极的一面，容易被人从无所作为、屈从环境方面去理解和运用。但是，老庄自然无为思想也包括了许多极为合理的思想，值得人们重视。

如，尊重事物的本性和客观法则，强调根据事物和环境的变化而确定自己的行动原则等，都是十分有意义的思想。司马谈在《论六家要旨》中把道家自然无为的思想概括为“以因循为用”，是十分准确的。“因循”之意，可以从消极方面去理解，但也可以从积极方面去发挥。如《管子·心术上》中给“因”下的定语是说：

---

① “今大冶铸金，金踊跃曰：‘我且必为镆铘。’大冶必以为不祥之金。今一犯人之形，而曰：‘人耳，人耳。’夫造化者必以为不祥之人。”（《庄子·大宗师》）

② “南海之帝为儵，北海之帝为忽，中央之帝为浑沌。儵与忽时相遇于浑沌之地，浑沌待之甚善。儵与忽谋报浑沌之德，曰：‘人皆有七窍，以视、听、食、息，此独无有，尝试凿之。’日凿一窍，七日而浑沌死。”（《庄子·应帝王》）

“因也者，无益无损也”，“因也者，舍己而以物为法者也”。这里即充分体现了道家自然无为思想中包含的尊重客观事物本性和法则的精神。汉代的一些道家学者，对于自然无为也是从积极方面去理解的，他们认为，自然无为并不是无所作为，什么事也不做，而是说不要把个人的意志掺入到公共的原则中去，不要让私欲歪曲了正确的方法。自然无为就是应当按照客观规律去行事。① 所以，“无为”的含义是“不先物为”，“因物之所为”的意思，是“不易自然”，“因物之相然”，即顺其自然的意思。② 如大禹之治水，顺水之性而疏导之，就是一种“无为”，由此可见，这样的“无为”，比之于那种盲目的、违背事物性质的、不顾后果的、唯人类之私意是逞的“有为”，不是具有更多的合理性和积极意义吗？不是具有某种防止和克服人类自我异化的作用吗？

道家老庄的自然主义，无疑是人类在与自然斗争中力量低弱时期的一种反映。今天，人类改造和支配自然的力量，在某种程度上可以说强大到了“随人意志”的地步。然而一些有识之士很快就发现，这样“随人意志”地改造和支配自然，不仅遭到了自然界严重的反抗和报复，使自己的生存环境不断恶化，而且人类也越来越受到自己创造的“人工自然环境”的制约，成了它的奴隶。有时甚至严重到离开了“人工自然环境”，在自然的本来环境中却无力生存的地步。可见人与自然的自我异化到了何种严重的地步。因此，人类对于自然的“自由意志”究竟有多大，这是一个亟待研究的问题。今天，人类似乎很有必要重新学会去尊重自然，重新认识自己与自然的一体关系。道家的自然主义中许多合理的思想，对我们是很有启发的。

---

① “若吾所谓无为者，私志不得入公道，嗜欲不得枉正术，循理而举事，因资而立，权自然之势，而曲故（巧诈也）不得容者。事成而身弗伐（自矜也），功立而名弗有，非谓其感而不应，攻而不动者。”（《淮南子·修务训》）

② “所谓无为者，不先物为也；所谓无不为者，因物之所为。所谓无治者，不易自然也；所谓无不治者，因物之相然也。”（《淮南子·原道训》）

老庄因顺自然学说的另一要点，就是反对和防止人类社会和个人的自我异化。老庄认为，社会的各种制度、道德规范乃至人的智慧，都是人自我异化的产物。如老子讲："故失道而后德，失德而后仁，失仁而后义，失义而后礼。夫礼者，忠信之薄而乱之者，前识者，道之华而愚之始。"（三十八章）又说："大道废，有仁义；慧智出，有大伪；六亲不和，有孝慈；国家昏乱，有忠臣。"（十八章）"人多伎巧，奇物滋起；法令滋彰，盗贼多有。"（五十七章）而庄子则更明确地把"仁义"和"是非"说成是加在人的自然本性之上的一种枷锁和酷刑。① 他以牛马为例，认为自由奔跑是牛马的天性，给牛马套上笼头限制它们的行动是违背牛马的天性的。仁义等道德规范，对于人来讲，就是套在人的自然本性上的笼头。② 所以老子公开提出要"绝圣弃智""绝仁弃义""绝巧弃利"。他说，这样才能使"民利百倍""民复孝慈""盗贼无有"（十九章）。他还认为人治理社会也应当像自然生养万物那样，采用自然而无为的态度和方法。治理者越是无为，老百姓就越是纯朴易治。他指出，治理者如果不推崇贤者，老百姓就不会去争；不看重难得的货物，老百姓就不会去抢；不用各种欲望去引诱，老百姓的心就不会胡思乱想。③ 所以说，"我无为而民自化，我好静而民自正，我无事而民自富，我无欲而民自朴"（五十七章）。庄子则把能忘

---

① "意而子见许由，许由曰：'尧何以资汝？'意而子曰：'尧谓我，汝必躬服仁义而明言是非。'许由曰：'而奚来为轵？夫尧既已黥汝以仁义，而劓汝以是非矣，汝将何以游夫遥荡恣睢转徙之途乎！'……"（《庄子·大宗师》）

② "天在内，人在外。……何谓天？何谓人？北海若曰：'牛马四足，是谓天，落马首，穿牛鼻，是谓人。'故曰：'无以人灭天……'"（《庄子·秋水》）

③ "不尚贤，使民不争；不贵难得之货，使民不为盗；不见可欲，使民心不乱。"（《老子》三章）

掉仁义、忘掉礼乐的人推崇为至高无上的“至人”“真人”。① 他所向往和追求的是“不以好恶内伤其身”（《德充符》），不以名实是非“劳神明”（《齐物论》）的人生境界。

老庄的这些主张解放人的自然本性的思想，得到了历史上许多受社会压抑的知识分子的赞赏和发挥，而其中所包含着的反道德、反理智的倾向也遭到了不少思想家的尖锐批判。从人类社会的现实来讲，任何一个社会，如果没有一定的制度、道德规范来约束其成员，这个社会就无法维持下去，而且社会的发展和进步，必然使人与人之间的关系越来越密切和复杂，因而约束人的行为的制度、规范也会越来越繁多和严密。老子所设想的“小国寡民”，“邻国相望，鸡犬之声相闻，民至老死不相往来”（八十章）的时代已是一去不再复返了。所以，老庄希望完全恢复人的自然天性的理想，大概也是一种永远不能实现的理想。

不过这也并不是说，老庄人生观中的自然主义中一点合理成分都没有了。我认为，老庄尖锐指出社会各种制度规范中有压制人性的方面，具有重要的社会批判意义，它对于改进和建立更为合理的社会制度和规范具有某种程度上的积极意义。其次，就个人修养方面来讲，老庄的自然主义也有相当的价值。如老子讲：“五色令人目盲，五音令人耳聋，五味令人口爽，驰骋畋猎令人心发狂，难得之货令人行妨。”（十二章）这是说，过分的物质欲求，将使人反受其害。所以，“见素抱朴，少私寡欲”（十九章），以保持人的清静自然本性，也正是现代人极需要的生活态度和修养，当今世界上的许多有识之士，都在为人类日益被迫成为经济动物、物质奴隶而忧心忡忡。经济和物质的强大压力，几乎使人的自我丧失殆尽，人

① “颜回曰：‘回益矣。’仲尼曰：‘何谓也？’曰：‘回忘仁义矣。’曰：‘可矣，犹未也。’它日，复见，曰：‘回益矣。’曰：‘何谓也？’曰：‘回忘礼乐矣。’曰：‘可矣，犹未也。’它日，复见，曰：‘回益矣。’曰：‘何谓也？’曰：‘回坐忘矣。’仲尼蹴然曰：‘何谓坐忘？’颜回曰：‘堕肢体，黜聪明，离形去知，同于大通，此谓坐忘。’仲尼曰：‘同则无好也，化则无常也，而果其贤乎！丘也请从而后也。’”（《庄子·大宗师》）

们陷于严重失落和迷惘的痛苦之中。人们在寻求“返璞归真”的道路。这也正是道家自然主义在当今世界上日益为人们关注的原因之一。

玄学与中国传统哲学[1]

玄学在中国传统哲学的发展历史中，是一个极其重要的环节，它对于中国传统哲学（乃至整个传统文化）的某些基本性格的形成，起着决定性的作用。它在沟通当时作为外来文化的佛教思想与中国传统文化方面，也起了重要的桥梁作用。在这篇文章中，我不可能全面来评论玄学的历史作用和地位，而只想就两个题目来谈一谈玄学在形成中国传统哲学的某些基本性格方面的贡献。一是玄学的“自然合理”论，一是玄学的“忘言得意”论。前者，确立了中国传统哲学的基本理论形态；而后者，则构成了中国传统哲学中最主要的思维方式之一。

玄学的“自然合理”论

玄学的理论体系以儒道融合为其基本特征，这在学术界的看法是一致的。但关于玄学究竟是以儒为主，还是以道为主，是儒表道里，还是道表儒里，则有各种不同的分析和结论。因此，在学术界中有的称玄学为“新道家”，有的则称玄学为“新儒家”。这两种称呼，各自都有充分的史料作为根据，因而都是有道理的，也都可以成立。但是，我认为，玄学就是玄学，不必再冠以“新儒家”或“新道家”等称号，以致造成人们对玄学的某种先入为主的片面之见。

大家知道，自然与名教的关系问题是玄学讨论的中心题目之一。而这两者（名教、自然）分别是道家和儒家理论上的主题，也

---

① 原载《北京大学学报》（哲学社会科学版）1988 年第 1 期。

是两家矛盾、争议的焦点所在。玄学在理论上的任务，就是如何使自然与名教最和谐地统一起来。在这方面，玄学家们做出了特殊的理论贡献。王弼所谓圣人体无，故言必及有，老庄未免于有，故恒致归于无，已表明了他将儒道有无之说熔于一炉的理论特色。玄学发展到了郭象，高唱“内圣外王”之道，论证所谓“圣人虽在庙堂之上，然其心无异于山林之中”（《庄子·逍遥游》注），则更是将儒道两家的理论主题——名教与自然，融合到了无法再分你我的极高明地步。这一点正是玄学在理论上的最根本特色，因此在南北朝时期即已玄儒并称，玄道同言了。如果一定再要把玄学加以分析，将其定性为“新儒家”或“新道家”，那么反而会使玄学本身十分鲜明的特色失去光辉。

玄学融合儒道的理论，以自然与名教为中心，深入地讨论了有无、本末、性命、物理、圣王等问题。对于这些具体问题的分析和论证，玄学家们有同有异，从而形成了玄学内部的不同派别。对此本文不准备做详细讨论。我只是想指出，不管这些玄学家在具体问题上有多少异同，他们都表现出一个共同的理论特点，即采用“自然”而“合理”的理论形态来论证上述各种具体问题。

王弼玄学的主题是“以无为本”，这里所谓“无”的基本内容之一是指“顺自然”（《老子》三十七章“道常无为”句注）。他认为，“万物以自然为性”（同上二十九章注），因此“天地任自然，无为无造”，“天地不为兽生刍，而兽食刍；不为人生狗，而人食狗。无为于万物而万物各适其所用，则莫不赡矣”（同上五章注）。同样，与此相关的另一个主题，即“圣人体无”，则是要求“圣人达自然之性，畅万物之情，故因而不为，顺而不施”（同上二十九章注），“辅万物之自然而不为始”（二十七章注）。总之，“天地之中，荡然任自然”（五章注）。这是宇宙、人生的根本法则，只有任其自然，才合万物之本性。万物是有理的，万物之自然本性也就是它的理。换句话说，万物的本性也就是自然而合理的。所以他在指出“物无妄然，必由其理”（《周易略例·明象》）的同时，反复强调这样一点，即他认为，一切事物均“自然已足，益之则忧。故续凫之足，何异截鹤之胫？”（二十章注）又说：“自然之

质，各定其分。短者不为不足，长者不为有余，损益将何加焉？”（《周易·损卦·彖传》注）

玄学的另一位主要代表郭象，不讲“以无为本”，而以“独化自足”为其学说的主旨。但是，郭象在论证其“独化自足”的主旨时，所采用的理论形态则同样是“自然”而“合理”论。郭象是明确宣布“造物无物”（《庄子序》）的，其结论自然是“物皆自然，无使物然”（《齐物论》注）。如果说，王弼在论证万物的自然发生和存在时，强调一个统一的必然的根据的话，那么郭象在论述万物的自然发生和存在时，则强调“物之自造”（《庄子序》），即事物各自的独立自得，而否定一个统一的根据。从郭象反复申述“物之生也，莫不块然而自生”（《齐物论》注），“掘然自得”（《大宗师》注），“忽然而自尔”（《知北游》注）等等来看，似乎郭象否定了事物发生和存在的必然之理。其实不然，他同样十分强调各个事物自然所得之性，并非自己可以决定或更改的。如所谓“天性所受，各有本分，不可逃，亦不可加”（《养生主》注）。又如说：“大物必自生于大处，大处亦必自生此大物，理固自然。”（《逍遥游》注）这也就是说，事物虽自生自得，而这种自生自得也是有其自然而必然之理的。所以，郭象不仅承认事事物物都有其必然之理（如说“物物有理，事事有宜”，《齐物论》注），同时也认为，物与物之间的关系虽是“自然相生”的，但又是“不可一日而相无”的（《大宗师》注），这是一种“必至之势”（《胠箧》注）的体现。这就如同“君臣上下，手足内外，乃天理自然，岂真人之所为哉！”（《齐物论》注）由此，他又说“顾自然之理，行则影从，言则响随”，而归根结底也是由于“物无妄然，皆天地之会，至理所趣”（《德充符》注）。就这方面来说，郭象与王弼的观点是一致的。

至此，我想玄学“自然合理”论的理论形态已十分清楚了。这种“自然合理”论的理论特征是，通过顺物自然之性（王弼说），或自足其自得之性（郭象说），来论证事物各自地位的合理性，以及物与物之间关系的合理性。玄学家王弼和郭象都肯定“物无妄然”，认为事物都有其“所以然之理”，即一种必然性。而这种

“所以然之理”的根本特性，在玄学理论中也就是“自然而然”。

王弼说：“自然，其端兆不可得而见也，其意趣不可得而睹也。”（《老子》十七章注）郭象说：“自然者，不为而自然者也。”（《庄子·逍遥游》注）就这一点来说：“万物以始以成，而不知其所以然。”（《老子》二十一章注）但是，此所以然之理又不是全然不可知的。所以王弼又说：“识物之动，则其所以然之理皆可知也。”（《周易》乾文言注）这是说，所以然之理体现在事事物物的性用之中，通过观察事物之性用，则其所以然之理也就可以把握了。

由于玄学家们还不能完全正确解释事物的所以然之理，同时也由于他们所处时代的限制，在他们的理论中存在着严重的命定论内容。但是，我们应当看到，他们把命归于“自然合理”之自性，而没有把命归之于造物主的决定，这在理论思维上是有重要意义的。就此而言，玄学的“自然合理”论是一种具有理性思辨形式的理论形态。正是这种理论形态，在改变两汉的神学目的论的理论形态，以及开创宋明理学的理论形态，以至确立中国传统哲学的基本性格等方面，都有着重要的意义。

与西方传统哲学和文化相比较，中国传统哲学和文化中宗教的色彩相对比较淡薄，甚至在某种意义上可以说表现为一种非宗教的特征。它在内容上表现为注重人事、注重现世，因而伦理的和政治的成分十分突出。而在理论形态上，则表现为强调自然本性的合理（或合于天理），注重理性的自觉。

过去，人们在分析中国哲学或文化这一非宗教传统的特征时，往往追溯到先秦儒家的传统上去。经常引用《论语》中孔子的话，诸如“子不语怪力乱神”（《述而》），“未知生，焉知死”“未能事人，焉能事鬼”（《先进》），“务民之义，敬鬼神而远之”（《雍也》）等等作为证明。我们不能否认，孔子上述言论对中国传统哲学非宗教特征的形成，确实有一定的影响。但是我认为，对于中国哲学或文化非宗教化发展起关键作用的，是由魏晋玄学所建立起来的“自然合理”论。

从儒家孔孟思想中，我们确实可以看到人格化的上帝（神）已基本消失。但也不可否认其中仍保留了非人格的意志之天，天命观念相当严重。汉代的今文经学家可以说是着重地发挥了儒家的天命观。他们吸收阴阳五行，以及象、数、纬、候等学说，炮制了一套相当精致的天人感应理论，把儒家的天命观发展到了一个新的高度，西汉著名的今文经学家董仲舒，是其中最重要的代表。

董仲舒举出孔子说的“不知命，无以为君子”（《论语·尧曰》）一语，并且明确地定义说：“命者，天之令也。”（《汉书·董仲舒传》）“王者，必受命而后王。”（《春秋繁露·三代改制质文》）因而，他认为，王者最重要的任务之一，就是“承天意以从事”，“承天意以顺命”（《汉书·董仲舒传》）。他还认为，“王道之三纲，可求于天”（《春秋繁露·基义》），即人类社会一切最基本的政治制度、道德规范，都源于天。他声言，“天虽不言，其欲赡足之意可见也”（同上《诸侯》）。推而广之，人的一切行为，特别是人君的行为，都会引起天的反响（感应），或呈瑞祥，或降灾异，从而显示天意、天命。总之，在董仲舒眼中，天是“百神之大君”（同上《郊祭》），天除了无人格形象外，其至高无上的绝对地位和意志，比之殷周时期的上帝，诚有过之而无不及。

同时，从董仲舒起，还开始了一个神化圣人（圣王）的“造神”运动。董仲舒说，“唯圣人能属万物于一，而系之元也”（同上《重政》），“圣人能系心于微而致之著也”（同上《二端》）。这就是说，只有圣人能沟通天与万物和百姓之间的关系。他特别推尊孔子，认为“仲尼之作《春秋》也，上探正天端王公之位，万民之所欲，下明得失，起贤才，以待后圣”（同上《俞序》），把孔子打扮成一个为万世立法的教主。

这种动向到了纬书和《白虎通》中更有进一步的发展。圣人不仅在智慧上不同凡人，而且在外貌上也与众不同。《白虎通·圣人》篇中不仅鼓吹“非圣不能受命”，圣人“与天地合德，日月合明，四时合序，鬼神合吉凶”等等，而且还特别强调“圣人皆有异表”。诸如“尧眉八彩”“禹耳三漏”“皋陶鸟喙”“文王四乳”“周公背偻”“孔子反宇”等等。而在某些纬书中，这些圣人的形象就更是神奇古怪了。如《孝经纬》中描述的孔子容貌是：“海口”“牛唇”“虎掌”“龟脊”“辅喉”“骈齿”等等。按照这种描述，孔子已完全超出了凡人的范围，而升入了神的行列。于是，又出现了孔子为黑帝之子的神话。此外，东汉光武帝建武初年召令尹敏、薛汉等校定图谶，至中元元年（56）“宣布图谶于天下”。从此，谶纬被统一起来，作为东汉王朝官定的辅助儒家经典的文献，使儒家经典也神学化了。

由此可见，从董仲舒，经谶纬，至《白虎通》，两汉今文经学制造了至高神（天）、经书（谶纬）、教主（圣人、孔子）等，走的是一条企图把儒家变为宗教（儒教）的道路。两汉时期的古文经学派缺乏理论，在思想上的影响是无法与今文经学派相匹敌的。两汉之际的扬雄、桓谭，东汉的王充等，特别是王充的《论衡》一书，着重发挥了道家自然无为的思想，从理论上有力地批驳了今文经学的神学目的论，是有着重要历史意义的。但是由于王充这本书在当时社会环境下，没有能够广泛流传，其影响也不足以遏止今文经学把儒学宗教化的趋向。

玄学趁西汉经学之弊而起，接过王充自然无为的理论，但是作了重要的改造。王充的自然无为论有以下主要特点：一是建立在气为天地万物之本的基础之上，二是主要从宇宙万物生成方面来论述，三是针对神学目的论，而强调自然无为的偶然性。玄学不是从气化方面论天地万物之生成，而是主张“归一于无”或“独化自足”。因此，玄学所说的自然无为，不是指某一实体的特性，而是指一种普遍的、客观的、抽象的必然性，或者说是决定一种事物得以生成、存在，以及与他种事物之间构成某种关系的所以然之理。就这一点说，玄学在理论上克服了王充自然无为论中过分注重偶然性的缺陷。这样，玄学既以自然无为论否定了两汉今文经学的神学目的论，又以“物无妄然，必由其理”，肯定了事物存在的客观规定性和必然性。

玄学把自然无为推演为一种客观存在的、抽象的必然之“理”，对于东晋以后的名教理论，以至于宋明理学的以理为本的哲学体系的确立，是有重要影响的。如东晋袁宏作《三国名臣赞》，在夏侯太初赞中就说道：“君亲自然，匪由名教。”（《晋书·袁宏传》）又如《宋书·傅隆传》载其《议黄初妻罪》文中有云："原夫礼律之兴，盖本之自然，求之情理，非从天堕，非从地出也。"总之，大都强调礼律名教出自人的自然性情，是自然合理者。理学创始人之一的程颢说："吾学虽有所受，'天理'二字却是自家体贴出来。"（《二程外书》卷十二）但是，我们从他们对天理的解说来看，理学的天理思想在很大程度上是受到了玄学的启发。这样说，大概不能说过分或牵强。如程门高弟谢良佐曾说："所谓天理者，自然底道理。""学者直须明天理为是自然底道理，移易不得。"（《上蔡语录》卷上）这里明确地强调了天理即是自然的道理，与玄学所讲的"自然"而"合理"的思想是完全一致的。

理学家确认万物皆有理，一物有一物之理，而这些理都是自然的、必然的。关于这方面的论述，可以说俯拾皆是。如程颢说："万物皆有理，顺之则易，逆之则难。各循其理，何劳于己力哉？"（《二程遗书》卷十一）这与王弼、郭象之说，何其相似！程颐则更是把自然之理推广到一切自然现象和社会现象中去。如说："气有淳漓，自然之理。"（同上卷十五）"动极则阳生，自然之理也。""生生之谓易，理自然如此。"（同上卷十八）"道二，仁与不仁而已，自然之理如此。"（同上卷十五）"质必有文，自然之理。"（《程氏易传》卷二贲卦彖传注）"自古治必因乱，乱则开治，理自然也。"（同上蛊卦卦辞注）"夫满则不受，虚则来物，理自然也。"（同上卷三益卦六二爻辞注）同样，理学之集大成者朱熹，也十分强调理的自然而必然。如他说："天者，理而已矣。大之字小，小之事大，皆理之当然也。自然合理，故曰乐天。"（《孟子·梁惠王下》注）"愚谓事物之理，莫非自然。顺而循之，则为大智。若用小智而凿以自私，则害于性而反为不智。"（《孟子·离娄下》注）。

在宋明理学时代，哲学中有气本、理本、心本等不同的学派，他们在哲学的基本问题上存在着重大的差别，有的甚至于对立。因而对于理的地位、作用等看法也有很大的不同。但是，在理具有自然而必然性这一点上，各派基本一致。这以至于到明末清初的王夫之和以后的戴震那里，也仍然是这样的。当然，关于理的理论，宋明理学比之于玄学要丰富得多，深刻得多。如果说在玄学那里还只是一株小苗，而到理学那里则已长成一棵参天大树了。但是，关于理的基本性格，即作为事物之所以然，既是必然的，又是自然的；理即顺物自然，顺物自然即是合理，等等，则在玄学那里就已基本确定了。这正是玄学在中国传统哲学（以至文化）中所具有的不可忽视的重要意义。

玄学的“忘言得意”论

忘言而得意，是玄学在认识方法上提出的一个主要观点，它与当时的言意之辨有密切的关系。汤用彤先生在《魏晋玄学论稿》的《言意之辨》一文中说：“夫具体之迹象，可道者也，有言有名者也。抽象之本体，无名绝言而以意会者也。迹象本体之分，由于言意之辨。依言意之辨，普遍推之，而使之为一切论理之准量，则实为玄学家所发现之新眼光新方法。”并认为，“玄学统系之建立，有赖于言意之辨”。汤先生的这一番分析是很重要的。

在当时的言意之辨中，关于言意之间的关系主要有三种不同的观点：

一、认为言尽意，其主要代表为欧阳建。他认为，言与意的关系“犹声发响应，形存影附，不得相与为二矣。苟其不二，则言无不尽矣”。（《言尽意论》）他还说：“诚以理得于心，非言不畅；物定于彼，非名不辨。”也就是说，言能尽意，离言不能得意。

二、认为言不尽意，以荀粲、张韩、郭象等为代表。如荀粲认为：“盖理之微者，非物象之所举也。今称立象以尽意，此非通于意外者也。系辞焉以尽言，此非言乎系表者也。斯则象外之意，系表之言，固蕴而不出矣。”（《三国志·魏志》卷十《荀彧传》注引何劭《荀粲传》）张韩则更主张不用舌。他说：“卷舌翕气，安得畅理？余以留意于言，不如留意于不言。”（《全晋文》卷一〇七，《不用舌论》）郭象则说：“意尽形教，岂知我之独化于玄冥之境哉！”（《徐无鬼》注）“不能忘言而存意则不足。”“故求之于言意之表而后至焉。”（《则阳》注）此派对言象持根本否定态度，因而强调“意会”和“冥合”。

三、认为言以出意，得意在忘象，以王弼为代表。如他明确说："夫象者，出意者也；言者，明象者也。""言生于象，故可寻言以观象；象生于意，故可寻象以观意。"他还认为，"意以象尽，象以言著"。所以，此派对于言象的作用并不完全否定，而是认为言象只是出意的工具，如果停留在言象上，就不可能得其意，因此必须忘言忘象，"乃得意者也"。（以上均见《周易略例·明象》）其主旨在于强调通过言象去得意。

上述二、三两种观点由于均为重意轻言象，以强调得意为主，因此常被混为一谈，而不作分别。我们这里所说的玄学"忘言得意"的方法，也是综合这两者的意思而言的。

关于忘言得意的方法在当时学术思想界中所起的作用，汤用彤先生在上述一文中，从五个方面做了详细的论述。即：一、用于经籍之解释；二、契合于玄学之宗旨；三、会通儒道两家之学；四、于名士之立身行事亦有影响；五、对佛教翻译、解经亦有重要影响。对于这些本文不准备重复，以下只想就玄学阐发的"忘言得意"论作为中国传统哲学的主要思维方式之一，对于中国传统哲学和文化的影响，补充一些意见。

忘言得意的方法，主要是从探求对于事物现象之本源、根据的认识中提出来的。玄学作为一种玄远之学，诚如汤用彤先生所分析的那样，"论天道则不拘于构成质料，而进探本体存在。论人事则轻忽有形之粗迹，而专期神理之妙用"。这一点，可以以王弼之说为证。如他说："夫欲定物之本者，则虽近而必自远以证其始。夫欲明物之所由者，则虽显而必自幽以叙其本。"（《老子指略》）这里所谓的"本""始"也就是他所谓的无形无象、无称无名的道。郭象也同样强调，欲求圣人之道，不应停留在有形之"迹"上，而应当进而把握其"无迹"之"所以迹"。因此，忘言得意的实质，也就是要求人们不要停留在事物的迹象上，而要深入到事物的内部去把握其根本。就这方面说，玄学的"得意"之论，反映了人们对于宇宙、社会认识的深化的要求，"忘言"（"借言"）以"得意"，即是取得这种深化认识的玄学方法。

"得意"之论，在王弼那里还是肯定要通过言象去获得的，这从他的"故可寻象以观意"（《周易略例·明象》），以及本文上引他所说的“识物之动，则其所以然之理皆可知也”等论述中都可以得到证明。但是，到了郭象那里则不仅仅讲“寄言以出意”（《山木》注）了，而是更多地强调通过“超言绝象”的“冥合”去“得意”。他说：“夫物有自然，理有至极，循而直往，则冥然自合。”（《齐物论》注）又说：“至理有极，但当冥之，则得其枢要也。”（《徐无鬼》注）郭象的自然冥合论是一种通过主体修养，使主客体合而为一的自证、意会的方法，它带有神秘主义的色彩。

后人所解理的玄学“忘言得意”论，常常是合王弼、郭象两者的方法而言的。无论是因言象而得意，还是超言象而会意（冥合），其中的关键都在于强调要充分发挥认识主体的能动作用。没有认识主体的能动作用是不可能得意的，而得意之深浅，又与认识主体的素质有着密切的关系。就此而言，这种认识方法包含了由外而内、由内而外、得之于外、证之于内、内外合一、主客通明的过程。这也正是中国传统哲学思维方法中的一些最重要的特点。

我认为，著名理学家朱熹在论述“即物穷理”时所说的那一番话，即“至于用力之久，而一旦豁然贯通焉，则众物之表里精粗无不到，而吾心之全体大用无不明矣”（《大学章句》），正是对王弼、郭象“得意”论思维方法的继承和进一步的发展。

玄学的“忘言得意”论不仅在中国传统哲学的认识方法上有着重要的意义，而且对于中国传统文学、艺术的创作论和欣赏论也有着深远的影响。在某种意义上甚至可以说，“得意”是中国传统文学艺术的最主要特点之一。

在中国古典文艺理论中，认为文学艺术的创作，最重要的是“立意”。这里所谓的“意”，从字面上说是泛指文艺作品的思想内容。而进一步具体地讲，这种思想内容往往又是指某种带有一定倾向的、一个历史时期的最根本的政治、伦理之道。三国时吴郡著名文学家陆机（261—303）在其《文赋》一文中就说道：“恒患意不称物，文不逮意。”这句话的意思是说，常常担心自己的意思（认识）不能符合事物的实际情况，而所写的文章又不能完全表达出这些思想内容。这里的“意”虽然还是比较笼统地指一般的思想内容，但也可以看出，他是把表达“意”放在十分重要的地位的。

在梁刘勰的名著《文心雕龙·原道》篇中，我们可以看到这样的说法："道沿圣以垂文，圣因文而明道。"这里所说的道，既有"观天文以极变"的自然之道的含义，也有"察人文以成化"的社会政治、伦理之道。这句话的意思是，"道"通过圣人而流传于文章中，圣人借助文章来阐发"道"。这里已经表露出了文是用以明道的意思。沿此而进，到了北宋的周敦颐那里，就十分明确地提出了这样的命题，即"文所以载道也"（《通书·文辞》）。"达意""明道""载道"，都是从文学、艺术思想内容方面来说的，而从文章、诗歌（特别是在一些形象性的艺术作品中，如绘画、书法、戏曲等）的技巧表现上来讲，则即是人们常说的贵在"传神"（晋代著名画家顾恺之就明确提出绘画应当"以形写神"）。上述各点构成了中国古典文学艺术创作论上的最主要的理论和特点，而这些理论的形成又是与玄学"得意"论的影响分不开的。

比起对文学艺术创作论的影响来说，玄学"忘言得意"论对于中国传统文学艺术的欣赏论的影响，更为巨大。对于文学艺术，中国传统的欣赏习惯，最注重于得意于言外（形外），喜欢那些"意犹未尽""回味无穷"的文学艺术作品。因而对于那种只能就眼前呈现的形象来评论文学艺术的人，则认为根本不够一个真正欣赏者的资格。如北宋文学家苏轼（东坡）在一首论画诗中写道："论画以形似，见与儿童邻。赋诗必此诗，定非知诗人。"（《书鄢陵主簿所画折枝二首》之一，见中华书局 1982 年版《苏轼诗集》卷二十九。）

不仅如此，人们在观赏中所得到的"真意"（包括对文艺作品的观赏和对自然风光的观赏），也往往不是语言所能表达的，而是超出言语之外，而靠自我去心领神会。如东晋著名诗人陶渊明（365—427），在他那首脍炙人口的"采菊东篱下，悠然见南山"一诗中，其最后两句就说明了这样的观赏特点。诗曰："此中有真意，欲辨已忘言。"这是说，他当时在十分轻松自在（"悠然"）的心情中所领略到的"南山"风光"山气日夕佳，飞鸟相与还"，其中的"真意"，是无法用语言表述清楚的，而只能忘却语言，去自我体会、回味。

中国传统的文艺欣赏中，最喜欢谈“诗情画意”、“韵味”（“气韵”“神韵”等）、“境界”，等等，都不是停留在表面言象上所能领略到的，也不是语言、形象所能明白表达的，真所谓“只可意会，不能言传”。中国传统文化中这种不拘泥于言象，而注重于得意的欣赏论，给文学艺术欣赏者带来了极大的自由性。同一作品，同一自然风光，不同的欣赏者从不同的角度去观赏，用不同的心情去体会，结果对于作品所包含之意，以及各人所得之意，往往相去甚远。而且，即使是同一人欣赏同一作品或自然风光，在不同的环境和心情下，也往往前后有极大不同的体会和所得。借用一句中国的老话来讲，即所谓“诗无达诂”。在这里，欣赏者可以充分发挥其主观能动性，以至可以完全离开创作者的原意，而体会出另一种新意来。

在玄学“忘言得意”论影响下形成的这些中国传统文学艺术创作论、欣赏论上的特点，构成了中国古典文学艺术中以表现主义为主的鲜明特点和传统。

玄学的“忘言得意”论，无论在认识的思维方法上，还是在文学艺术的欣赏习惯上，都表现出一定的主观随意性。这从一方面来说，反映了中国传统哲学思维方式中缺乏精确性的弱点、缺点，然而从另一方面来说，却又反映了中国传统思维方式中的主观能动性和灵活性，并在一定的条件下可以起到解放思想的作用。如玄学本身，即是借用这种思维方式，把人们的思想从两汉今文经学的荒诞和古文经学的烦琐中解放出来，从而开创了一种简约而深邃的义理之学。宋明理学正是继承着这一方法而发展起来的。

玄学对于中国传统哲学（以至整个文化）发展的深远影响，远不止本文以上所列两点，本文只是起一抛砖引玉的作用。

袁宏与东晋玄学①

一

汤用彤先生论魏晋玄学思想的发展，略分为四期：

> （一）正始时期，在理论上多以《周易》《老子》为根据，用何晏、王弼作代表。（二）元康时期，在思想上多受《庄子》学的影响，“激烈派”（按，指嵇康、阮籍等）的思想流行。（三）永嘉时期，至少一部分人士上承正始时期“温和派”的态度，而有“新庄学”，以向秀、郭象为代表。（四）东晋时期，亦可称“佛学时期”。②

汤先生此说影响甚大，向来治魏晋玄学者，大致均采此分期法而稍有变通。其间，一般都以为玄学发展至郭象已达于顶点，东晋以后的玄学与佛学合流，并逐步让位于佛学，玄学已无新的理论建树，亦无可观的著述。所以，一直以来对于东晋玄学的研究相对说来是比较薄弱的，至多提出张湛的《列子注》来作为东晋玄学的代表③，有的论著甚至断然宣称：“东晋名士很少著作，张湛的《列

① 原载《国学研究》第一卷，北京大学出版社，1993 年。

② 《魏晋思想的发展》，载《魏晋玄学论稿》，人民出版社，1957 年。

③ 如任继愈主编的《中国哲学发展史（魏晋南北朝）》在“郭象在玄学中的地位”一节中说：“从某种意义上来说，郭象的独化论意味着玄学的总结，郭象以后，除了张湛的《列子注》所提出的贵虚论以外，再也没有出现什么足以引人注目的玄学体系了。而张湛的贵虚论却是借助于佛教思想才得以完成的。从此，中国的思想进入了一个佛玄合流的时期。”

子注》是唯一能够反映东晋玄学思想的作品。”①

东晋时期，佛学蓬勃发展起来，玄学与佛学互相影响，佛学者谈玄，玄学者论佛，成为一时风尚。言其合流，固是当时学术发展之大趋势，但借玄论佛者终究是佛，借佛谈玄者终究是玄，所以不论是玄学还是佛学，都不能说已无泾渭之分了。而且，有些玄学家继承正始以来之玄学流风，并未与佛学合流或援佛以论玄。即浅陋所见，除张湛《列子注》之外，在东晋时期玄学中也还是有一些可观的作者和作品的，而且有其自身的理论特点。

在留有一定数量著述可供研究其思想的东晋玄学家中，我认为至少还有三位是值得我们特别关注的：一是韩伯（康伯），二是袁宏（彦伯），三是陶潜（渊明）。

关于韩康伯，他有著名的《系辞》《说卦》《序卦》《杂卦》等注，与王弼《周易注》并行传世，另有《辩谦论》一篇存于《晋书》本传中。

韩康伯生卒年不详，据《晋书》本传载，他在简文帝居藩时引为谈客，后历官中书郎、散骑常侍、豫章太守、丹阳尹等，病逝时年四十九岁。据此推论，他生活的年代大约在晋成帝至孝武帝（335—385）期间。韩康伯是两晋之际名士殷浩的外甥，据《世说新语》注载，“浩善《老》《易》”“少有重名”，② 又说：“浩清言

---

① 见许抗生等著《魏晋玄学史》第六章第一节，陕西师范大学出版社，1989年。又，目前学术界对于张湛思想的评价也不尽一致。如一种意见认为：“《列子注》确实在传统玄学和《列子》的基础上，把玄学向前推进了。”又，魏晋“许多名士正是从儒学走向玄学，从玄学走向佛学的。在这种条件下，《列子注》成为玄学的终结性作品”，评价是比较高的（见任继愈主编《中国哲学发展史（魏晋南北朝）》“张湛《列子注》在东晋玄学中的地位”一节，人民出版社，1988年）。另一种意见虽也说“《列子注》在魏晋玄学史上还是具有一定的地位和价值”，但又认为，“《列子注》的理论水平不算很高，在思想上也无多少新意”，总的评价比较低（见许抗生等著《魏晋玄学史》第六章第一节）。

② 《世说新语》“文学（27）”“政事（22）”刘孝标注引《浩别传》。见《世说新语校笺》（徐震堮著），中华书局，1984年。

妙辩玄致，当时名流皆为其美誉。”① 王导曾与殷浩往返析理至深夜三更天，深为叹服，以为正始之音也不过如此。② 殷浩十分喜爱韩康伯，对他也可能有一定的影响。殷浩虽尝言：“康伯未得我牙后慧。”然又称许韩康伯说：“康伯少自标置，居然是出群器；及其发言遣辞，往往有情致。”③ 韩康伯“清和有思理”是时人所推重的。如当时名重一时的名士庾龢，很少推许别人，但对韩康伯却十分敬重，说：“思理伦和，我敬韩康伯。”④

韩康伯注《系辞》等篇，虽说主要是承王弼贵无之意，但也已融会了郭象的独化之论。如，他释“一阴一阳之谓道”说：

> 道者何？无之称也，无不通也，无不由也。况之曰道，寂然无体，不可为象。必有之用极，而无之功显，故至乎神无方而易无体，而道可见矣。故穷变以尽神，因神以明道，阴阳虽殊，无一以待之。在阴为无阴，阴以之生；在阳为无阳，阳以之成，故曰‘一阴一阳’也。（《系辞上》）⑤

这段话中，从“道者何”到“不可为象”完全抄自王弼《论语释疑·述而》“子曰：志于道”的注文。而从“必有之用极”起，则与《春秋穀梁传》“庄公三年”杨士勋疏引的一段标为“王弼曰”的佚文极为相似。⑥

---

① 《世说新语》“赏誉（82）”刘孝标注引徐广《晋纪》。同上。

② 《世说新语》“文学（22）”。“（王）丞相自起解帐带麈尾，语殷曰：‘身今日当与君共谈析理。’既共清言，遂达三更。丞相与殷共相往反，其余诸贤略无所关。既彼我相尽，丞相乃叹曰：‘向来语乃竟未知理源所归。至于辞喻不相负，正始之音，正当尔耳。’”同上。

③ 《世说新语》“赏誉（90）”。同上。

④ 《晋书》卷七十五本传。中华书局标点本。

⑤ 凡韩康伯《系辞》等注引文，均见楼宇烈著《王弼集校释》，中华书局，1980年。

⑥ 《春秋穀梁传》卷五“庄公三年”杨士勋疏引“王弼云：一阴一阳者，或谓之阴，或谓之阳，不可定名也。夫为阴则不能为阳，为柔则不能为刚。唯不阴不阳，然后为阴阳之宗；不柔不刚，然后为刚柔之主。故无方无体，非阳非阴，始得谓之道，始得谓之神”。

然而，当他释“阴阳不测之谓神”一句时则说：

神也者，变化之极，妙万物而为言，不可以形诘者也，故曰“阴阳不测”。尝试论之曰：原夫两仪之运，万物之动，岂有使之然哉？莫不独化于大虚，欻尔而自造矣。造之非我，理自玄应，化之无主，数自冥运，故不知所以然而况之神。是以明两仪以太极为始，言变化而称极乎神也。夫唯知天之所为者，穷理体化，坐忘遗照。至虚而善应，则以道为称；不思而玄览，则以神为名。盖资道而同乎道，由神而冥于神者也。(同上)

又，他注《说卦》中“神也者，妙万物而为言者也”一句也说：

于此言神者，明八卦运动、变化、推移，莫有使之然者。神则无物，妙万物而为言也。则雷疾风行，火炎水润，莫不自然相与为变化，故能万物既成也。

这里韩氏使用“独化”“自造”等词，而且强调“莫有使之然者”“莫不自然相与为变化”，指出“知天之所为”要能“穷理体化，坐忘遗照”。而其“穷理体化，坐忘遗照”的具体内容则是体会“造之非我”和“化之无主”。诸如此类的说法，虽然都采自郭象的“独化”论，但是当我们把韩氏的这两段注文放在一起看时，并无生硬拼凑的感觉，而是顺理成章，浑然一体。

韩氏的《系辞》等注在许多方面发展了王弼、郭象的玄学思想。如他说：

夫非忘象者，则无以制象；非遗数者，无以极数。至精者，无筹策而不可乱；至变者，体一而无不周；至神者，寂然而无不应。斯盖功用之母，象数所由立，故曰非至精、至变、至神，则不得与于斯也。(《系辞上》)

天下之动，必归乎一。思以求朋，未能一也。一以感物，不思而至。(《系辞下》)

夫少则得，多则惑。涂虽殊，其归则同；虑虽百，其致不二。苟识其要，不在博求，一以贯之，不虑而尽矣。(同上)

理必由乎其宗，事各本乎其根，归根则宁，天下之理得

> 也。若役其思虑以求动用，忘其安身以殉功美，则伪弥多而理愈失，名弥美而累愈彰矣。（同上）

在这些论述中，韩氏进一步综合发展了王弼的“得意忘象”“举本统末”“执一御众”“无知守真”等思想，是很值得注意的。

郭象讲“独化于玄冥之境”（《庄子注序》《徐无鬼注》等），又释“玄冥”说：“玄冥者，所以名无而非无。”（《大宗师注》）① 而韩康伯则讲“独化于大虚”，又讲“至虚而善应，则以道为称”，那么所谓“大虚”也就是“道”了。除此之外，韩氏对“大虚”没有更多的论述了。张湛则大张“至虚”之论，一则以为《列子》一书“大略明群有以至虚为宗”（《列子注序》），一则说：“夫唯寂然至虚凝一而不变者，非阴阳之所终始，四时之所迁革。”（《天瑞》题注）② 同时，融会王弼、郭象的理论也是张氏思想的主要特点。张湛与韩氏同时而略早，这样说来，张氏与韩氏的思想之间有些什么关系，不是很值得人们深入地去探讨一下吗？

至于陶渊明，是一位著名的田园诗人。因此，人们可能会发问：他是一位玄学（思想）家吗？如果抛开什么什么“家”的限界，那么“诗”和“哲理”之间并不是不可相通的。二十年代初，胡适在他的《白话文学史》中曾这样来分析过陶渊明，他说：“陶潜是自然主义的哲学的绝好代表者。他的一生只行得‘自然’两个字。”③ 又说：“他的意境是哲学家的意境，而他的言语却是民间的言语。他的哲学又是他实地经验过来的，平生实行的自然主义，并不像孙绰、支遁一班人只供挥麈清谈的口头玄理。所以他尽管做田家语，而处处有高远的意境；尽管做哲理诗，而不失为平民的诗人。”

之后，三十年代中，容肇祖先生在他的《魏晋的自然主义》一书中，专辟了“陶潜的思想”一章。在引述了胡适的论述后，容先

---

① 郭象《庄子注》引文，均见郭庆藩《庄子集释》，中华书局，1978 年。

② 张湛《列子注》引文，均见杨伯峻《列子集释》，中华书局，1979 年。

③ 胡适《白话文学史》，岳麓书社，1986 年影印本。

生把陶渊明的主要思想概括为两点：一是自然主义，二是乐天主义。并且认为，陶氏在这两点上“较之一些清谈家，真是认识较真，较为切实的”①。

四十年代，陈寅恪先生又专门写了一本小册子，论《陶渊明之思想与清谈之关系》。陈先生称陶渊明为“新自然说”，以与前此之“旧自然说”相区别。这也就是说，陶渊明的思想标志着玄学清谈思想的一个转折。陈先生说：

> 渊明之思想为承袭魏晋清谈演变之结果及依据其家世信仰道教之自然说而创改之新自然说。惟其为主自然说者，故非名教说，并以自然与名教不相同。但其非名教之意仅限于不与当时政治势力合作，而不似阮籍、刘伶辈之佯狂任诞。盖主新自然说者不须如主旧自然说之积极抵触名教也。又新自然说不似旧自然说之养此有形之生命，或别学神仙，惟求融合精神于运化之中，即与大自然为一体。因其如此，既无旧自然说形骸物质之滞累，自不致与周、孔入世之名教说有所触碍。故渊明之为人实外儒而内道，舍释迦而宗天师者也。推其造诣所极，殆与千年后之道教采取禅宗学说以改进其教义者，颇有近似之处。然则就其旧义革新，“孤明先发”而论，实为吾国中古时代之大思想家，岂仅文学品节居古今之第一流，为世所共知者而已哉！②

陈先生的这一评价是相当高的。他这里讲的“千年后之道教采取禅宗学说以改进其教义者”，大概是指南宋金元时期兴起的新道教——全真道等。全真道的创始人王喆公开提倡三教归一，认为：“释道从来是一家，两般形貌理无差。”③ 陈先生说，在“陶集中诗文实未见赞同或反对能仁（释氏）教义之单词只句”，这话没错，但不能据此而说陶渊明的思想中没有引入佛教的某些观点。他的

---

① 容肇祖《魏晋的自然主义》，台湾商务印书馆，1980年。

② “陈寅恪文集之二”《金明馆丛稿初编》，上海古籍出版社，1980年。

③ 《重阳全真集》卷一《答战公问先释后道》，文物出版社等影印本《道藏》第25册。

“新自然主义”在摆脱“形骸物质之滞累”，“惟求融合精神于运化之中”，明显地有着某些佛教思想的影响。如他在《归园田居》一诗中说：“人生似幻化，终当归空无。”① 显然化入了佛教的“空”理。陈先生认为，陶渊明的《形影神》组诗最充分地表达了他的思想宗旨，显示出了他与旧自然主义的区别。这在陈先生的文章中有详细的论述，无须赘言。

我认为，胡适讲陶渊明的自然主义“是他实地经验过来的，平生实行的自然主义”，而不是“挥麈清谈的口头玄理”，这一分析是切中陶氏思想的特点的。陶渊明在《闲情赋》一文中曾托物寄意，一连诉述了“十愿”及与此相随的“十悲”②，然后万分感慨地说：“考所愿而必违，徒契契以苦心。”由此，他深感“人间良可辞”，而“静念园林好”③，期望着“复得返自然”④。他在归田从耕中体会到，虽说“四体诚乃疲”，却可“庶无异患干”⑤。所以，他反复强调荣华富贵、声名地位都是不值得去争夺和留恋的。不仅如此，人“有生必有死”⑥，“天地赋命，生必有死，自古圣

① 北京大学中文系编：《陶渊明诗文汇评》，中华书局，1961 年。

② “十愿”、“十悲”：“愿在衣而为领，承华首之余芳；悲罗襟之宵离，怨秋夜之未央。愿在裳而为带，束窈窕之纤身；嗟温凉之异气，或脱故而服新。愿在发而为泽，刷玄鬓于颓肩；悲佳人之屡沐，从白水以枯煎。愿在眉而为黛，随瞻视以闲扬；悲脂粉之尚鲜，或取毁于华妆。愿在莞而为席，安弱体于三秋；悲文茵之代御，方经年而见求。愿在丝而为履，附素足以周旋；悲行止之有节，空委弃于床前。愿在昼而为影，常依形而西东；悲高树之多荫，慨有时而不同。愿在夜而为烛，照玉容于两楹；悲扶桑之舒光，奄灭景而藏明。愿在竹而为扇，含凄飙于柔握；悲白露之晨零，顾襟袖以缅邈。愿在木而为桐，作膝上之鸣琴；悲乐极以哀来，终推我而辍音。”同上《陶渊明诗文汇评》。

③ 《庚子岁五月中从都还阻风于规林》，同上《陶渊明诗文汇评》。

④ 《归园田居》，同上《陶渊明诗文汇评》。

⑤ 《庚戌岁九月中于西田获早稻》，同上《陶渊明诗文汇评》。

⑥ 《挽歌诗》，同上《陶渊明诗文汇评》。

贤，谁能独免”①？所谓“去去百年外，身名同翳如”②。那么，何不“忘怀得失，以此自终”③ 呢？这说明，陶渊明所追求的复归于“自然”的境界，主要不是从老庄的玄理中推论出来的，而是从他一生的坎坷生活经历中体会出来的。

二

袁宏，字彦伯，小名虎，生于晋成帝咸和三年（328），死于晋孝武帝太元元年（376），陈郡阳夏（今河南太康）人。据《晋书·袁宏传》载，袁宏“少孤贫，以运租自业”，而“有逸才，文章绝美”，为谢尚所赏识，引为参军，累迁为大司马桓温记室。然由于袁宏“性强正亮直，虽被温礼遇，至于辩论，每不阿屈，故荣任不至”，后由吏部郎出为东阳郡守，终卒于东阳，年仅四十九岁。袁宏不仅“文章绝美”，而且“机对辩迅”，为当时文坛名士所推崇。如名士王珣在评议了袁宏的《北征赋》后推许说：“当今文章之美，故当共推此生。”故有“一代文宗”之誉。

袁宏的著作很多，据《晋书·袁宏传》载：“撰《后汉纪》三十卷及《竹林名士传》三卷、诗赋诔表等杂文凡三百首，传于世。”又，《旧唐书》“经籍志”录有他的《周易谱》一卷、《名士传》三卷等。然而，留传至今的袁宏著作，完整的只有《后汉纪》三十卷，《竹林名士传》（即《名士传》）则仅在《世说新语》的刘孝标注中留有少量文字。此外，在《晋书·袁宏传》中，载有他的《三国名臣颂》，以及《东征赋》《北征赋》的片段；在《艺文类聚》《太平御览》等类书中保存有部分诗赋诔表的佚文。

从《晋书》的赞辞看，袁宏是一位非凡的文学家；然从留下的《后汉纪》三十卷看，他是一位卓越的史学家；再从他为《后汉纪》所写的“序”“论”看，他则是一位地道的玄学家。事实上，这三重身份在袁宏那里是完全统一的。此外，袁宏的《名士传》也

---

① 《与子俨等疏》，同上《陶渊明诗文汇评》。

② 《和刘柴桑》，同上《陶渊明诗文汇评》。

③ 《五柳先生传》，同上《陶渊明诗文汇评》。

是一部记述与评论魏晋玄学家的重要著作。如，《世说新语》刘孝标注说：

> 宏以夏侯太初（玄）、何平叔（晏）、王辅嗣（弼）为正始名士，阮嗣宗（籍）、嵇叔夜（康）、山巨源（涛）、向子期（秀）、刘伯伦（伶）、阮仲容（咸）、王濬冲（戎）为竹林名士，裴叔则（楷）、乐彦辅（广）、王夷甫（衍）、庾子嵩（敳）、王安期（承）、阮千里（瞻）、卫叔宝（玠）、谢幼舆（鲲）为中朝名士。①

现尚留存的《名士传》文字虽说不多，但人们透过这些片言只语，也还是可以了解到一些袁宏对这些名士的评价和他的某些思想倾向的。

唐代著名史学评论家刘知幾，在其《史通》一书中多次提到袁宏《后汉纪》，一则说："为纪传者则规模班（固）、马（迁），创编年者则议拟荀（悦）、袁（宏）。"（《六家篇》）再则说："世言汉中兴史者，唯范（晔）、袁二家而已。"（《古今正史篇》）充分肯定了它作为一代史传的价值。不过，对于袁宏在《后汉纪》中所写的"论赞"部分，刘知幾则很不欣赏，批评它为"务饰玄言"（《论赞篇》）。然而，从刘氏的这一批评中，却也正好道出了袁宏《后汉纪》中所表现出来的玄学特色。

袁宏在《后汉纪》"序"中说：

> 夫史传之兴，所以通古今而笃名教也。丘明之作，广大悉备。史迁剖判六家，建立十书，非徒记事而已，信足扶明义教，网罗治体，然未尽之。班固源流周赡，近乎通人之作；然因籍史迁，无所甄明。荀悦才智经纶，足为嘉史，所述当也，大得治功已矣；然名教之本，帝王高义，韫而未叙。今因前代遗事，略举义教所归，庶以弘敷王道，前史之阙。古者方今不同，其流亦异，言行趣舍，各以类书。故观其名迹，想见其人。丘明所以斟酌抑扬，寄其高怀，末吏区区注疏而已。其所

① 《世说新语》"文学（94）"刘孝标注。同前。

> 称美，止于事义；疏外之意，殁而不传，其遗风余趣蔑如也。今之史书，或非古之人心，恐千载之外，所诬者多，所以怅怏踌躇，操笔悢然者也。①

这是袁宏自述著《后汉纪》的宗旨，具有鲜明的玄学观点。史书开启于《春秋》《左传》，然“《春秋》以道名分”②，这是传统的史学观，看袁宏说“史传之兴，所以通古今而笃名教”，又高度赞扬《左传》，则他还是肯定传统的作史立场的。但是，袁宏又不满足于此。所以，他在表扬《史记》《汉书》成就的同时，又认为两者还不够完善。他称赞荀悦的才智，表扬他著的《汉纪》“所述当世，大得治功”，但又认为他对于“名教之本，帝王高义，韫而未叙”。这是说，荀悦的《汉纪》只记述了名教的事迹，而对于“名教之本”则没能发明出来。

从玄学家的立场看来，名教是应时治世的用，它因人而不同，随时而变易的，若滞于用而不明其本，则不仅不能尽其治世之用，抑且流弊丛生。所以，探求名教之本，乃是玄学的根本主题。诚如王弼所说：“故仁德之厚，非用仁之所能也；行义之正，非用义之所成也；礼敬之清，非用礼之所济也。载之以道，统之以母，故显之而无所尚，彰之而无所竞。用夫无名，故名以笃焉；用夫无形，故形以成焉。守母以存其子，崇本以举其末，则形名俱有而邪不生，大美配天而华不作。故母不可远，本不可失。仁义，母之所生，非可以为母。形器，匠之所成，非可以为匠也。舍其母而用其子，弃其本而适其末，名则有所分，形则有所止。虽极其大，必有不周；虽盛其美，必有患忧。”③

又，玄学家认为，“六经”所记只是圣人的遗迹而已，人们不应当滞于其迹，而应当求其所以迹。《庄子·天运篇》载一寓言，讲孔子对老子说，我研究《诗》《书》《礼》《乐》《易》《春秋》

---

① 周天游《后汉纪校注》，天津古籍出版社，1987年。

② 《庄子·天下篇》。《庄子集释》，中华书局，1978年。

③ 王弼《老子道德经注》三十八章。《王弼集校释》，中华书局，1980年。

六经有很长时间了，自以为对历史典故相当熟悉，但没有一位君主能用我，看来要说服一个人，说明一种道理，实在太困难了。这时老子回答他说，你没能遇到一位治世的君主，真是幸运啊！要知道“六经”只是先王的陈迹，而不是它的所以迹。你现在讲的正是这些陈迹。迹是足（“履”）走出来的，迹不是足。郭象对这段话作了以下的解释：“所以迹者，真性也。夫任物之真性者，其迹则六经也。”“况今之人事，则以自然为履，六经为迹。”① 庄子和郭象说的所以迹，也就是王弼所说的本。这里郭象说得很清楚，所谓所以迹也就是“真性”“自然”。

袁宏正是继承和发扬了王弼和郭象的思想，所以他强调史传的编著主要是要通过“记事”和“治体”，以明“名教之本”，“义教（亦即名教）所归”。这里可以举出他的另一段话来作印证。他说：

> 夫弈者之思，尽于一局者也；圣人之明，周于天下者也。苟一局之势未尝尽同，则天下之事岂必相袭哉！故记载废兴，谓之典谟；集叙歌谣，谓之诗颂；拟议吉凶，谓之易象；撰录制度，谓之礼仪；编述名迹，谓之春秋。然则经籍者，写载先圣之轨迹者也。圣人之迹不同如彼，后之学者欲齐之如此，焉可得哉！故曰“《诗》之失愚，《书》之失诬，《易》之失贼，《礼》之失烦，《春秋》之失乱”，不可不察。圣人所以存先代之礼，兼六籍之文，将以广物惯心，通于古今之道。今去圣人之世，几将千年矣，风俗民情，治化之术，将数变矣。……“六经”之道可得详，而治体云为迁易无度矣。……夫物必有宗，事必有主，虽治道弥纶，所明殊方，举其纲契，必有所归。②

---

① “孔子谓老聃曰：‘丘治《诗》《书》《礼》《乐》《易》《春秋》六经，自以为久矣，孰（熟）知其故矣。……一君无所钩用。甚矣！夫人之难说也，道之难明邪？’老子曰：‘幸矣！子之不遇治世之君也。夫六经，先王之陈迹也，岂其所以迹哉！今子之所言，犹迹也。夫迹，履之所出，而迹岂履哉！”同前《庄子集释》。

② 《后汉纪》卷十二，章帝建初八年，“袁宏曰”。同前《后汉纪校注》。

袁宏很不满意后世一些史学家专在注疏上做文章。他认为，这些注疏做得再好，至多是“止于事义”而已。至于作者所寄之“高怀”，事义的“疏外之意”，古人的“遗风余趣”等，则不是“殁而不传”，就是“蔑如也”。为了改变这种情况，袁宏在《后汉纪》中加了许多“论赞”，借此以“寄其高怀”，发“疏外之意”，扬“遗风余趣”，而终明其“名教之本”，“义教所归”。《后汉纪》全书“论赞”共计五十五条，除去四条是引华峤的外，袁宏共写了五十一条。这五十一条“论”中，最短的只有四十余字，最长的竟达一千余字，而总计字数则有一万七千字左右，约占全书的十二分之一，这个比例是历来史书论赞所仅见者。顺便说一下，著名的王弼《老子道德经注》的全部注文也只有一万一千字左右，由此可见，袁宏《后汉纪》中“论”的分量并不算轻。遗憾的是，过去研究历史的学者对其“论”中的“务饰玄言”很不感兴趣，甚至认为其中“多迂腐陈旧之说”①，因而很少去认真地研究它。而研究哲学思想史者，则因它是一部史书，也没有注意到其中“论”部分的思想性及其理论意义，以致袁宏在东晋玄学史上的地位长期湮没无闻。

陈寅恪先生在其《陶渊明之思想与清谈之关系》一文中，为说明至东晋时期，清谈虽“已无政治上之实际性，但凡号称名士者其出口下笔无不涉及自然与名教二者同异之问题”，于是援引袁宏《后汉纪》“序”和三段“论”中的部分文字以为例证，并指出袁氏“全书之议论皆谓自然为名教之本”。尽管陈先生在举袁氏《后汉纪》“论”文为例时，并没有作更深入的研究，而且还一再强调，此类言说只不过是当时名士们“须臾不可离之点缀品”“所不可少之装饰门面语”而已②等等。但是，陈先生的提示促使人们去注意和研究袁彦伯的玄学思想，则其始揭之功当不可灭。

东晋玄学的发展，除玄佛融合的趋势外，在其自身理论的发展

---

① 见周天游《后汉纪校注》前言。

② “陈寅恪文集之二”《金明馆丛稿初编》。

中，有两个特点可注意：一是对正始以来“贵无”“崇有”“独化”等论说进行理论上的整合，主要是加以调和与融合。二是对儒、道两家做出明确的定性判别，提出“道本”“儒用”的论断，为“名教”与“自然”的对立与统一确立学统上的依据，同时用之于评史论政，品题人物，向玄学的本来题目反归。第一个特点，本文所提到的韩康伯、张处度、陶渊明、袁彦伯等人的思想和理论均可应符。而第二个特点，则主要体现在袁宏《后汉纪》论评中所表达的思想上。

三

名教与自然的关系问题是玄学讨论的根本问题。而强调以自然为本，主张名教与自然的统一，乃是玄学的基本立场。名教理论的学统根据是儒家，自然理论的学统根据是道家。按以名教与自然统一的立场，毫无疑问儒与道也是统一的。这正如南朝刘宋时谢灵运在《辨宗论》中所说的：“向子期以儒道为壹。”① 按在名教与自然关系中以自然为本推论之，则在儒与道的关系中也应当以道家为本。然而，正是在这一点上，无论是王弼还是郭象都没有明确地表述过。不仅如此，甚至在王弼和郭象的论述中都还有只称许周、孔为圣人，而老、庄不及周、孔的倾向。袁宏在这个问题上，则作出了十分明确的论断：“道明其本，儒言其用。”他说：

> 昔仲尼没而微言绝，七十子丧而大义乖，诸子之言纷然淆乱。太史公谈判而定之，以为六家；班固演其说，而明九流。观其所由，皆圣王之道也，支流区别，各成一家之说。夫物必有宗，事必有主，虽治道弥纶，所明殊方，举其纲契，必有所归。寻史谈之言，以道家为统；班固之论，以儒家为高。二家之说，未知所辩。
>
> 尝试论之曰：夫百司而可以总，动而非已也②；虚无以应

---

① 《广弘明集》卷二十，《四部备要》本。

② 按，“总”字下据明嘉靖黄姬水本补“百司，非君道如何情动”九字。然补后于文义似并不见长，故仅录以备考。

> 其变，变而非为也。夫以天下之事，而为以一人，即精神内竭，祸乱外作。故明者为之视，聪者为之听，能者为之使，惟三者为之虑，不行而可以至，不为而可以治，精神平粹，万物自得，斯道家之大旨，而人君自处之术也。夫爱之者，非徒美其车服，厚其滋味，必将导之训典，辅其正性，纳之义方，闲其邪物。故仁而欲其通，爱而欲其济，仁爱之至，于是兼善也。然则百司弘宣，在于通物之方，则儒家之算，先王教化之道。居极则玄默之以司契，运通则仁爱之以教化。故道明其本，儒言其用，其可知也矣。①

袁宏在这里比较了儒道两家的基本政治原则，在肯定两家各自的社会作用的前提下，因其一则为“居极”之术，一则为“运通”之方，从而明其有“本”“用”之别。这也是对上引王弼《老子》“二十八章注”中所述思想的一种发挥。袁宏的论述，在与他同时代名士的论著中也可看到类似的说法。如《晋书·李充传》载，李氏“幼好刑名之学，深抑虚浮之士”，于是“引道家之弘旨，会世教之适当”而著《学箴》，以期“祛困蒙之蔽，悟一往之惑”。他说：

> 《老子》云：“绝仁弃义，家复孝慈。”岂仁义之道绝，然后孝慈乃生哉？盖患乎情仁义者寡，而利仁义者众也。道德丧而仁义彰，仁义彰而名利作，礼教之弊，直在兹也。先王以道德之不行，故以仁义化之，行仁义之不笃，故以礼律检之，检之弥繁，而伪亦愈广。老庄是乃明无为之益，塞争欲之门。……物必有宗，事必有主，寄责于圣人而遗累乎陈迹也。故化之以绝圣弃智，镇之以无名之朴。圣教救其末，老庄明其本，本末之涂殊而为教一也。②

此外，如葛洪，从道教的立场出发也强调所谓“道者，儒之本

---

① 《后汉纪》卷十二，章帝建初八年，“袁宏曰”。同前《后汉纪校注》。

② 《晋书》卷九十二，《文苑列传》。中华书局标点本。

也；儒者，道之末也”① 等等。由此可见，以道家为本，融合儒道可说是东晋时期一股重要的社会思潮。

两晋之际，一部分名士借适自然之性而遗落世事，放诞不羁，纵情越礼；一部分名士则又借崇礼教之名，“存名以为己”“托名以胜物”。袁宏的“道本儒用”论，不能说与这一社会现实无关。他是既反对崇尚虚浮、蔑弃礼法的任自然末流，也反对“假（借）仁义以济欲，或礼贤以自重”② 的崇名教末流。他的意见是：“仁义不可不明”，而同时“生理不可不全”③，因而希望在理论上重新讲清楚自然与名教的统一关系，进一步发扬王弼、郭象的正统玄学理论。

由于时代的不同，又由于袁宏是借史事以发议论，与王弼、郭象借注《老》《庄》以发议论，在表达形式上也有所不同，所以，袁宏的玄学理论虽说与王弼、郭象的玄学理论是一脉相承的，但也有他自身的特色。其中最大的一个特点是袁宏对名教的社会作用的高度重视和肯定。如袁宏反复强调，对于一个社会来说，礼法制度是不可或缺的。他说：

> 夫民心乐全而不能常全，盖利用之物悬于外，而嗜欲之情动于内也，于是有进取陵竞之行。希求放肆不已，不能充其嗜欲也，则苟且侥幸之所生也。希求无厌，无以惬其欲也，则奸伪忿怒之所兴也。先王知其如此，而欲救弊，故先以德礼陶其心，其心不化，然后加以刑辟。④
>
> 尝试言之曰：夫百人聚，不乱则散；以一人为主，则斯治矣。……故信义著而道化成，名器固而风俗淳，推之百世，可久之道也。⑤

---

① 《抱朴子·明本》，王明《抱朴子内篇校释》，中华书局，1980 年。

② 《后汉纪》卷三，光武帝建武元年，“袁宏曰”。同前。

③ 《三国名臣颂》，见《晋书》卷九十二，《文苑列传·袁宏传》。中华书局标点本。

④ 《后汉纪》卷三十，献帝建安十三年，“袁宏曰”。同前。

⑤ 《后汉纪》卷七，光武帝建武十五年，“袁宏曰”。同前。

夫万物云为趣舍不同，爱恶生杀，最其甚大者也。纵而不一，乱亡之道。故明王制设号令，所以一物心而治乱亡也。①

常试言之：夫礼备者德成，礼顺者情泰。德苟成，故能仪刑家室，化流天下；礼苟顺，故能影响无遗，翼宣风化。古之圣人，知人伦本乎德义，万物由乎化风，陶铸因乎所受，训导在乎对扬。崇轨仪于化始，必理备而居宗；明恭肃以弘治，则理尽而向化。斯乃君臣尊卑之基，而德和洽之本也。②

总之，袁宏以为，“古之圣人，知治乱盛衰有时而然也，故大建名教，以统群生”③。但是，他又明确地表示，礼法制度一定要是合乎人物的实情的，为人物所乐于接受的。这就是他说的：

自古在昔，有治之始，圣人顺人心以济乱，因去乱以立法。故济乱所以为安，而兆众仰其德。立法所以成治，而民氓悦其理。是以有法有理，以通乎乐治之心，而顺人物之情者。岂可使法逆人心，而可使众兆仰德，治与法违，而可使民氓悦服哉！由是言之，资大顺以临民，上古之道也。通分理以统物，不易之数也。④

他又说：

夫称至治者，非贵其无乱，贵万物得所，而不失其情也。言善教者，非贵其无害，贵性理不伤，性命咸遂也。故治之兴，所以道通群心，在乎万物之生也。古之圣人，知其如此，故作为名教，平章天下。天下既宁，万物之生全也。保生遂性，久而安之。故名教之益，万物之情大也。当其治隆，则资教以全生；及其不足，则立身以重教。然则教也者，存亡之所由也。夫道衰则教亏，幸免同乎苟生；教重则道存，灭身不为徒死，所以固名教也。……夫称诚而动，以理为心，此情存乎名教者也。内不忘己以为身，此利名教者也。情于名教者少，

① 《后汉纪》卷五，光武帝建武六年，“袁宏曰”。同前。
② 《后汉纪》卷二十一，桓帝和平元年，“袁宏曰”。同前。
③ 《后汉纪》卷三十，献帝建安二十五年，“袁宏曰”。同前。
④ 《后汉纪》卷六，光武帝建武十二年，“袁宏曰”。同前。

故道深于千载；利名教者众，故道显于当年。①

在这段话中，袁宏除了充分肯定“名教之益，万物之情大也”和名教为“存亡之所由也”外，对于名教之所由起，以及对名教究竟是出诸于情，抑或是借之为利等问题，也做了重要的论述。特别值得指出的是，袁宏在这里提到的圣人之作名教的目的是为使天下万物“保生遂性”这个论断。所谓“保生遂性”，也就是顺从自然。从这一前提出发，则名教一定不能有害于万物之生和有违于万物之性，于是，顺理成章地就应当推衍出：名教出于自然之情，本乎自然之性。所以，袁宏的名教为“保生遂性”论，可以说是对王弼、郭象等人自然与名教为一理论的进一步发展。关于名教出于自然之情，本乎自然之性，袁宏有很多论述。如说：

> 夫君臣父子，名教之本也。然则名教之作，何为者也？盖准天地之性，求之自然之理，拟议以制其名，因循以弘其教，辩物成器，以通天下之务者也。是以高下莫尚于天地，故贵贱拟斯以辩物；尊卑莫大于父子，故君臣象兹以成器。天地，无穷之道；父子，不易之体。夫以无穷之天地，不易之父子，故尊卑永固而不逾，名教大定而不乱，置之六合，充塞宇宙，自今及古，其名不去者也。未有违夫天地之性，而可以序定人伦；失乎自然之理，而可以彰明治体者也。末学庸浅，不达名教之本，牵于事用，以惑自然之性……违天地之本，灭自然之性，岂不哀哉！②

袁宏在这里十分明确地表达了名教以天地自然之性理为准则的观点，并且严厉批评那些拘于名教之用而不能发挥自然本性的人，是“不达名教之本”的人，是极其可悲的。他认为，天地人物各从其类，以理相应，人们不应当随便地加以干预，而使其失序。如说：

> 夫物有方，事有类。阳者从阳，阴者从阴。本乎天者亲上，本乎地者亲下，则天地人物各以理应矣。故干其一物，是

① 《后汉纪》卷二十三，灵帝建宁二年，“袁宏曰”。同前。

② 《后汉纪》卷二十六，献帝初平二年，“袁宏曰”。同前。

亏其气，所犯弥众，所以寒暑不调，四时失序，盖由斯也。古之哲王，知治化本于天理，陶和在于物类。故导之德礼，威以刑戮，使赏必当功，罚必有罪，然后天地群生，穆然文泰。故斩一木，伤一生，有不得其理，以为治道未尽也，而况百姓之命乎?①

所以，他强调指出，名教的根本原则就是要“因其自然而不夺其情”②，使万物各得其所，各遂其生。他说：

夫生而乐存，天之性也；困而思通，物之势也；爱而效忠，情之用也。故生苟宜存，则四体之重不可轻也；困必宜通，则天下之欲不可去也；爱必宜用，则北面之节不可废也。此三涂者，其于趣舍之分，则有同异之辨矣。统体而观，亦各天人之理也。……圣人知天理之区别，即物性之所托，混众流以弘通，不有滞于一方，然后品类不失其所，而天下各遂其生矣。③

又说：

夫金刚水柔，性之别也；圆行方止，器之异也。故善御性者，不违金水之质；善为器者，不易方圆之用。物诚有之，人亦宜然。故肆然独往，不可袭以章服者，山林之性也；鞠躬履方，可屈而为用者，庙堂之材也。是以先王顺而通之，使各得其性，故有内外隐显之道焉。④

袁宏的这段话，从表面上看，主要讲的是如何善用器物和人才之道。然而此用物用人之道，在他看来也正是礼教的组成部分。所以他说：

夫礼也，治心轨物，用人之道者也。其本所由在于爱敬自然，发于心诚而扬于事业者。圣人因其自然，而辅其性情，为之节文，而宣以礼物。于是有尊卑亲疏之序焉。推而长之，触

---

① 《后汉纪》卷十一，章帝建初元年，“袁宏曰”。同前。

② 《后汉纪》卷十七，安帝建光元年，“袁宏曰”。同前。

③ 《后汉纪》卷十七，安帝延光三年，“袁宏曰”。同前。

④ 《后汉纪》卷五，光武帝建武五年，“袁宏曰”。同前。

类而申之，天地鬼神之事，莫不备矣。①

从以上几段话中所强调的不违其质、不易其用；因其自然，顺而通之，各遂其生，各得其性，等等，充分而鲜明地表达了袁宏以自然为名教之本的玄学理论。

与此同时，袁宏也反复强调忠孝仁义等乃是出于人的本性，合乎自然之理的。如，他表扬章帝说："章帝尊礼父兄，敦厚亲戚，发自中心，非由外入者也，虽三代之道，亦何以过乎？"② 又推崇夏侯玄说："邈哉太初，宇量高雅，器范自然，标准无假。……君亲自然，匪由名教，爱敬既同，情礼兼到。"③ 总之，他认为：

夫崇长推仁，自然之理也。……夫爱敬忠信，出乎情性者也。④

夫仁义者，人心之所有也。浓薄不同，故有至与不至焉。当其至者，在君亲之难，若身首之相卫也；其不至者，犹有儿女之爱焉。无情于斯者，不得豫夫人伦矣。⑤

郭象也说过"夫仁义自是人之情性，但当任之耳"⑥ 这样的话，王弼也肯定"仁义发于内"⑦，袁宏在这里基本上是发挥了这一思想。但当我们深入一步考察的话，就会发现其中还存在着很大的不同。

在同样主张"以自然为本"的前提下，王弼、郭象更多地强调的是"任"自然，而袁宏则强调的是"顺"自然。从字面上看，"任"和"顺"没有多大的区别，而且郭象也常有"顺乎自然"这样的话，那么，我这里所指的两者的差别究竟在哪里呢？概要地说，王、郭的"任"是高扬"无为"，贬斥"有为"；而袁宏的

---

① 《后汉纪》卷十三，和帝永元三年，"袁宏曰"。同前。

② 《后汉纪》卷十一，章帝建初七年，"袁宏曰"。同前。

③ 《三国名臣颂》，见《晋书》卷九十二，《文苑列传·袁宏传》。中华书局标点本。

④ 《后汉纪》卷三，光武帝建武元年，"袁宏曰"。同前。

⑤ 《后汉纪》卷二十五，灵帝中平六年，"袁宏曰"。同前。

⑥ 《庄子·骈拇篇》注。同前《庄子集释》。

⑦ 《老子道德经注》三十八章。同前。

“顺”则是肯定“有为”，不倡“无为”。如王弼说：

天地任自然，无为无造，万物自相治理，故不仁也。……无为于万物而万物各适其所用，则莫不赡矣。①

凡不能无为而为之者，皆下德也，仁义礼节是也。②

郭象说：

夫物有常然，任而不助，则泯然自得而不自觉也。③

宥使自在则治，治之则乱也。……故所贵圣王者，非贵其能治也，贵其无为而任物之自为也。④

而袁宏则认为：

万物之性，非能自止者也⑤，若纵而任之，不为师保，恣其嗜欲，而莫之禁御，性气既成，不可变易，情意流荡，不可收复。故动之凶德，而国殄身亡也。⑥

这是说，人的自然性情是不能完全放任的。因此，如前所述，他一再声称，名教之作是不可或缺的，“名教之益，万物之情大也”“信义著而道化成，名器固而风俗淳”，等等。这也就是说，在袁宏看来，名教之建立的最高原则是遵循、顺因自然，而自然之得以合理、充分地发挥也离不开名教的导引和保障。对此，袁宏归纳说：

《易》称“天之所助者顺，人之所助者信”，然则顺之与信，其天人之道乎，得失存亡，斯亦性命之极也。⑦

这是说，天道之顺，人道之信，两者是相辅相成的，对于社会和人身是缺一不可的。由此可以认为，关于名教与自然，无为与有为，天与人之间的关系，在袁宏这里比在王弼和郭象那里，赋予了更为协调一致的理论说明。

---

① 《老子道德经注》五章。同前。

② 《老子道德经注》三十八章。同前。

③ 《庄子·骈拇篇》注。同前。

④ 《庄子·在宥篇》注。同前。

⑤ 《后汉纪》卷十八，顺帝永建四年，“袁宏曰”。同前。

⑥ 《后汉纪》卷十六，安帝元初六年，“袁宏曰”。同前。

⑦ 《后汉纪》卷二十一，桓帝延熹元年，“袁宏曰”。同前。

四

袁宏作为一位治史的玄学家，十分重视历史的经验教训，所以在论史评政中也提出了不少值得注意的政治、道德等方面的理论。下面择其主要者略做介绍。

首先，袁宏从其名教之作必须顺人物自然之情性的基本理论出发，着重强调了“因事作制”“损益随时”的制礼、治世原则。如说：

> 圣人因事作制，以通其变。①
>
> 古者民人淳朴，制礼至简，污樽抔饮，可以尽欢于君亲；蒉桴土鼓，可以致敬于鬼神。将之以诚，虽微物而可重；献之由心，虽蒲质而可荐。此盖先王制礼之本也。中古损益，教行文质，范金合土，而栋宇之制丽矣；绘集采色，而衣裳之度彰矣；比声谐音，而金石之品繁矣。夫简朴不足以周务，故备物以致用；卑素不足以崇高，故富［有］以成业。此又先王用礼之意也。夫尊卑长幼不得而移者也，器服制度有时而变者也。小则凶荒殊典，大则革伏异礼，所以随用合宜，易民视听者也。此又先王变礼之旨也。是故王者之兴，必先制礼，损益随时，然后风教从焉。②

在这段话中，袁宏把历史上礼制的变化，分别归结为是“先王”的“制礼之本”“用礼之意”“变礼之旨”等原则的运用。这也就是说，制礼需损益随时，然其损益则又都合乎先王的基本原则。同样，不同君主、部族所表现出的不同旨趣、制度、风俗等，归根结底也是由其“所遇之时异”决定的。所以他说：

> 尧、舜之传贤，夏禹、殷汤授其子，此趣之不同者也。夏后氏赏而不罚，殷人罚而不赏，周人兼而用之，此德刑之不同者。殷人亲尽则婚，周人百世不通，此婚姻之不同也。立子以

---

① 《后汉纪》卷二十一，桓帝元嘉元年，“袁宏曰”。同前。

② 《后汉纪》卷十三，和帝永元三年，“袁宏曰”。同前。按，引文中“有”字，据文义引《易系辞》补。

> 长，三代之典也，文王废伯邑考而立武王，废立之不同者也。“君亲无将，将而必诛”，周之制也；《春秋》杀君之贼，一会诸侯，遂得列于天下，此褒贬之不同者。彼数圣者，受之哲王也，然而会通异议，质文不同，其故何耶？所遇之时异。①

又，袁宏还指出：“夫天地之性，非一物也；致物之方，非一道也。”所以“善为治者，必体物宜，参而用之。所以作而无过，各得其方矣”。这些观点可以说是从他的顺自然思想推衍出来的，在一定程度上反映了他对客观实际的尊重。由此，他对谶纬之说也进行了尖锐的批评，明确宣称：“若夫谶记不经之言，奇怪妄异之事，非圣人之道。”②

其次，袁宏认为君主最主要的责任是任贤用才。他曾说：

> 夫百姓不能自牧，故立君以治之；明君不能独治，则为臣以佐之。然则三五迭隆，历代承基，揖让之与干戈，文德之与武功，莫不宗匠陶钧而群才缉熙，元首经略而股肱肆力。……故二八升而唐朝盛，伊吕用而汤武宁，三贤进而小白兴，五臣显而重耳霸。③

袁宏在这里充分肯定了贤才在治国安邦中的重要作用。所以，他明确指出：“夫帝王之道，莫大于举贤。”④ 然而，他又深深地感到，人才之培养，人才之发现，和人才之得以尽其才之难。他说：

> 夫世之所患，患时之无才也；虽有其才，患主之不知也；主既知之，患任之不尽也。彼三患者，古今所同，而御世之所难也。⑤

---

① 《后汉纪》卷十二，章帝建初八年，“袁宏曰”。同前。“君亲无将，将而必诛”，语出《春秋公羊传》“庄公三十二年”。周天游《校注》本引李贤注曰：“将者，将为杀逆之事也。”

② 《后汉纪》卷三，光武帝建武元年，“袁宏曰”。同前。

③ 《三国名臣颂》，见《晋书》卷九十二，《文苑列传·袁宏传》。中华书局标点本。

④ 《后汉纪》卷三，光武帝建武元年，“袁宏曰”。同前。

⑤ 《后汉纪》卷六，光武帝建武十年，“袁宏曰”。同前。

为此，他提出君主必须“降己虚求”，对奇才大德者应不拘资历任用等。如说：

古之明君，必降己虚求，以近辅佐之臣，所以寄通群方，和睦天人。①

举贤之义，各有其方。夫班爵以功，试历而进，经常之道也。若大德奇才，可以光昭王道，弘济生民，虽在泥涂，超之可也。”②

所以，他对于光武帝把卓茂由一名地方小令一下子提拔到太傅的职位极为赞赏，说：“卓公之德，既已洽于民听，光武此举，所以宜为君也。”③

再次，袁宏还十分强调人君和君子应当具备“谦”的品德。当时，在一部分名士中曾有一场关于“谦”的问题的讨论。其起因是，王坦之写了一篇文章，与殷康子讨论“公”和“谦”的意义，袁宏和韩康伯也都参加了讨论，并发表了各自的意见，所以这个问题也可以说是当时玄学家共同关心的问题。现在，王坦之和韩康伯的文章都保留在《晋书》各自的本传中，殷康子的文章已佚失，袁宏文章的部分佚文尚存于《太平御览》卷四二三，此外，在《后汉书》的一些论评中也可以了解到他的某些观点。

王坦之在论公谦书中说：

夫天道以无私成名，二仪以至公立德。立德存乎至公，故无亲而非理；成名在乎无私，故在当而忘我。此天地所以成功，圣人所以济化。由斯论之，公道体于自然，故理泰而愈降；谦义生于不足，故时弊而义著。……从此观之，则谦公之义固以殊矣。……谦光之义与矜竞而俱生，卑挹之义与夸伐而并进。……二象显于万物，两德彰于群生，岂矫枉过直而失其所哉！由此观之，则大通之道公坦于天地，谦伐之义险巇于人

---

① 《后汉纪》卷七，光武帝建武十三年，“袁宏曰”。同前。

② 《后汉纪》卷三，光武帝建武元年，“袁宏曰”。同前。

③ 《后汉纪》卷三，光武帝建武元年，“袁宏曰”。同前。

事。今存公而废谦，则自伐者托至公以生嫌，自美者因存党以致惑。此王生所谓同貌而实异，不可不察者也。①

简而言之，王坦之的基本观点是："谦"与"公"表面上看来相同，其实是有根本区别的。"公"道体现了天地的至德，而"谦"义则起于人事的不足。"谦"实际上是与矜夸联系在一起的，常常掩盖着自美自夸。所以，他大力褒扬"公"道，贬斥"谦"义。

袁宏和殷康子都不同意王坦之的观点。袁宏认为：

谦尊而光，于是信矣。……杨朱有言："行贤而去自贤之心，无所往而不美。"因斯以谈，圣莫盛于唐、虞，贤莫高于颜回。《虞书》数德，以克让为首，仲尼称颜回之仁，以不伐为先。……然则克让不伐者，圣贤之上美；矜善上人者，小人之恶行也。《司马法》曰："苟不伐则无求，无求则不争，不争则不相掩。"由此言之，民之所以和，下之所以顺，功之所以成，名之所以立者，皆好乎能让而不自贤矣。……士苟自贤，必贵其身，虽官当才，斯贱之矣。苟矜其功，必蒙其过，虽赏当事，斯薄之矣。苟伐其善，必忘其恶，虽誉当名，斯少之矣。于是怨责之情，必存于心；希望之气，必形于色。此矜伐之士，自贤之人，所以为薄，而先王甚恶之者也。君子则不然，劳而不伐，施而不德；致恭以存其德，下人以隐其功；处不避污，官不辞卑；唯惧不任，唯患不能。故力有余而智不屈，身远咎悔而行成名立也。②

这里，袁宏对"谦让"的品德给予了高度的赞扬，指认其为"圣贤之上美"。而对那些自以为贤、自居其功、自夸其善的人，袁宏则给予了严厉的批评，直斥为"小人之恶行也"。

袁宏还对王坦之所谓"谦光之义与矜竞而俱生，卑挹之义与夸伐而并进"的说法进行了批驳。他认为：

---

① 《晋书》卷七十五。中华书局标点本。

② 《后汉纪》卷六，光武帝建武七年，"袁宏曰"。同前。

> 贤人君子，推诚以存礼，非降己以应世；率心以成谦，非匿情以同物。故侯王以孤寡飨天下，江海以卑下朝百川。《易》曰：“天道下济而光明，地道卑而上行。”《老子》曰：“高以下为基，贵以贱为本。”此之谓乎！①

这是说，君子之谦完全是出于本性的至诚，而绝不是虚伪地应付世俗人事。

韩康伯则采取一种折中的立场。他首先规定“谦”的定义为“降己”。然后分析说，因为有所贵，所以才有降己的问题。然而，“道足者，忘贵贱而一贤愚；体公者，乘理当而均彼我”。对于这样的人，“降挹之义，于何而生”？韩康伯首先肯定了王坦之扬“公”的观点，但是，他同时认为，“然君子之行己，必尚于至当，而必造乎匿善”。这句话的意思是说，君子对于自己的要求，一定要以“公”为最高的目标，但也一定要从“谦”做起。这是因为，自高自夸者还存有私我之情，它既有伤于德，也有亏于理，又怎么能达到“公”呢？他的结论是：

> 王生之谈，以至理无谦，近得之矣。云人有争心，善不可收，假后物之迹，以逃动者之患，以语圣贤则可，施之于下斯者，岂惟逃患于外，亦所以洗心于内也。②

由此可见，韩康伯对王坦之的“至理无谦”论是基本肯定的，而对王氏把“谦”一概都说成是“假后物之迹，以逃动者之患”，则不完全同意。他认为，“谦”对于一般人来说，何止于逃避外来的祸患，同时也是不可缺少的一种内心修养。

关于“公”和“谦”的论争，实际上与自然与名教的关系问题是密切相关的。王坦之认为，“公”是体于自然之“至理”，而“谦”则是生于不足的名教，从而把两者对立起来，扬“公”而贬“谦”。袁宏则以为“谦”义虽系于名教，但它是出于本性之至诚，

---

① 《袁彦伯明谦》，《太平御览》卷四二三。中华书局影印本。按，文中引《易》文为“谦”卦“彖曰”，引《老子》文为三十九章。

② 《晋书》卷七十五。中华书局标点本。

合乎天地自然之道，所以不应与“公”对立起来，努力贯彻其自然与名教合一的宗旨。韩康伯调和二者，并把“谦”作为达到“公”的一种修养阶段，则亦不失为一种合名教与自然为一的巧释。

最后，袁宏对于历史上不同学派和不同学说的发生条件及其社会作用等问题也做了比较客观的分析，很有一些辩证法的精神。如他对司马谈所说的先秦六家，除上文已提到的“道明其本，儒言其用”外，对其他四家的发生原因也做了分析。他说：

> 夫大道行，则仁爱直达而无伤，及其不足，则抑参差而并陈。患万物之多惑，故推四时以顺，此明阴阳家之所生也。惧天下［之］扰扰，竟故辩加位以归真，此名家之所起。畏众寡之相犯，故立法制以止杀，此法家之所兴也。虑有国之奢弊，故明节俭以示人，此墨家之所因也。斯乃随时之迹，总而为治者也。①

在此，他强调了两点：一是认为由于大道的不足，各家学说参差并陈，各依所见而救其偏；二是强调各家学说只不过是随时应变以治世的迹用，切不可执着以为本。他又认为：

> 夫人生合天地之道，感于事动，性之用也。故动用万方，参差百品，莫不顺乎道，本乎情性者也。是以为道者清净无为，少思少欲，冲其心而守之，虽爵以万乘，养以天下，不荣也。为德者言而不华，默而有信，推诚而行之，不愧于鬼神，而况于天下乎！为仁者博施兼爱，崇善济物，得其志而中心倾之，然忘己以为千载一时也。为义者洁轨迹，崇名教，遇其节而明之，虽杀身糜躯，犹未悔也。故因其所弘则谓之风，节其所托则谓之流。自风而观，则同异之趣可得而见；以流而寻，则好恶之心于是乎区别。是以古先哲王，必节顺群风而导物，为流之途而各使自尽其业。②

---

① 《后汉纪》卷十二，章帝建初八年，“袁宏曰”。同前。按，引文中“之”字，据文义补。

② 《后汉纪》卷二十二，桓帝延熹九年，“袁宏曰”。同前。

这是说，人们信奉某种学说或遵循某种行为原则，是与他所感之事有关，是他本性的发用。尽管人们信奉的学说，遵循的原则千差万别，但都是合乎一个总的原则和出乎人的本性的。对此，圣王们应当注意引导其流向，而使信奉不同学说和原则的人都能充分完成其事业。于是，袁宏进一步对在不同时期出现的某些学说和学风的利弊做了一分为二的辩证分析。如他说：

夫排忧患，释疑虑，论形势，测虚实，则游说之风有益于时矣。然犹尚谲诈，明去就，间君臣，疏骨肉，使天下之人专俟利害，弊亦大矣。轻货财，重信义，忧人之急，济人之险，则任侠之风有益于时矣。然竖私惠，要名誉，感意气，仇睚眦，使天下之人，轻犯叙之权，弊亦大矣。执诚说，修规矩，责名实，殊等分，则守文之风有益于时矣。然立同异，结朋党，信偏学，诬道理，使天下之人奔走争竞，弊亦大矣。崇君亲，党忠贤，洁名行，厉风俗，则肆直之风有益于时矣。然定臧否，穷是非，触万乘，陵卿相，使天下之人，自置于必死之地，弊亦大矣。①

尽管在这段分析中，明显地带有许多历史的局限，但也不能否认，袁宏的见解是符合历史事实的，是值得后人注意的。如何才能存利以去弊呢？袁宏也提出了他的原则：

使言足以宣彼我，而不至于辩也；义足以通物心，而不至于为佞也；学足以通古今，而不至于为文也；直足以明正顺，而不至于为狂也。②

这里，袁宏提出了对各种学说或行为都需要掌握一定的度而不要过之的原则，这也就是儒学的“中庸”原则。而从本文以上简要的叙述中，我们可以发现，袁宏的全部学说，正是实践了这一“中庸”原则的模范。

① 《后汉纪》卷二十二，桓帝延熹九年，“袁宏曰”。同前。

② 《后汉纪》卷二十二，桓帝延熹九年，“袁宏曰”。同前。

道艺并进

中国文化的艺术精神[①]

记不清是哪位前辈说过这样一句话：中国文化是艺术的文化。我总觉得，这是一句十分精辟的话，只有深得中国文化三昧的人才说得出来。

据我的体会，这里所以称中国文化为“艺术的文化”，绝不仅仅是指我国传统文化中拥有的那些丰富多彩的艺术样式和作品，而主要是指贯穿于我国文化传统中的那种艺术精神。

对于中国文化之富于伦理精神，已为世人所广泛了解，且论之者在在皆是；而相比之下，世人对于中国文化之富于艺术精神的了解，则显得很不够，且论之者亦不多。其实，在中国文化传统中，伦理精神与艺术精神如车之两轮、鸟之两翼，是相辅相成、相得益彰的。从某种意义上讲，中国传统道德所追求的最高境界是一种艺术的境界，而传统艺术的重要功能则是在陶冶性情、潜移默化之中以助理想人格的完成。因此，在中国传统文化中，道德修养和艺术修养是人生修养的两个不可或缺的方面，而道德修养和艺术修养的程度如何也就被视作一个人文化素质高下的体现。

冯友兰先生曾说：“儒家以艺术为道德教育的工具。”（《中国哲学简史》第二章）徐复观先生则说：“由孔子所显出的仁与音乐合一的典型，这是道德与艺术在穷极之地的统一。”（《中国艺术精神》“自序”）他们的论述都揭示了儒家文化中重视艺术教育和把艺术与道德高度统一起来的特征。先秦时代的艺术教育主要是“诗

① 原载《民主与科学》1992 年第 2 期。

教”和“乐教”。对于诗，孔子认为，读诗可以感发心志，提高观察力，培养合群性，学得表达感情的方法。而诗中所讲的道理，近则可以用来事奉父母，远则可以用来服事君上。此外，读诗还可以多多认识鸟兽草木的名称①。所以他教训儿子伯鱼说：“不学诗，无以言。”（《季氏》）又说，一个人如果不研读《诗经》中的《周南》《召南》，那就会像面对着墙壁而站着（什么也看不见，一步也进不了）②。对于乐，孔子尤为重视，总是把它与礼相提并论，甚至认为乐在某种意义上更可以体现善与美（道德与艺术）的统一。如，他赞叹韶乐说：“韶尽美矣，又尽善矣。”（《八佾》）以至于当他在齐国听到韶乐后，竟“三月不知肉味”，而且无限地感叹道：“不图为乐之至于斯也！”（《述而》）所以，对于诗、礼、乐三者的关系，孔子是这样来论述的：“兴于诗，立于礼，成于乐。”（《泰伯》）这里，他把乐放在礼之后，是把乐看作人格完成的最高境界。

道家，尤其是《庄子》书中所向往的人生境界中蕴含着的艺术精神，对于中国文化的艺术精神的发展有着极其重要的影响。不过，道家文化中的艺术精神在老庄时代并未达到自觉的程度，而是经由魏晋玄学和其时的艺术理论家的阐发才得以发扬光大，并达到自觉的。徐复观先生在比较分析儒、道两家思想中的艺术精神时说：“儒道两家，虽都是为人生而艺术，但孔子是一开始便有意识地以音乐艺术为人生修养之资，并作为人格完成的境界。因此，他不仅就音乐的自身而言音乐，并且也就音乐的自身以提出音乐的要求，体认到音乐的最高意境。因而关于先秦儒家艺术精神的把握，便比较明显而容易。庄子则不仅不像近代美学的建立者，一开始即以美为目的，以艺术为对象，去加以思考、体认，并且也不像儒家一样，把握住某一特定的艺术对象，抱定某一目的去加以追求。老

① “诗，可以兴，可以观，可以群，可以怨。迩之事父，远之事君；多识于鸟兽草木之名。”（《论语·阳货》）

② “人而不为《周南》《召南》，其犹正墙面而立也与？”（同上）

子乃至庄子，在他们思想起步的地方，根本没有艺术的意欲，更不曾以某种具体艺术作为他们追求的对象。……他们只是扫荡现实人生，以求达到理想人生的状态。他们只是把道当作创造宇宙的基本动力；人是道所创造，所以道便成为人的根源性的本质……从此一理论的间架和内容说，可以说‘道’之与艺术，是风马牛不相及的。但是，若不顺着他们思辨的形上学的路数去看，而只从他们由修养的工夫所达到的人生境界去看，则他们所用的工夫，乃是一个伟大艺术家的修养工夫；他们由工夫所达到的人生境界，本无心于艺术，却不期然而然地会归于今日之所谓艺术精神之上。也可以这样说，当庄子从观念上去描述他之所谓道，而我们也只从观念上去加以把握时，这道便是思辨的形而上的性格。但当庄子把它当作人生的体验而加以陈述，我们应对于这种人生体验而得到了悟时，这便是彻头彻尾的艺术精神。……但因为他们本无心于艺术，所以当我说他们之所谓道的本质，实系最真实的艺术精神时……乃就艺术精神最高的意境上说。人人皆有艺术精神，但艺术精神的自觉，既有各种层次之不同，也可以只成为人生中的享受，而不必一定落实为艺术品的创造。……所以老、庄的道，只是他们现实的、完整的人生，并不一定要落实而成为艺术品的创造。”（《中国艺术精神》第二章第二节）徐先生的分析深刻透彻，我是非常赞同的。

魏晋玄学融会儒道，进一步沟通了宇宙根本和人生境界。王弼言圣人体无而有情①，嵇康标越名教而任自然②，郭象唱身居庙堂而心寄山林③。特别是玄学提倡的“得意忘象”（王弼），“寄言以

---

① 何劭《王弼传》载：“弼曰：‘圣人体无。’”“何晏以为圣人无喜怒哀乐……弼与不同，以为圣人茂于人者神明也，同于人者五情也。神明茂，故能体冲和以通无；五情同，故不能无哀乐以应物。”（《王弼集校释》）

② 嵇康在《释私论》中说：“矜尚不存乎心，故能越名教而任自然；情不系于所欲，故能审贵贱而通物情。物情顺通，故大道无违；越名任心，故是非无措也。”

③ 郭象在《逍遥游注》中说：“夫圣人虽在庙堂之上，然其心无异于山林之中。”

出意”，“求道于言意之表”（郭象）等思维方法，开启了中国艺术以“立意”“传神”“求韵味”为上的根本精神。在玄学思维方法的影响下，中国的艺术内涵丰富，具有深邃的哲理性；中国的哲理则语言简约，富于生动的艺术性。深邃的哲理性和生动的艺术性浑然一体，构成了中国传统文化的鲜明特性和基本精神。中国佛教中禅宗思想之富于哲理性与艺术性，早为世人所共知，当无须多说。对于理学，人们多以为其间只有一通正颜厉色、枯燥无味的道德教训。其实，只要我们稍稍选读一些周（敦颐）、张（载）、程（颢、颐）、邵（雍）、朱（熹）、陆（九渊）、王（守仁）等著名理学家的著作，以及有关的传记，即可处处感受到他们借诗文以载道（周敦颐《通书二·文辞》：“文所以载道。”），谈文艺以明道（陆九韶言：“文所以明道。”见《陆九渊集》卷三十四“语录上”）的力量，而在他们的处世行事中、人生境界的追求中也极富于艺术的精神。所以，理学在融哲理与艺术于一体方面，在发展中国文化的艺术精神传统方面，绝不亚于先秦之儒学、魏晋之玄学和唐宋之禅学。

艺术精神的养成是离不开艺术实践活动（创作和欣赏）的，但艺术精神高于艺术实践活动。艺术精神不仅指导着各种艺术实践活动，而且经过理论的提升和认识的自觉，渗透于社会、人生的各个领域。在这一层次上，中国文化中的艺术精神更主要地体现为一种对社会、人生意义的理解和价值的判断；对社会、个人生活态度和方式的思考；对理想社会、完善人格的追求；乃至于对处世（人际关系等）行事（政治、经济、军事等）方法的把握与运用等等。

艺术活动，无论是创作还是欣赏，都是一个人内心感情最直接的表露①，反映了他对人生的理解与追求。艺术创作中立意的正邪，欣赏趣味中格调的高低，也就会直接反映出或影响到一个人品

① 以乐（连及诗、舞）为例，《礼记·乐记》言：“诗，言其志也；歌，咏其声也；舞，动其容也。三者本于心，然后乐器从之。是故情深而文明，气盛而化神；和顺积中，而英华发外，唯乐不可以为伪。”

格和境界的正邪与高低。因此，通过艺术修养培养起高尚的艺术欣赏趣味来，对于高尚人格、理想人生境界的追求和确立是有重要的、积极的意义的。为什么这里只提出培养高尚的艺术欣赏趣味呢？这是因为，一则创作立意是离不开欣赏趣味的，二则创作或要有某种天分或要有一定的专门训练，不是每一个人都可以为之的，而欣赏则人人都在领受和多少能够为之的。因此，把欣赏提高到自觉的程度，培养高尚的欣赏趣味，乃是最基本的和第一位的。追求艺术的完美与追求人生的完美，在其终极处相会合，这就是中国文化中艺术精神的体现。

没有创造就没有艺术，创造精神是艺术的灵魂。不仅是艺术作品的创作中有创造，就是在艺术欣赏中同样也有创造。古人说："诗无达诂"（董仲舒），"含不尽之意，见于言外"（梅尧臣），"古画画意不画形"（欧阳修）。这就是说，言象只是一种表意的工具，作诗作画者可以此言象来表达其心中之意，赏诗析画者也可以此言象来契会其心中之意。作者心中之意与赏者心中之意不一定相同，也不必相同。欣赏者完全可以按照自己的感受去理解诗画中的意境，无须受创作者所寄之意的限制。这就是欣赏者的创造。而且我们可以看到，这种创造中又有着鲜明的个性。发扬中国文化中的艺术精神，最根本点就是要发扬这种主动的创造精神。

艺术的完美离不开和谐，和谐精神是艺术的根本目标。艺术家对于画面的经营布置，诗句的平仄对仗，乐章的高低缓急，无不煞费苦心，这从一种意义上说都是为了达到某种完美的和谐。艺术作品所达到的和谐程度如何，反映出艺术家水平的高低。因此也可以反过来说，经营布置已达到完美的和谐，就是一种艺术创作活动。在中国传统文化中，以"执其两端，用其中于民"（《中庸》）为至德，正是充分地把握和运用了这一艺术精神和技巧去处理人事世务的体现。

艺术的视野，给人以旷达与平静；艺术的幽默，给人以智慧与轻松。多一点艺术修养，多一点艺术精神，将给人生增添无尽的生气活力，将给社会带来普遍人格的提升和生活秩序的和谐。

中国文化的道与艺[①]

——由艺臻道　以道统艺

一、"道"与"艺"的形上与形下关系

世界上任何一种文化都包括"有形"和"无形"两个层面，或者说都有物质和精神两个层面，中国人称之为"艺"和"道"。《易·系辞》："形而上者谓之道，形而下者谓之器。""器具"的"器"，就是具体可见、可操作的"艺"。在中国文化中，形上与形下统一而不可分，并且着重强调要"以道统艺，由艺臻道"，把"求道"作为最根本的旨归。"道"在中国文化中具有特殊意义，甚至居于至高无上的地位，在某种意义上，将中国文化称为"道文化"也不为过。中国传统文化的任务是明道、行道、传道，人生境界以求道、悟道、证道为根本，各种技艺也都以"载道"为内涵，以达到"道"作为最终究竟。

中国文化里"道"和"艺"这两个层次也可称为"本"和"末"。人们做什么事情都首先要"知本"，然后"求本"，以"本"为最终归宿。"道"是形而上之学，"艺"是形而下之学，所以"道"这个层面看不见、摸不着，"艺"这个层面是可见、可操作的。中国古代典籍中有很多对"道"的描述，道家自不必说，《管子》里也有很多对"道"的描述，如"口之所不能言也，目之所不能视也，耳之所不能听也"，强调"道"只能心领神会，不能

① 原载《学术交流》2014 年第 10 期。

通过语言、形象、声音来传达。

儒家非常强调学习要“下学”和“上达”，这也相当于“艺”与“道”的关系。“下学”者，学人伦日用、日常生活的礼仪规范等等；上达者，达天道、性命等抽象道理。下学可以言传，上达必由心悟。现代教育把下学和上达割裂，人文科学特别是哲学，专门研究上达，走上极端就变成无源之水、无根之木，空空洞洞的学问，而下学只朝向专业技能、知识。下学必须上达，上达也必须落实到下学，二者结合的最终目的还是上达。“读书学习所为何，通晓人道明事理，开启智慧增艺能，变化气质美其身。”变化气质，使人完美，这才是读书学习的目的。

中国历来区分“为己之学”和“为人之学”。《论语》曰：“古之学者为己，今之学者为人。”荀子解释说：“君子之学也，以美其身；小人之学也，以为禽犊。”为己之学是完美自身，为人之学是将之作为财富的象征。“君子之学也，入乎耳，著乎心，布乎四体”；而“以为禽犊”实际上是一种贩卖，“小人之学也，入乎耳，出乎口，口耳之间则四寸耳，曷足以美七尺之躯哉？”古语“人不为己，天诛地灭”，正确的理解是人一定要通过“为己之学”而不断完善自己、提升自己，与天地达到最和谐的状态，让人的生命能够生生不息，否则天地都要诛灭他。

二、从“六艺”看艺的范围

在中国文化里，“艺”这个概念非常宽泛。《礼记》记载孔子经常讲要以“六艺”来教育青少年，“六艺”指礼、乐、射、御、书、数。礼、乐属于基本的文艺，指各种各样的礼仪规范，包括唱歌、跳舞，相当于“文艺”。射、御属于体育运动，也可称为“武艺”。至于书、数，传统的解释指“书”为“六书”，即中国文字起源的六个方面：象形、指事、会意、假借、转注、形声。“书”也常被指为写字、书法。“数”，古代指一、二、三、四、五、六、七、八、九、十、百、千、万等数字和各种各样的计算方法，即算术，后来发展为术数，包括天文地理等等，可以称为“技艺”。“六艺”之中包含文艺、武艺、技艺，范围非常之广，涵盖了日常生活方方面面的知识和技能。

“艺”过去都是小学的教学内容，当然这个“小学”跟我们现在的小学概念不同。《礼记》有一篇文章被单独抽出来，成为《四书》里的一本，叫《大学》，大学即大人之学，相对于大人之学的就叫小人之学，即小学，后来小学又专指文字、音韵、训诂之学。朱熹《大学章句序》说古代儿童八岁入小学，在十五岁之前学洒扫、应对、进退之节。“洒扫”是整理内务，“应对”即待人接物，“进退”即礼节，《孟子》里说的“徐行后长”，慢慢跟在长辈后面走，这是礼节，从进退中何时在前、何时在后等方面体悟出大人做事的进退。此外，小学还学礼乐之文，习惯成自然，长大以后自然遵守规范而行事。

武艺中的“射”这项体育活动从古到今从来没有断过，只不过形式变了。古代射箭时对面摆一个靶子，后来变成投壶，即对面摆一个花瓶，拿一把箭往里面投，现在变成套圈。古人非常重视“射”，因为这可以提升自身修养。《礼记》里讲，若要射中靶心，首先要端正身体，其次要专心致志，心无旁骛，就像弈棋，再次，万一射不中，不能去埋怨靶不对，而是反求诸己、反躬自问，在“射”这一武艺中培养心性和技艺。现在社会很大的一个问题就是怨气冲天，大家你怨我、我怨你，怨天怨地、怨人怨事，怨气是一股很厉害的戾气，如果每个人能够反省一下自己，社会就会和谐得多。

技艺的内涵也很丰富，包括中医《汉书·艺文志》将各种典籍分类，其中“方技”类都跟现在所讲的中医有关，它包括四方面：一是医经，即人体生命理论；二是经方，即医药；三是房中，即男女阴阳关系；四是神仙，即养生。“方技者，生生之具也”，即各种各样维护生命的方法。当然技艺还包括制造器物等。

所以说，日常生活中可操作的、看得见的、听得见的、摸得着的有形有象的所有方面都属于“艺”，我们在生活层面享受着“艺”的成果。

三、艺的作用

艺能够提供享受，也能够为害于人，应用不好便适得其反。比如食物越来越丰富，人们吃得越来越精细，用各种食品、调料来满足口腹之欲，可究竟是好是坏？人们也许只看到当时的好吃，看不到之后对身体的损害。《吕氏春秋》讲养生之要是去害，太咸、太甜、太辣、太酸都是害，若是去掉这些，生命就能够健康、能够和谐。生命是因和而生，任何的过都不对。艺的过同样是引诱我们的眼、耳、鼻、舌、身，会带来反面作用。所以中国文化强调艺一定要在道的统摄下面，否则就会走偏。

艺，尤其是文艺对人的影响极大，因为人都有感官的欲望，文艺作品实际上就在影响人们的情绪。其中声音对人的影响最大，像音乐会，观众动辄上万人，音乐是深入人心的，能够潜移默化、移风易俗，先王制乐是用来制内情，防止内部情感没有方向地过分发展，所以艺术应该是正情的，而不是重情的。

艺术对社会的引导非常重要，它比理论的影响要大得多、快得多、深入得多。古代教育远没有现在普遍，老百姓从说唱、戏曲里学习做人的道理。传统戏曲里的人物脸谱化，白脸是坏人，红脸是好人，让人懂得什么是好、什么是坏、什么是善、什么是恶，这就叫高台教化。所以说艺要有道来统摄，要有一个指导思想或者价值观念，看戏也不能光停留在热闹上，要从中学会做人和做事的道理。

艺都是用来陶冶性情的，就像欧阳修论述琴艺时所说，“弹虽在指声在意，听不以耳而以心”，琴曲最重要的不是悦耳，而是移人情，弹以无邪之音，听以清白之心，弹者、听者，一同移情归正，这才是传统古琴美学的精华与追求艺的根本目的，在于导情归正，把人们的情引导到正而非邪恶的方向。其他艺术如绘画、书法等方面莫不呈现出类似的情形。

因此，艺术的实践和发展一定要遵循以道统艺、由艺臻道的传统精神，努力恢复艺术陶冶性情、净化人心、提升人生、和谐社会的本来功能，不要再让艺术异化为拼比技巧、追逐名利、刺激感官、煽动人欲、腐蚀人心、污染社会这样一种玩物丧志的状态。《论语》曰：“志于道，据于德，依于仁，游于艺。”为了求道，立志是第一位的，如果沉迷于玩物那就容易丧志。艺与道不能脱离，艺若无道则没有灵魂。学艺如不能上升至道，那就只能沦为技艺。

四、如何由艺臻道

（一）平心养气之养生

宋代欧阳修重刊唐代无仙子所注《黄庭经》时在前言中说："世上无仙而人人求仙，世上有道而人人不修道。"道不远人，道就在事物变化之中，有生就有死，这是自然规律，也就是道。

养生之道即以自然之道来养自然之身，不能停留在一个具体的、操作的层面。像气功就是自古就有的养生重要手段和方法之一，《庄子》里提到"导引"，马王堆汉墓发现《导引图》，从艺的层面讲都是养生，但人们容易落到艺层面，而上升不到道层面。

如何上升到道的层面？先秦道家著作乃至《管子》都提到"心正"。《汉书·艺文志》云："神仙者，所以保性命之真也。"真性也可以说是先天之性，即天地之和气也。天出其阳、地出其阴，阴阳和合就有了万物生命因阴阳之气的和谐而诞生，又因阴阳之气的和谐才能维持。但是人一生下来，这个性命之真就变成后天之性了，后天各种干扰和诱惑一来就失去了先天之真性，所以要有求于外者也。

如何来求？第一，荡意平心，或曰荡平心意；第二，同生死之域，即打破生死界限，不要贪生怕死，越是贪生怕死的人越死得早；第三，无怵惕于胸中，不惊不怖，君子坦荡荡、小人长戚戚。能做到这三条就是神仙。

所修者何？气也。道家著名八仙之一吕洞宾所著《百字碑》，首句曰："养气忘言守。"忘掉语言，忘掉守气。清代有人为之注说，气存丹田得下漏，守在上面得脑漏，守在中间则肚胀，所以不能拘泥停留在意上面，而要去突破。气不是简单物质，亦不是简单精神，也不是什么能量，它是不可言说之物。这个气跟具体可操作层面的气功没有关系。儒释道三家都讲气，各自所讲都不一样，但都有一特点，即都从最高层次上来讲。

儒家育正气、浩然之气。文天祥《正气歌》云："天地有正气，杂然赋流形。"他在序中说，元人把他俘虏以后希望他投降，但他坚强不屈，于是被关在一个简陋茅棚里两年多，有水气、土气、日气、火气、米气、人气、秽气等七种气干扰他，可是他没有得病，原因就是身上有正气。儒家讲诚意正心，朱熹也讲了十五岁之后进了大学要穷物极理、正心治人的道理。正心从诚意而来，诚意者，毋自欺也，要慎独，不欺暗室，要养一股浩然之气。这股气说不清道不明，但每个人都可以感受得到某人正气凛然，某人一身邪气，一眼就能看出。

道家养真气，要保住先天之气不被后天事物所干扰。人们现在如果去西医院，可能都找不到自己的病究竟要挂哪一科，但在中国古代很简单，所有的病无非三大类：一类是意外伤害，如跌打损伤；一类是外感伤寒；一类是内伤，即喜怒忧思悲恐惊七情。维护整个生命、治疗人的身体，用两句话就能概括：去其所本无，复其所固有。这就是道家的葆性命之真，恢复其天然和谐。天和就是保真气，或曰保元气。

佛教化人怨气，人一切烦恼、痛苦的根源在于贪嗔痴三毒，其中最严重的大概应属嗔，嗔即怨恨，如果老是怨天怨地、怨人怨事，嫉妒比自己强的人，看不起比自己差的人，其心情是不能宁静的，因此也得不了道，所以一定要把怨气化成感恩心。

所以，真正的气功要练三气：育正气、养真气、化怨气。

（二）得意忘言之思维方式

上达之学必由心悟，不可言传，只可意会，是智慧之学、哲学，说出来了就成为知识技能，落到形而下的下学了。我们最初从西方翻译过来的“哲学”叫 philosophia，即“爱智慧之学”。尽管语言不可以传达，但还是需要语言来传达，那就需要人们能够超越语言、得意忘言，要学会这样一种思维方式和能力。

中国所有的艺都是可见、可听、可触摸的，那么我们就要通过这些去领会它内中所包含的意，这就叫得意忘象、得意忘言。一方面是低级层次的知识、技能，另一方面是高级层次的智能，智能是掌握知识、运用知识的能力。中国的学问强调智慧之学，一切的艺都是通过外在形象来达到对内在理念、观点的体悟或认同。欧阳修有一次题画时说“古画画意不画形”，苏轼在题一幅画时言道：

“论画以形似，见于儿童邻。作诗必此诗，定知非诗人。”欣赏一幅画不是看它是否形似，而是看其所体现的精神境界。画如其人、字如其人，一个人的修养到家了就会体现在他的方方面面。我曾经言及书法曰：“习字调心性，学书铸人格。”书法、绘画都寄托了作者的一种品格，它展示给人的也是这个东西。中国的艺一定要有这样一个深度才算是真正的艺。

（三）欣赏艺之再创造

当一个艺术家不容易，很多所谓的艺术家恐怕都只能算是一种匠人，匠人只会在技能上模仿，却没有灵魂和思想寄托。艺不能上升到道，不能让人回味，不能启发人，那只能算是复制品而不是创造。

同样，一件艺术作品在人们欣赏的过程中，完全可以让欣赏者进入再创造，中国的艺术就有这个特点。如果仅仅停留在象上面，那就无法再创造。在中国画里，人们可以通过作品在不同环境、不同时间、不同心情之下体会出完全不同的意义来。汉代董仲舒说“诗无达诂”，诗没有一个统一的解释，可以这样体会，也可以那样体会，都能得到精神上的一种享受。

中国文化完全允许艺术的欣赏者再创造，甚至可以脱离其最原初描述的实景去领会它里面的意思，而不是将之定式化。唐代王之涣《登鹳雀楼》：“白日依山尽，黄河入海流。欲穷千里目，更上一层楼。”这首诗如果局限在字面，按场景来讲是很直白的一句话，但中国人不停留在写实上面，而是引申为人应该站得更高、看得更远，以此励人。另一首诗云：“未出土时已有节，及凌云处尚虚心。”这两句诗很真切地描述了竹子，可如果只是看到这一点，那就不懂中国文化了。在这里要体悟到的，是一个人在没有出头、默默无闻时要坚守气节，要有大丈夫精神，而到飞黄腾达时也要虚心谦下。

（四）艺不可离道

没有道的艺是没有意义的。学艺、欣赏艺，也必须从道的角度去学习、去欣赏。学艺是为求道，不是简单为了技能提升，如果沉迷于技艺，那就必然沦落到玩物丧志。我们现在存在的一个最大问题，就是忘掉道，忘掉了道就失去了艺的灵魂。我非常不赞成电视节目常常举办各类竞技比赛，尤其是业余的。业余本来就是娱乐，丰富生活，一旦比赛就失掉了通过艺术来修养、提升自己的初衷。我们要回归中国文化中道与艺的关系，要理解中国文化离开了道就失去了它的灵魂，我们现在面临的问题是对传统文化如何传承与发扬，也主要是要从道的层面来发扬。

艺的层面随着时代发展有许多变化，在这一层面我们可以去恢复一些传统的东西，也可以随着时代变化以及欣赏者的变化而相应变化。例如，恢复古代礼仪不一定要穿古代服装，可穿可不穿，不是一定要弄得跟现在的时代很远。当然服装也是属于艺的层面的东西，这里面也必须体现出道的精神。服装是小事，但它体现了一种文化，体现了文化的认同，这个内涵是非常重要的。在欧洲，很多国家到了传统节日都要恢复过去的传统穿戴，东南亚国家在传统节日里也是如此，国内一些少数民族到了节日时候也会穿上民族服装，可是绝大部分汉族人却没有自己的传统服装可以穿。服装是一种文化符号，汉服可以千变万化，但有几个特殊的因素不能变：一、溜肩，崇尚自然，一上肩就变成平肩了。二、不在衣服上挖窟窿去扣扣子。三、背后是拼接的，不是一整块，这也许与裁剪有关系。如果能保持这三个特点，纵使千变万化也是传统的，不能保持这三个特点，即使再像也不是传统。我们可以多一点传统服饰，多一份文化认同与标志，但我不主张一定要复古，一定要穿上某类服装，只有道艺结合，才能将文化延续下来。

（五）以中医为例看道艺结合

传统道艺的结合，要以道为主，以道统率艺，由艺上升到道，下学上达，两者都不能孤立。离开了下学、离开了艺，道便空了；脱离了道、脱离了上达，艺就没有灵魂。

例如中医，作为技艺，它是在整体的中华传统精神下面来治疗疾病，因此我们呼吁把“中医”改回 20 世纪 30 年代对它的称呼——国医。20 世纪 30 年代我们对自己国家的文化都加上一个“国”字，如“国画”、“国术”（指武术）、“国文”、“国史”等。改回“国医”这一称呼，才可让中医本来的含义得到彰显。西医是治疗医学，中医不是，中医是在中国整体文化下呈现道的一种技艺。

中医有很明确的几个概念。如“上医治国，中医治人，下医治病”，中医是治人的，不是治病的，这个理念与20世纪世界卫生组织提出的一个理念完全吻合。世界卫生组织肯定了传统医学的合理性，承认其科学性，而且提出要从对病的重视转移到对人的重视上来，这符合传统中医的概念，我们要关注的不是人所生的病，而是生病的人。再如，“有病不治，常得中医”（《汉书·艺文志》），《黄帝内经》说“圣人不治已病，治未病”。20世纪世界卫生组织也提出把预防放在重要位置。等到有病才去治就不是中医了。第三个概念更厉害：“不服药为中医。”这句话为清代钱大昭在注《汉书·艺文志》时所提出，强调了人体具有自主恢复和痊愈的能力，这也是世界卫生组织最新提出的理念之一。曾国藩曾写信告诉儿子，治心以“广大”二字为药，治身以不药为药。中医的核心是“中和”，人体只有达到“中和”才能恢复和保持健康。疾病的根源就在于身体的阴阳不调、五行失序，致中和，天地位焉，万物育焉，生生不已。

中医改回“国医”称呼也许很难，但即使改不回来，我们也要了解到中医最核心的精神理念——致中和。现在中医院里许多诊疗手段也采纳了西医的拍片、验血、B超等，完全背离中医的含义。人们相信科学、数据比相信人多，把身体交给一堆机器去做各种测试。如果医生一眼看出病，患者会不相信，而这恰恰是中医最关键的“望闻问切”里最高明的境界“望”，其次是“闻、问”，最后才是“切”，而我们现在把切脉变成了中医最高的“艺”。有人去看医生，对一看就知道其病的中医反而不相信，甚至怪罪，直到一大堆数据表明病症才信。所以流传一句话：“西医明明白白治死人，中医糊里糊涂治好病。”现在人们越来越认识到癌症患者很多是死于过度治疗，但还是愿意去遭罪，开刀、化疗……观念问题害死人。我们要为自己的感觉活着，而非为数据活着。

中医作为具体的艺，如果离开了整个的文化理念，就必然会沦为技艺性的东西。不能把中医降低到艺的层面，然后在艺的层面与西医比拼。应当从理念上去弘扬中医之道，运用中国整体的辩证的思维方式和阴阳五行的理论框架，去对比西医简单的对抗性的疗法。其实近年西方已经冲破了这种对抗性治疗的理念，提倡自然疗法、情绪疗法、直觉疗法，强调自身修复能力的提升。自然疗法的一个原则就是：将来的医生将不是开药方的医生，而是指导人们如何健康生活的教师。西方的理念也在变。

综合以上所讲，中国文化的优势就是道艺结合，而且是在道的统摄下面来指导这个艺，任何艺都要提升到道的层次来认识它、体会它。

琴棋书画皆养生[①]

古代的文人，情感特别丰富，想的问题也特别多，想的问题一多，就容易伤感、激动、抑郁。那拿什么进行调剂呢？“雅事”。琴棋书画是比较受文人推崇的“雅事”，它们在文人的生活中起着非常重要的作用，是调节心理的重要载体。

《礼记》上记载：“无故不撤琴瑟。”现在我们把弹琴当成比赛，已经失去了其本身的功能。

关于下棋这一“雅事”，张伯驹先生曾对我讲：自己经常下卫生棋。当时这个“卫生棋”让我困惑了好长时间，棋还分卫生和不卫生之说吗？后来在读书时找到了问题的答案。老子曾讲过：卫生之精。“卫”实际上是保卫、维护的意思，“卫生”是卫护生命，所以张伯驹先生下的是卫护生命的棋。下棋不是为了竞技，不是为了比赛，而是为了自己更加心平气和。缺少了心平气和，人的五脏就容易失衡，就把生命的规律打破了。中国的文化，分成道和艺两个层次，因此我们要明白天地怎样生万物，人在天地之中又是一个什么身份。天生地养，天覆地载，天地之中万物生生不已。但人为万物灵长，自由度大，每每图一时之快做出超越界限、违背自然规律的事。过分放纵了自己的情欲，或者过分压抑了自己的情绪，都是不好的。所以人们需要通过下棋这类的“雅事”来进行调整，把生活节奏进行有效的调节，使不平静的情绪平和下来，达到一个中和的状态。

---

① 原载《国学》2014 年第 2 期。

中国古人讲到绘画的时候，讲究经营布置，搭配恰当。全是浓墨不成画，一定要浓淡相间，一定要远近配合，有一个和谐的东西在里面。中国的书画艺术，不是在比技巧，而是强调其对于人生的领悟、人生的超越和提升，能够起到一个什么样的作用。如果要比较的话，西方的艺术注重技巧第一，中国的书画艺术注重意境，如果一个艺术家一味强调专业的话，在人们心目中恐怕只是一个匠人，所有的大艺术家都不是专门所从事一个方面的，整体的艺术修养提升以后，作品成为心中情感的一种自然流露，有一种和谐的因素在里面，这样的作品感动了大家之后才能成为成功的艺术家。绘画艺术和中国的文化是一致的，是一种和谐的文化。生命的健康也必须是和谐的，不和谐了，健康就要出问题。

除了琴棋书画之外，文人还有很多的“雅事”，其中喝茶、焚香、赏花，即我们平常讲的茶道、香道、花道。中国的整个文化也好，养生也好，最核心的理念就是和谐。很多养生家认为养生就是去害，所谓的害就是过和不及。我们一切的艺术活动最终都是要达到这样的目的——对和谐身心有益。所以文人“雅事”不是附庸风雅，不是为了显示自己的高超的技艺，而是去营造和传达自己平和的心境，去寻觅生命的知音。这里以文人为例，事实上适用于所有人。

中医的人文内涵及其意义[①]

中国传统文化可以分为“道”和“艺”两个层面。“道”是人对宇宙万物的根本认识，“艺”则是这种认识反映出来的实践。“道”与“艺”的关系是形而上与形而下的关系。“道”在中国文化中具有特殊意义，甚至居于至高无上的地位，中国传统文化的任务就是明道、行道、传道，其人生境界以求道、悟道、证道为根本。“道”和“艺”的关系也可以理解为是儒家强调的“上达”和“下学”之间的关系。上达者，达的是天道、性命等抽象道理，“下学”者，学习的是具体技艺和日常生活的礼仪规范等，下学可以言传，上达必由心悟。下学必须要上达，上达也必须落实到下学，换而言之，“道”可以统“艺”，由“艺”也可以臻“道”。从“艺”入手，通过能具体感触到的“艺”，逐渐加深对传统文化的理解，我们才能领悟到“艺”所包含的“道”是什么意思。而中医正是这样一种“艺”。

一、中医与中国传统文化

古人认为，中医是我们维护生命的医学思想和手段。中国现存最早的目录学文献《汉书·艺文志》，将留存至汉代有关于人体保养和医疗健康的典籍都集中在《方技略》里，并在最后总结为“方技者，皆生生之具也”。所谓“生生”，即维持生命的方法有生生之具，也有生生之理，二者结合在一起成为“生生”之学，生生之学是中国传统文化核心内容之一。中医就是这样一门被古人称之

---

① 原载《中国文化研究》2018 年第 2 期。

为“生生之学”的关于生命智慧和生命艺术的学问。因此，不能把中医视为单纯的疾病医学，它具有丰富的人文文化内涵，是包括哲学、艺术、宗教等在内的一种综合性的人文生命学。

中医和中国传统文化是一体的，中医是技术层面的内容，但技术层面离不开整个理论的指导。中医是以中国传统文化当中天人合一、天人感应、整体关联、动态平衡、顺应自然、中和为用、阴阳消长、五行生克等理念为内核，从整体生命观出发构建起的一整套有关摄生、卫生、达生、养生、强生、尊生、贵生等等治未病，以及用针灸、按摩、推拿、经方等治已病的理论和方法。这是非常完整的，从治未病到治已病都有非常丰富的理论和方法，中医跟中国传统文化中儒、释、道的思想，道合理同，道理完全是一致的，密切关联的。中医在实践的层面把中国传统文化中的许多抽象的理念体现出来，它的理论和实践充分体现了中国传统文化的根本观念和思维方式。

所以，学中国传统文化、学中国哲学，如果不懂一点中医的话，只能够停留在抽象的理论的层面，不可能有感性的认识。中医是中国传统文化不可分割的一部分，是中国传统文化和人文精神的体现者和承载者，认识中医的根本特性，对于理解中国传统文化的精神、恢复中国文化的自信具有十分重要的意义。可以说，中国文化的精神要得到重新认识，很大程度上有赖于中医，中国传统文化的复兴有赖于中医的复兴。

早在唐代，把医列为“技艺”以后，很多人就不去学医了。即使学医也多只是诵一家之成说，守一定之方，少有深入的探讨，更不去求圣贤之意，因而也就不能够博采众议。可见，自唐以来，医学就发生了变化，往往儒者不学医，医者不学儒。其实，学医者应该通儒书；学儒者要明医理，则要读《素问》，读《本草》，读《脉经》，方能得其要妙。元代医书《九灵山房集》（戴良著）便有“医以活人为务，与吾儒道最切近”的言论。清初著名医家喻昌所著《医门法律》中也写道：“医之为道，非精不能明其理，非博不能至其约。”进而，喻昌说：“非《四书》无以通义理之精微，非《易》无以知阴阳之消长，非《素问》无以识病，非《本草》无以识药，非《脉经》无从诊候，而知寒热虚实之证。”实际上，学医的人，特别是学中医的人，不仅仅是需要对儒学有所了解，还必须有广博的中国传统人文知识。

二、中医的四层内涵

我们还要认识到，中医不是一个单纯的科学问题，它还有人文内涵，我们应该从多方面对之加以认真研究，应该纳入我们人文的思考领域里面去。现代人对中医的理解往往是“跟西医相对的中国的医学”，但如此一来，中医这门具有深刻内涵的传统学问就被淡化、被解构了；而实际上，中医具有更深层的含义，我们将其内涵阐发出来，才能够真正了解其深刻的价值意义。

中医的第一个含义，即上、中、下的“中”。古语有云：“上医治国，中医治人，下医治病。”自古以来，善为医者，不仅能治病救人，也能以医理论国事，治病与治国、治人，融会贯通，一脉相承。从这个意义上甚至可以讲，“中医”是治人的，而不是治病的。换而言之，中医把人看作一个整体，而不仅仅看“病”，如果仅仅看病、治病，那便是下医。同时，把握了医道的精髓，还可以去治人，也可以去治国。中医的这层含义与今天大不相同，如今学了医就只能去看病。宋代政治家、文学家范仲淹曾说过：“不为良相，便为良医。”（《能改斋漫录·记事》）良相是治国的，良医是治人的，但治国、治人、治病的道理是相通的。所以宋代大文豪苏东坡说：“物一理也，通其意则无适而不可。分科而医，医之衰也。”（《东坡题跋·跋君谟飞白》）中医需要把握道的根本精神，否则只会沦为囿于成规、定法的“下医”。所以，中医的第一个含义，就是中医治人。

中医的第二个含义，《汉书·艺文志》中有一句话：“有病不治，常得中医。”有病不治，才能得到中医。据《黄帝内经》记载：“圣人不治已病，治未病。”有病不治，就是说不治已病。因此，中医不是治已病的，是治未病的。治未病，也就是让每个人都能够保持身心的健康。历史上曾流传这样一个故事，魏文王问扁鹊曰：“子昆弟三人，其孰最善为医？”扁鹊曰：“长兄最善，中兄次之，扁鹊最为下。”魏文侯曰：“可得闻邪？”扁鹊曰：“长兄于病视神，未有形而除之，故名不出于家。中兄治病，其在毫毛，故名不出于闾。若扁鹊者，镵血脉，投毒药，副肌肤间，而名出闻于诸侯。”① 扁鹊是春秋战国时期的名医，因医术高超被奉为“神医”，然而，扁鹊自认为自己医术并不高明，因为只是治“已病”，真正高明的是治“未病”，让人不生病。所以中医是“不治已病，治未病”的，不要等到有病了再去治，最好还是不要生病。

中医的第三个含义，清代学者钱大昭在注释《汉书 · 艺文志》时说：“今吴人犹云不服药为中医。”他是说，到今天为止，吴地的人仍以不服药为中医。中医不是以服药为主的理念可能在清代相当盛行。曾国藩的儿子身体比较虚弱，他在家书里告诉儿子：“治心以‘广大’二字为药，治身要以‘不药’二字为药。”俗话说，“是药三分毒”，能不用药就不用，再好的医生也可能在用药过程中产生偏差，这会导致病情加重甚至死亡，良医十个人里面能够治好八个人就不错，庸医十个人里面有八九个会让他给治死。因此，用药要慎重，能不服药就不用，这是清代的理念。现在流行的自然疗法流派有七项原则，其中一个原则，即能不动手术的尽量不动，能不吃药的尽量不吃，要调动人体自身的修复能力。其实，在中医里早就有这样的理念了。当然，但凡事情都不能绝对化，需要用药时还是要用药，但不能依赖药物，药只是起辅助作用的。这是传统中医的第三个含义。

最重要的是中医的第四个含义，即中医讲究“中正平和”。这跟中国文化的生命观是一致的：生命不是造物主或神创造出来的，生命是天地之气达到和谐状态而产生的。因此，每个生命都是天地之和气而生的。生命因“和”而生，那么怎样维持其生命力呢？也是要靠“和”。中医用“中”的概念来调整人体各种的不平衡、不中正、不平和。生命因中正平和而产生、延续，这是中医最核心的

---

① 黄怀信《鹖冠子校注》卷下《世贤第十六》，中华书局，2014 年，第 323 页。

价值观、思维方式。“中正平和”是一种生命的动态平衡状态，这种平衡状态不是固定式的，而是“动态”的、“变易”的。我们可以通过《周易》“易”字的三个含义来理解这种“动态平衡”：一是“不易”，就是确定位置；二是“变易”，有了确定的位置就会相互转换；三是“简易”，不把问题搞得非常的复杂。其中最重要的是“变易”，因此，中国人必然强调一个“中”，或说“中和”“中庸”。就是要把握一个分寸，把握一个度，但是这个度不是不变的，它是随着时间的变化、地域的变化而变化的。“中”是一个不变的原则，但是这个原则在不同的环境和时间里面，是要发生变化的，所以，这是一个动态的平衡，我们要“致中和”。另外，中国哲学有关阴阳五行相生相克的关系，即阴阳之间的相互消长、转换，对于中医来讲影响也很大。中国哲学很重要的特点，并不是仅仅确定某一个事情的一种性质或者一种特征，而更在讲这些性质互相之间的一种关系，它们之间的一种转换，所以非常强调一个“中”，还强调一个“时”。中国哲学里面讲的“时”，含义既包括时间也包括空间，是指从时间、空间两个层面来调整“中”的原则，这些都是中医的诊断治疗或者预防的根本原则。

中医离不开中国整体的文化和哲学，中国的整体的文化和哲学也离不开中医。中医在实践中的运用，尤其在养生这个方面，也促进了中国哲学思维方式的提升和升华。同时，人对自然万物的认识的加深和扩展，往往伴随着人对自身生命的认识的深化。所以，中医可以说是一种生命哲学。

三、中医的生命观

中国人最核心的思想是把天地看作一个自然，生命是天地的常物，这个自然是没有任何神秘意义的，它不是一个造物主的概念。因为天地赋予生命，尤其人的生命是万物之中最宝贵的，所以中国人非常重视生命的保护。中国人强调“生生之学”这样一个理念，就是指探讨怎样来维护生命、保护生命、提升生命的学问。

具体而言，中医的生命观是生命整体观，它认为生命是一个整体。用整体的辩证的思维来看待生命体，是中医的基点。它把一个人看作是一个整体，生病不是某一个部位出了问题，而是整体上有问题。所以，治疗也不仅针对某一个实际的病，而是从饮食、起居、心理、情志各个方面进行总体调节。中医强调整体和局部的关系，整体中的每个部分都息息相关。中国哲学强调整体关联与动态平衡，而中医的理论体系正是在整体观的基础上建立起来的。任何事物都不是孤立的，而是相互关联在一起，处于阴阳消长、相生相克的动态平衡中。整体包含部分，部分反映整体，部分在整体里面的任何变化，都会直接影响到整体，整体的变化也会影响部分的变化。正如一张太极图，里面有阴也有阳，阴阳又互相包含、互为消长、互为依赖，阳离不开阴，阴离不开阳。

中医认为人体是一个完整的、相互联系的整体，用这样一种整体的辩证方式来看待一个生命体，应该说是中医最根本的一个基点。中医治病绝不会头痛医头、脚痛医脚，而是一种整体的调适，讲究固本培元，标本兼治。中医的药方也特别重视主药和辅药的组合，讲究君臣佐使，通过配伍产生的整体效果来调节五脏六腑的平衡。现代医学把中医的很多理念都解构了，比如给中医分科，实际上是不符合中医特点的，诚如宋代文豪苏东坡所言：“物一理也，通其意则无适而不可。分科而医，医之衰也。”

中医的生命观还是身心不二观。中医认为人是精神生命和肉体生命相结合的生命体，其中精神生命起引导作用，肉体生命是听精神生命指挥的。所以，中医从来不会单纯地看待“身”，所谓养生，实则既是养身也是养心。实际上，从身心关系角度看，养心更为关键。中国的传统文化强调养生必先养心，或者说要心术正，“心之在体，君之位也。九窍之有职，官之分也”（《管子·心术》），心居主导地位。中国传统观念中，“心为思之官”，心为一身之主，心管官（官，即各种感官——眼、耳、鼻、舌、身），心也管思想。心管官，官管物，是正常的心术。可是，在实际生活中，常常是官让物管住了，心让官管住了，这样心术就不正了。要理顺两者关系，才能让人不沦为物欲的奴隶。人肉体上、精神上的疾病，很多是由于管不住自己，禁不住外物的引诱而产生的。

道家曾讲过各种各样修身、养身的办法，《汉书·艺文志》对

“神仙”的界定是最深刻的。《汉书》中养身、治病的方法可分为四大部分：第一部分是医经，整体上说明治病的道理；第二部分是经方，讲怎样保持身体健康；第三部分是神仙，即怎样修炼成神仙；第四部分讲房中术。据《汉书·艺文志》卷三十载：“神仙者，所以保性命之真，而游求于其外者也。”身体要健康就要保住真气，人来到世界以后，真性就丢失了。如何保持性命之真呢？《汉书·艺文志》讲了三点：第一点是“聊以荡意平心”。我们的心思经常是混乱的，心意不平会引起疾病。荡意平心，即扫除种种胡思乱想。第二点是“同死生之域”。我们要认识到整个宇宙的规律，即有生必有死，我们要认识、看透它，不要贪生怕死。《吕氏春秋》一书讲“勿以贵生而害生”，保养也要遵循“自然之道”。欧阳修给《无仙子删正黄庭经》一书写了个序，开头讲：“自古有道无仙，而后世之人知有道而不得其道，不知无仙而妄学仙，此我之所哀也。”意思是说天下哪有不死的仙呢？有生必有死，这就是养生之道、自然之道，“道者，自然之道也，生而必死，亦自然之理也”，他提出“以自然之道养自然之生”。他批评了那些老想着长生不死的道家，炼丹、服丹等都是为了抗拒自然之道。第三点是“无怵惕于胸中”。怵惕就是紧张、害怕，神经太紧张，整天提心吊胆对身体有害。我们一方面要坦坦荡荡，做正人君子；另一方面欲望要少，做个无私无欲的人。如果做到这三点就是神仙了。神仙不是服丹药求得的，而是应调整精神状态，保持身心的平和。

以上中医的丰富深刻的哲学内涵，又都建基于中医医理的思维方式上，这种思维方式是长久浸润于中国传统文化之中而形成的，是典型的中国人的思维方式。厘清这一思维方式，对于建立中医以及中国文化的主体性地位是具有重要意义的。

四、中医的思维方式

（一）整体关联

有人认为，中医的理论是不科学的、模糊的、不可实证的，那是因为他们已经习惯了现在的实证观念和思维，认为你是你，我是我，所以无法认同你中有我、我中有你的观念。而中医的阴阳理论反映的是动态平衡，五行学说反映的是整体的相关性，这些可以说都是中国文化最根本的理念。

中医的思维首先源自中国文化、中国哲学的思维方式，即整体关联的思维方式，它不是一种分析还原的方法。分析还原，还原到后来就各个成为一个孤立的个体。而整体关联的还原，它也是还原，也还原到每一个个体，但个体是相互关联的个体，而不是一个个孤立的个体。中医根本的问题是研究生命的问题，是研究人这个有精神的高级生命体。也正因为这样，中医的理论里才有整体生命的每一个部分都能完整地反映整体的面貌，而不只是反映那个部分的观念。比如，肝脏不只反映肝脏这部分，心不只反映心这部分，而是与其他脏器生理功能密切关联在一起。

我们需要把中国哲学这样一个整体关联的思维方式充分地阐发出来，加强研究，来支撑中医基本理论。中国哲学里，特别是当中国哲学在吸收了佛教里的理事无碍、事事无碍这样的理事关系思想以后，就促成了宋明理学中“理一分殊”理论的产生。而“理一分殊”理论的核心，就是每一个事物都是一个整体，所谓“事事一太极”“物物一太极”“人人一太极”。每一个事物都不是孤立的，都是反映一个天人关系的整体。我们的文化有这样丰富、深刻的道理，所以才会有把生命作为一个活生生的生命整体来对待的医学理论，有人竟然说它是伪科学，简直不可思议。

（二）自然合理

基于整体关联的观念，中国哲学又生发出了“自然合理”的理念。这种“自然合理”的思维方式，在中国比较成熟的时候是魏晋玄学，我们认为魏晋玄学在中国哲学中的地位，其中重要的一个贡献就是形成了这样一种思维的方式。所谓“自然合理”，也就是说凡是合理的必然是自然的，凡是自然的必然是合理的。具体来说，“自然合理”有两重内涵：

其一，尊重自然。中国哲学里的“自然”是本然的意思，任何违背事物的本来面貌的做法，都得有问题，是不合理的。中国人寻找自然合理，符合自然的才是合理的，我们应该按照事物的本来面貌“因势利导”，要适合、符合这个事物的本来发展的途径、趋势。

对中国哲学的“自然合理”的理念和思维方式，我们是要这样去认识，这样去实践。而所谓“科学合理”的理念，在它寻找到事物的本来面貌以后，它是要去掌控自然，去改造这个自然，去改变事物的本来面貌。我们“自然合理”理念讲的是自然合理，要顺从、要符合事物的本来面貌，要积极地随着事物的本来面貌去发展它、去推进它，而不是按照人的主观愿望去改变它，这就是中国道家“自然无为”思想的核心精神，不以私志入公道，即所谓“天人合一”。我们现在很多现代科学家也已经开始认识到这一点，认识科学的目标并不是按照人的意志去改变这个自然界的本来关系（生态关系），而是使这个自然界和人类能够更加和谐地相处。在这个问题上，如果离开这个理念去讲“天人合一”，那么实际上就成了去破坏自然界的生态关系来适应我们人类的欲求，那就变味了。

其二，注重个性。自然合理非常强调符合事物的本来面貌，或者它的本性，也就是个性化的。这就跟科学合理的思维方式，强调普遍化、普遍适用性有很大的差异。魏晋哲学把尊重人自然的个性，尊重自然界每个事物的特殊性，强调得很高，而且把它跟人要遵守社会规律结合起来，认为社会对于人的行为规范的制定，一定要符合人自身的本性，但是这种本性不是放任。很多人不理解，觉得要尊重本性就是为所欲为，往往结果是损害自身。所以，只有“适性”才是最好的，适合你的个性，符合你的个性，“过犹不及”，这才是自然合理。对于中医来讲，中医非常强调个性化，诊治要周全地考虑不同的人、体质、性别、地域、时间等等因素，包括对药材的采用也是非常强调地域性的差异，跟这些思想都有关系。

（三）直觉思维

这里实际上还涉及一个非常重要的理论问题，科学强调精确，是一种线形思维，具有普遍适用性；而中国文化最大的特点是注重整体的关联、动态的平衡、经验的实效，很多是随机性的，不是那么确定，思维是曲线性，逻辑是相对模糊的。科学讲究清晰，而中国整体联系的思维常常是非常模糊的，所以常常受到指责。实际上，这两种思维方式对人都非常重要。现代科学发展已经给我们提出这样一个问题，究竟是清晰更接近事物的整体本来面貌，还是模糊更接近事物的整体本来面貌？我觉得这是个很严峻的问题。科学的发展已经越来越认识到模糊化其实更接近事物的整体本来面貌，而有时候越清晰越有可能是对事物的越来越片面的认识。这也正是现在科学模糊学理论发展的一个道理，模糊数学、模糊逻辑发展的一个道理。对于清晰与模糊怎么来看的问题，我们应当认真思考。在中国的文化里面，比较典型的例子就是中医，中医在模糊中间有着极其精确的一面，这也是中国文化最根本的特色。

中国哲学强调直觉思维。百余年来，我们形成了这样一种观念：只有理性才是可靠的，直觉是不可靠的；理性的东西是清晰的、准确的，直觉的东西是模糊的、不准确的。有些科学家现在已经认识到，人类认识世界并不只是理性这一条道路，直觉也是认识世界的一个不可或缺的途径，两者是并行的，理性与直觉都有其优、缺点。美国高能物理学家卡普拉在《物理学之“道”：近代物理学和东方神秘主义》一书中指出，我们过去总以为理性才是智慧，直觉好像不是智慧，但直觉恰恰也是一种智慧，直觉是人类认识世界的一种途径，他用现当代科学的视角，反证了许多中国古代文化中被误解了的观念的合理性。

理性和直觉是我们认识世界、认识自我不可或缺的两个方面。现代科学思维重视理性，贬低直觉，认为直觉没有科学依据，低级而又愚昧。这种误读不破除，恢复文化自信无从谈起。中国的传统文化相对重视直觉，并强调将这种直觉认识上升到“道”的层面，即所谓的体悟、开悟和证悟。苏东坡曾说：“论画以形似，见与儿童邻。”中国古画画意不画形，寄托的是一种意境。而中国古诗词的字面意思背后，也往往蕴含着深刻的道理。这其中的意境和道理，都是需要悟的。而这种悟，往往只可意会，不可言传，正如我们常说的“得象忘言，得意忘象”，《论语》讲认识世界要“下学上达”——下学可言传、可践行，而上达则需要心悟、体悟——表达的也是这个意思。

直觉思维就对应着中医的“望闻问切”。在中医的四诊中，“望”和“闻”是医生的直觉，中医通过“望”观察病者的气色、舌苔和形态，通过“闻”病者的体气、口气、二便之气来对患者的病情进行一个初步的判断。医者“问”，患者通过口述的方式，将自己的直观感受告诉医生。最后是“切”，医生通过脉象来印证医者对患者情况的直觉判读是否准确。这构成了一个十分完整的诊断体系。许多人认为中医“望闻问切”太主观、不科学。中国传统文化重视直观直觉，我们不能以为只有用西方的理念来理解中医才是正确的，用中国传统的思维方法来构建中医就是不科学的。很多人说，中医不科学，中医就是靠想象，并没有以生理解剖学作为基础。其实，中医也有解剖学，只是做的不是“生理解剖学”，而是“内观解剖学”。“生理解剖学”是在尸体上做的，当一个生命变成了尸体，其所有内在的联系都中断了，看到的都是个别分离的脏器；而中医强调活的生命体的五脏六腑之间的联系。“内观解剖学”可不是人人都能做的，一个心境很浮躁的人，不可能感观到自己体内的活动，也不可能静下心来去引导体内气血的流转。古人通过用直观直觉的方法，把人体内的关系整理、描述出来，古人在“活体”上认识到的规律是不是比在“尸体”上得出的结论更科学呢？我觉得这一点值得思考。如果我们不能够认识到望闻问切是一套系统的理论体系，中医的根本精神就没有了，甚至可以说中医就没有灵魂了。

五、结语

综上所述，中医的理论和实践充分体现了中国传统文化的根本观念和思维方式。中医的存亡，其实牵扯到中国文化根本精神的存亡。对中医的否定，实际上是对中国传统文化和中国哲学的一个否定。中国传统文化中最有希望成为世界第一的就是我们的中医。但是由于中医主体性的丢失，结果就成为西方医学的附庸。现在西方医学也发生了很大的变化，我们却总跟在西方医学的后面并没有多大变化。例如，在西方医学界，越来越谨慎地使用抗生素，而我们却还在大量使用抗生素。抗生素作为辅助治疗也是可以的，但是当我们慢慢开始依赖它时，人就失去了自我修复的能力。我们要有自信心，要相信每一个生命都有强大的自我修复能力。我们应该意识到，中国的传统的医学理念是西医一个很好的补充，中西医是可以相互补充的。

我们要继承中医的传统，坚守中医的传统理念。中医影响世界的不仅仅只是在治病的技术层面，而更多是在中国传统文化理念层面。这不仅仅是中医界的责任问题，同样也是研究中国哲学、研究中国文化的责任问题，甚至是每一个中国人的责任问题，责无旁贷、任重道远。

返本开新

中国儒学的历史演变与未来展望①

中国的儒学如果从孔子算起，绵延至今已有两千五百余年的历史了。在这漫长的岁月里，随着社会的变化与发展，儒家学说从内容、形式到社会功能也在不断地发生变化与发展。不了解儒家学说的历史演变，是很难做到客观地评价儒家学说的社会历史意义和展望其未来发展的。

如果对儒家学说的内容、形式和社会功能等进行综合的宏观考察，我认为中国儒学有四个比较明显不同的历史发展阶段。当然，如果要细分的话，在这四个发展阶段的每一个阶段中，也还是可以再分出若干个小的发展阶段来的。此又当别论。

一、中国儒学发展的第一个阶段，是以孔子、孟子、荀子等为代表的先秦原始儒学

儒出身于“士”，又以教育和培养“士”（“君子”）为己任。“士”者“仕”也。孟子说：“士之仕也，犹农夫之耕也。”（《孟子·滕文公下》）意思是说，士出来任职做官，为社会服务，就好像农夫从事耕作一样，是他的职业。荀子在讲到社会分工时，也把“士”归于“以仁厚知能尽官职”（《荀子·荣辱》）的一类人。所以，从这一角度来讲，原始儒家学说也可以说是为国家、社会培养官吏的学说，是“士”的文化。

子贡曾向孔子提出“何如斯可谓之士矣”的问题，即怎样做才称得上“士”。孔子回答说：“行己有耻，使于四方，不辱君命，

---

① 原载《新儒家评论》，中国广播电视台出版社，1994 年。

可谓士矣。”（《论语·子路》）这句答话中，既表明了“士”的官吏身分，同时也指出了作为一名“士”的最基本条件和责任：一是要“行己有耻”，即要以道德上的羞耻心来规范自己的行为，二是要“使于四方，不辱君命”，即在才能上要能完成国君所交给的任务。前者是对士的道德品质方面的要求，后者则是对士的实际办事才能方面的要求。而这两方面的统一，则是一名合格的士，也就是一名完美的儒者的形象。荀子写了一篇题为《儒效》的文章，其中对于儒者的形象和社会作用是这样来描写的：“儒者，在本朝则美政，在下位则美俗。”“美俗”就要不断修身，提高道德品质，以身作则；“美政”则要“善调一天下”，为社会制定各种礼仪规范、政法制度等，以安定社会秩序和富裕百姓生活。

基于以上对于“儒”“士”“君子”的基本社会使命的分析，可以说原始儒学的主要内容都是关于“士”的修身方面的道德规范和从政方面的治国原则。而且，从孔子、孟子到荀子，他们所提出的各种道德规范和治国原则，都是十分具体的、为人处世中践行的规范和原则，而不是一般的抽象的形上学原理。

人们称孔子之学为“仁学”是有一定道理的。因为，孔子是把“仁”作为士君子最根本的道德规范来要求的。如他说：“君子去仁，恶乎成名？君子无终食之间违仁，造次必于是，颠沛必于是。”（《论语·里仁》）《论语》一书中记载着许多孔子回答弟子们问“仁”的言论，其内容都是实际行为中所要遵循的各种具体规范和原则。如：

> 答樊迟问仁，一则曰：“仁者先难而后获，可谓仁矣。”（《雍也》）一则曰：“爱人。”（《颜渊》）
>
> 答颜渊问仁，曰：“克己复礼为仁。”（《颜渊》）
>
> 答仲弓问仁，曰：“出门如见大宾，使民如承大祭。己所不欲，勿施于人。在邦无怨，在家无怨。”（《颜渊》）
>
> 答司马牛问仁，曰：“仁者，其言也讱。”（《颜渊》）
>
> 答子张问仁，曰：“能行五者（恭、宽、信、敏、惠）于天下，为仁矣。”（《阳货》）

再如说：“巧言令色，鲜矣仁。”（《学而》《阳货》）“刚、毅、木、讷，近仁。”（《宪问》）以及有子说的“孝弟也者，其为仁之本与!”（《学而》）等等，无一不是具体实践行为中遵守的规范原则。

《论语》一书中也还记载着许多条孔子答问为政的言论，同样也都是十分具体的实践行为中遵守的规范原则。如：

> 答子贡问政，曰：“足食、足兵，民信之矣。”（《颜渊》）
>
> 答齐景公问政，曰：“君君、臣臣、父父、子子。”（《颜渊》）
>
> 答子张问政，曰：“居之无倦，行之以忠。”（《颜渊》）
>
> 答季康子问政，曰：“政者，正也。子帅以正，孰敢不正?”又曰：“子为政，焉用杀?子欲善，而民善矣。君子之德风，小人之德草。草上之风，必偃。”（《颜渊》）
>
> 答子路问政，曰：“先之，劳之。”“无倦。”（《子路》）
>
> 答仲弓问政，曰：“先有司，赦小过，举贤才。”（《子路》）
>
> 答叶公问政，一则曰：“近者悦，远者来。”一则曰：“无欲速，无见小利。欲速则不达，见小利则大事不成。”（《子路》）
>
> 又答子张问从政，则曰：“尊五美，屏四恶，斯可以从政矣。”①（《尧曰》）等等。

孟子除了进一步发展孔子以“仁”修身的思想外，又以推行“仁政”学说而著称于世，而其所论的“仁政”内容，同样也是十分具体的。如说：“夫仁政，必自经界始。”而所谓的“正经界”，

① 子张曰：“何谓五美?”子曰：“君子惠而不费，劳而不怨，欲而不贪，泰而不骄，威而不猛。”……“因民之所利而利之，斯不亦惠而不费乎?择可劳而劳之，又谁怨?欲仁而得仁，又焉贪?君子无众寡、无大小、无敢慢，斯不亦泰而不骄乎?君子正其衣冠，尊其瞻视，俨然人望而畏之，斯不亦威而不猛乎?”子张曰：“何谓四恶?”子曰：“不教而杀谓之虐；不戒视成谓之暴；慢令致期谓之贼；犹之与人也，出纳之吝，谓之有司。”（《论语·尧曰》）

就是“分田制禄”“制民恒产”（《孟子·滕文公上》《梁惠王上》）等。再就是他经常举以为例的周文王的“仁政”内容，即：“耕者九一，仕者世禄，关市讥而不征，泽梁无禁，罪人不孥。”（《梁惠王下》）以及“尊贤使能”（《公孙丑上》）等等。孟子对为什么要行仁政和为什么可能行仁政，也进行了理论上的说明。但他的那些理论说明，大都是感性直观的。如他认为，因为人人都有“不忍人之心”“恻隐之心”“仁爱之心”，先王同样也有“不忍人之心”，此心发之于政，即是“仁政”① 等，来论证行仁政的根据。又以“仁者以其所爱及其所不爱”（《尽心下》）、“老吾老以及人之老，幼吾幼以及人之幼”（《梁惠王上》）等“推恩”理论，来说明行仁政的可能性，等等。

孔子、孟子在修身与治国方面提出的实践规范和原则，虽然都是很具体的，但同时又带有浓厚的理想主义成分，也就是说更多地寄希望于人的本性的自觉。所以，孔子竭力强调“克己”、“修身”（《宪问》）、“为仁由己”等。而孟子则以“性善”为根据，认为只要不断扩充其“恻隐之心”“羞恶之心”“辞让之心”“是非之心”（《公孙丑上》），“求其放心”（《告子上》），即可恢复人的“良知”“良能”，即可实现“仁政”理想。

与孔、孟相比，荀子的思想则具有更多的现实主义倾向。他在重视礼义道德教育的同时，也强调了政法制度的惩罚作用。他认为，人的本性并不是那么美好的，顺着人性的自然发展，必然造成社会的争乱。因此，必须用礼义法度等去化导人的自然本性，即所谓的“化性起伪”，然后才能使之合乎群体社会的公共原则和要求。所以，荀子在强调自我修养、道德自觉的重要的同时，更为强调“师”与“法”的教育与规范作用。如他说：“今人之性，生而有好利焉，顺是，故争夺生而辞让亡焉；生而有疾恶焉，顺是，故残

---

① 孟子曰：“人皆有不忍人之心。先王有不忍人之心，斯有不忍人之政矣。以不忍人之心，行不忍人之政，治天下可运之掌上。”（《孟子·公孙丑上》）

贼生而忠信亡焉；生而有耳目之欲，有好声色焉，顺是，故淫乱生而礼义文理亡焉。然则，从人之性，顺人之情，必出于争夺，合于犯分乱理，而归于暴。故必将有师法之化，礼义之道，然后出于辞让，合于文理，而归于治。”（《荀子·性恶》）又说：“礼者，所以正身也；师者，所以正礼也。无礼何以正身，无师吾安知礼之为是也。”“故非礼是无法也，非师是无师也。不是师法而好自用，譬之是犹以盲辨色，以聋辨声也，舍乱妄无为也。”（《荀子·修身》）

同样，荀子设计的治国原则：“明分使群”“群居和一之道”，包括理想的“王制”与具体的“富国”“强国”之策，乃至他的“礼论”“乐论”“君道”等，可以说都是非常富于现实主义的。它都是在肯定当时已经形成的社会等级和职业分工的基础上，来规定社会每一个成员的名分和位置，并要求其各尽其职，从而达到整个社会的和谐一致。当然，这并不是说在荀子提出的治国原则中没有一点理想主义的成分。因为，如果它的学说中一点理想主义成分都没有，那么，他的学说就不会有什么感染力，而他也就不能称为一名思想家。

原始儒家在先秦春秋末至战国时期，是社会上具有广泛影响的“显学”之一。他们提倡的道德修养学说在“士”阶层中有着深远的影响，而他们设计的理想政治制度和治国原则，则因其主要精神，即一统天下和礼义王道为上等，太脱离当时诸侯称霸、群雄割据的社会现实了，因而始终没有能得到当权者的赏识和采用。所以，原始儒家学说与以后成为实际社会政治制度依据的儒学不同，它还只是一种关于道德修养和政治理想的一般性学说。在我们以下的论述中，人们将会看到，分清这种差别是非常重要的。

二、中国儒学发展的第二个阶段，是以董仲舒、《白虎通义》为代表的两汉政治制度化和宗教化的儒学

汉初统治者为医治秦末苛政、战乱造成的社会民生极度凋敝的状况，采用了简政约法、无为而治、与民休息的方针政策，以恢复社会的生机。与此相应，在文化思想上则主要是推崇和提倡黄老道家学说。这种情况一直延续到汉武帝时才有所变化。不过，这并不是说儒学在汉初社会中一点也没有起作用。儒学在传授历史文化知识方面，对汉初社会仍然是很有影响的。儒家所推崇的历史文献——“六经”的教授和研究，也是得到官方的肯定和重视的。荀子的学说在汉初儒家中影响很深，“六经”中的《诗》《易》《礼》《乐》等学，都有荀学的传承。同时，荀子作为先秦诸子和儒家各派学说的集大成者，他那广采各家学说之长的学风，对汉初思想的开展也有很大的影响。

如，西汉大儒董仲舒的学说中，不仅接受和发扬了荀子关于礼法并重、刑德兼用的理论，而且还大量吸收了墨家“兼爱”“尚同”的理论，乃至墨家学说中某些带有宗教色彩的思想。而更为突出的是，在他专攻的春秋公羊学中，充满了阴阳家的阴阳五行学说，并使阴阳五行思想成为汉以后儒家学说中的一个重要组成部分。班固在《汉书·五行志》中说“董仲舒治公羊春秋，始推阴阳，为儒者宗”，就清楚地指出了这一事实。董仲舒曾向汉武帝建议：“诸不在六艺（六经）之科，孔子之术者，皆绝其道，勿使并进。”（《汉书·董仲舒传》）这是以后武帝推行“罢黜百家，独尊儒术”方针的重要根据。但必须指出的是，董仲舒这里所说的“孔子之术”，显然已经不是原来的孔子学说，也不是原始儒家学说，而是经过他和汉初其他儒家学者发展了的，吸收了墨、道、名、法、阴阳等各家学说之长的，董仲舒心目中的“孔子之术”。

董仲舒对于儒学的发展不仅在于学理方面，而更在于他把儒学推向政治制度化和宗教化的方向。董仲舒研究的春秋公羊学，是一种密切联系社会现实的学说。公羊学认为，《春秋》经所载对于各类社会事件的判断和对于历史人物的评价，都具有某种法典的意义，可以作为当今社会（汉王朝）判断各类事件和评价人物的依据和范例。这也就是当时社会上相当流行的所谓“春秋断狱”说。由此，他们进一步又认为，《春秋》经中所说的“三统”“三正”“三世”等理论，都是为汉王朝的建立作论证的；而《春秋》经中所提到的各种礼义法度也都可以为汉王朝所效法。于是，董仲舒作《春秋繁露》，借以揭示孔子作《春秋》之宏旨及其包含之微言大义。他认为：“《春秋》修本末之义，达变故之应，通生死之志，遂人道之极者也。”（《玉杯》）“《春秋》记天下之得失，而见所以然之故，甚幽而明，无传而著，不可不察也。”（《竹林》）所以，他引述子夏的话说：“有国家者不可不学《春秋》。不学《春秋》则无以见前后旁侧之危，则不知国之大柄，君之重任也。”（《俞序》）董仲舒的这些观点在当时是很有影响的，如司马迁在谈到《春秋》时就明确表示说：“余闻董生曰。”同时，他也竭力强调说：“有国者不可以不知《春秋》……为人臣者不可以不知《春秋》……为人君父而不通于《春秋》之义者，必蒙首恶之名。为人臣子而不通于《春秋》之义者，必陷篡弑之诛，死罪之名。”（《史记·太史公自序》）无怪乎当时就流传着所谓孔子作《春秋》“为汉帝制法”的说法。①

《春秋》被认为是孔子所作，而孔子所作的《春秋》又居然是为汉王朝制定礼义法度，那么孔子应当放在什么地位上呢？董仲舒与汉儒们想出了一个绝妙的称号：“素王”②，即一位没有实际王位的王。这样，儒学就开始与当时实际的社会政治制度联系了起来。不过，这在董仲舒时代仅仅是一个开始而已，直至东汉章帝时，由皇帝亲自主持召集大儒们举行了一次“白虎观”会议，会后由著名学者班固整理纂集，公布了一个官方文件——《白虎通德论》，这才真正完成了把儒家一部分主要学说转变为实际的社会政治制度的律条，以及社会全体成员共同必须遵循的道德规范。从此以后，儒学已不再是单纯的伦理道德修养和政治理想的学说了，而是同时具有了一种社会制度方面的律条的作用。

与儒学政治制度化发展的同时，两汉时期也出现了一股把儒学宗教化的倾向。在董仲舒和当时流传的纬书中，不断地把“天”描绘成儒学中至高无上的神。如董仲舒说“天者，百神之大君也”

---

① 《春秋纬汉含孳》中载孔子曰：“丘览史记，援引古图，推集天变，为汉帝制法，陈叙图录。”（孙瑴《古微书》卷十二）

② 董仲舒曰：“孔子作《春秋》，先正王而系万事，见素王之文焉。”（《汉书·董仲舒传》）又，《论语摘辅象》曰：“仲尼为素王，颜渊为司徒，子贡为司空，又左丘明为素臣。”（孙瑴《古微书》卷二十六）

(《春秋繁露·郊祭》)，并且竭力宣扬天是有意志的，能与人相感应的，而王者是“承天意以从事”的等等一整套宗教神学理论。孔子是儒学的创始人，自然也就成了“教主”。为了神化教主，在当时流传的大量纬书中，不仅把孔子说成是神的儿子，而且把他的相貌也描绘成与一般凡人极不相同的怪模样。① 同样，为儒家所推崇的历代圣人，如尧、舜、禹、汤、文王、武王、周公等，在纬书中也统统被装扮成了与众不同的神。又，这些纬书都是以神话和神秘化了的阴阳五行说来附会地阐释“六经”以及《论语》、《孝经》、“河图”、“洛书”等，这些也可以视作是配合当时儒学宗教化所需要的儒教经典。再有，由秦汉以来逐步完备起来的儒家礼仪制度(可参看《礼记》中的“冠义”“婚义”“乡饮酒义”“聘义”“祭义”等篇的内容)，也为儒学的宗教化准备了仪式上的条件。从两汉儒学发展的历史看，儒学的宗教化是与儒学的政治制度化密切相关的，是同步进行的，前者是为使后者得以成立和巩固服务的。

儒学社会政治层面功能的形成和加强，同时也就减弱了儒学作为一般伦理道德修养和政治理想层面的作用。在原始儒学那里，它是通过道德教育、理想教育去启发出人们遵守道德规范、追求理想社会的自觉。所以，儒学对于士大夫们的修身养性具有重大的意义和作用。可是，当儒学的一些主要内容被政治制度化以后，它就成了不管你自觉与否，自愿与否，都必须遵守的外在规范，因而它的修养意义和作用就大大地被减弱了。这样，儒学制度化方面的成功，却成了它在道德修养功能方面走向衰危的契机。

到了汉末，政治制度化了的儒学礼教（名教)，一方面成为束缚和压制人的自然感情的东西，一方面又成了那些伪君子沽名钓誉的工具，因而引起了人们的强烈不满。玄学乘此流弊而起，调和名

---

① 《春秋演孔图》说：“孔子母颜氏征在，游大冢之陂，睡梦黑帝使请己，已往梦交。语曰：汝乳必于空桑之中。觉则若感，生丘于空桑之中。首类尼丘山，故以为名。”(孙瑴《古微书》卷八）又，《孝经钩命诀》说：“仲尼牛唇……又仲尼虎掌……胸应矩……又仲尼龟背，又孔子海口……又夫子辅喉，又夫子骈齿。”(同前卷三十)

教与自然（性情）的矛盾，而其中又都强调以“自然”为本。并且在理论学说上，玄学也明确地提出了“道明其本，儒言其用”（《后汉纪》卷十二“袁宏曰”）。所以，自从玄学诞生以后，儒学尽管在政治制度层面仍然保持着它的统治地位，而在思想修养层面的功能，却已为玄学或道家（以及道教）所取代。东晋南北朝以后，以至于隋唐时期，佛教思想的影响又超过了玄学，在士大夫的思想修养方面起着重要的作用。所以，从魏晋南北朝至隋唐五代末的约七百年间，儒学只有那些体现为政治制度化方面的东西，在统治阶层的维护下继续起着作用。

尽管这一时期儒学文献方面的研究也并没有中断，但像唐孔颖达编纂的“五经正义”之类的著作，除延续汉儒和玄学家的观点外，并没有多少新意。所以，儒学在人们的思想修养方面，也发挥不出多大的作用。后人在评论儒释道三教的社会功能时，常说：“以佛治心，以道治身，以儒治世。”（南宋孝宗皇帝赵昚语，转引自刘谧著《三教平心论》卷上）这种说法从一个角度反映了在相当长的一段历史时期中，佛道的学说在人们的修身养性方面所起的作用远比儒学大。

两汉时期儒学性格的重大变化，以及由此而发生的儒学的两个层面的社会功能的消长等，是很值得人们进一步深入研究和思考的问题。

三、中国儒学发展的第三个阶段，是以程、朱、陆、王等为代表的宋、明、清时期的性理之学的儒学

佛道学说对广大士大夫修养身心方面的巨大影响，引起了一部分儒者的不满与不安。他们认为，以佛道理论修身养性将使人们不守儒学礼法，从而危及社会的统治秩序。于是，他们以佛教提倡出家有违忠孝之道，僧侣不仅不从事生产，而且其佛事活动、庙宇建筑等又劳民费财等为由，大肆进行辟佛。唐代著名文学家韩愈的辟佛言论，大致就出于这样的背景。但是，也有另一部分儒者则注意到了佛教理论并不是完全与儒学相冲突的，只要利用得好，可以与儒学互补，起同样的效果。如韩愈的好友、著名文学家柳宗元，就指出韩愈对佛教的批评是肤浅的，是“忿其外而遗其中，是知石而不知韫玉也”，即指责韩愈不懂得佛教理论中所包含着的精华。他认为：“浮图诚有不可斥者，往往与《易》《论语》合。诚乐之，其于性情奭然，不与孔子异道。”（《柳宗元集》卷二十五“送僧浩初序”）这是说，佛教中有些道理是与儒学的《易》《论语》中所说道理相合的，如果认真地研究和实践，它对人们性情修养所发生的作用，与孔子儒家所说的道理没有两样。而再有一些儒者则更为高瞻远瞩，他们借鉴佛道心性形上学理论，主动地去到儒学内部，发掘可与佛道相抗衡的理论与经典根据，并据此建立起儒学的心性修养的形上学理论体系来。

在这方面，韩愈的弟子李翱是最有远见卓识的。他说：“性命之书虽存，学者莫能明，是故皆入于庄、列、老、释。不知者，谓夫子之徒不足以穷性命之道，信之者皆是也。有问于我，我以吾之所知而传焉。遂书于书，以开诚明之源，而缺绝废弃不扬之道，几可以传于时。”（《复性书》）这段话的大意是说，儒家关于探求性命原理的著作虽然存在，可是由于儒者不了解和不能发明，所以一般人都走向了佛、道。不了解情况的人，都以为儒学不足以探明性命的根本原理，许多人也信这种说法。现在有人向我提出这方面的问题，我将尽我所知告诉大家。于是我就写成文章，揭示出性命之学的源头来。这样，儒学中几乎断绝废弃的道理，也许能继续传下去。那么，李翱所发掘出来的，保存了儒学探求性命原理的，究竟是哪些经典呢？我们从他所著的三篇《复性书》中所征引和列举的内容看，主要是《易》和《中庸》。李翱的这番论述和发明，在儒学发展史上是具有重要意义的。《易》和《中庸》正是以后宋明性理学家发挥儒学性命形而上原理，并用以与佛、道抗衡的主要经典依据。被推誉为性理学开创者的北宋五子（周敦颐、张载、邵雍、程颢、程颐），无一例外都是借阐发《易》理来建立他们的理论体系的。

性理学以继承尧、舜、禹、汤、文、武、周公、孔、孟的道统和复兴儒学为己任。不过，他们所要复兴的儒学，主要不是政治制度层面的儒学。因为，汉唐以来政治制度层面的儒学虽然也有某些变化，但作为社会政治制度的基础，它一直受到当权者的全力维护，而并未中断。因此，性理学家所要复兴的儒学，主要是伦理道德、身心修养层面的儒学。他们希望重新充分发挥儒学道德修养方面的社会功能，夺回被佛、道占据了七百年优势的身心修养、思想理论领域。再则，性理学所复兴的儒学，无论是在内容上还是在形式上，也都与先秦原始儒学有了很大的不同。

前面在说到原始儒学时，我们说它主要是一些具体的伦理道德规范、治国安邦的实践原则。也就是说，原始儒学告诉你的主要是日常行为中应该做些什么和怎么去做的规范、原则和方法。而对于为什么要这样做，尤其是这么做的根据何在等形而上理论问题则很少探讨，有时即使说到一些，也十分简略。然而，在佛、道两家的学说中，则对世界、社会、人生等问题中的形上学理论有较多和较深入的探讨。这也正是李翱所说的，人们“皆入于庄、列、老、释”的原因。性理学家接受了这个教训，所以他们在阐发原始儒学的基本实践原则时，竭力从形上学理论方面给予提高。性理学是在构筑起了一套“天理”“良知”的体系之后，才使儒学在形上学理论方面能与道家的“道”，佛教的“实相”“佛性”等形上学理论体系相抗衡。

在把原始儒学的实践原则提升为一般形上学原理方面，我觉得最明显的例子就是对“仁”的阐发。前面我们列举了许多条孔子回答弟子们问仁的资料，其中无一不是具体的实践条目，然而，到了宋明性理学家这里，仁除了这些具体实践条目外，增加了大量的形上学原理。如程颐在论“仁”时曾说：“医家以不认痛痒谓之不仁，人以不知觉不认义理为不仁，譬最近。”（《二程集》，《河南程氏遗书》卷第二上）这个比喻表明，程伊川已把“仁”提升到了“义理”的高度。而所谓的提升到了“义理”高度，也就是把“仁”从具体的行为规范，提高到行为规范的“所以然”来认识。这也就是伊川所说的：“故仁，所以能恕，所以能爱。恕则仁之施，爱则仁之用。”（同上卷第十五）在孔、孟那里，“仁者爱人”，仁与爱是浑而为一的，仁即是爱，爱即是仁，并没有去区分仁爱的性情体用关系。然而，到了性理学家手中，这种区分就成了首要的、原则的问题了。所以，伊川反复地强调，仁与爱之间存在着的性情体用区别，是绝不容混淆的。他在一次答弟子问仁时说："此在诸公自思之，将圣贤所言仁处，类聚观之，体认出来。孟子曰：'恻隐之心，仁也。'后人遂以爱为仁。恻隐固是爱也。爱自是情，仁自是性，岂可专以爱为仁？孟子言恻隐为仁，盖为前已言'恻隐之心，仁之端也'。既曰仁之端，则不可便遗之仁。退之言：'博爱之谓仁'，非也。仁者固博爱，然便以博爱为仁，则不可。"（同上卷第十八）又说："恕者，入仁之门，而恕非仁也。"（同上卷第十五）

朱熹进一步发挥了程氏的思想，而且把"仁"为"理"的道理讲得更加清楚。这里我们引几条朱熹在《四书章句集注》中对"仁"的解释，以见其大概。如：

> 仁者，爱之理，心之德也。（《论语·学而》注）
>
> 仁者，人之所以为人之理也。（《孟子·尽心下》注）
>
> 仁者，天地生物之心，而人得以生者，所谓"元者善之长"也。（《中庸章句》注）
>
> 仁者，本心之全德。……为仁者，所以全其心之德也。盖心之全德，莫非天理，而亦不能不坏于人欲。故为仁者，必有以胜私欲而复于礼，则事皆天理，而本心之德复全于我矣。（《论语·颜渊》注）

由上可见，宋明清儒学之所以称其为性理之学，正是由于他们在理论上与原始儒学存在着如此巨大的差异。这是我们特别需要注意的。

宋明清性理之学对儒学的重大发展，是与它积极吸收和融合玄学、佛教、道教和道家的理论为己所用分不开的。① 理学所强调的

---

① 清儒戴震尝言："宋儒出入于老释，故杂乎老释之言以为言。"（《孟子字义疏证》卷上）又说："宋以来，孔孟之书尽失其解，儒者杂袭老释之言以解之。于是有读儒书而流入老释者；有好老释而溺其中，既而触于儒书，乐其道之得助，因凭借儒书以谈老释者。对同己则共证心宗，对异己则寄托其说于《六经》、孔、孟，曰：'吾所得者，圣人之微言奥义。'而交错旁午，屡变益工，浑然无罅漏。"（《答彭进士允初书》）

“天理当然”“自然合理”等，当然与玄学的“物无妄然，必由其理”（王弼《周易略例·明象》），“依乎天理”（郭象《庄子·人间世》注），“天理自然”（同前《齐物论》注），“自然已足”（王弼《老子》二、二十等章注）等思想有联系。而理学核心理论中的“理一分殊”“体用一源”等，又显然吸收于佛教，其中尤其是与佛教华严学中的“法界缘起”，以及“六相圆融”“理事无碍”等理论的启发有关。至于王阳明著名的“四句教”，即“无善无恶是心之体，有善有恶是意之动，知善知恶是良知，为善去恶是格物”（《传习录》卷下），则更是明显地表现了儒佛的融合。其中，前两句不就是从佛教的“不思善不思恶”“本性清净”“念起欲作”等理论中变化出来的吗？通过这些基本理论的发展，性理学也大大地丰富了儒学的知识论和修养论理论。

宋明性理学的兴起和发展，确实在相当程度上恢复了儒学作为伦理道德、身心修养层面的社会功能，从而与作为政治制度层面的儒学相呼应配合，进一步强化了儒学在社会政教两方面的功能。宋明以后，儒学这种两个层面两种社会功能的一致化，使得许多本来属于伦理修养层面的问题与政治制度层面的问题纠缠在一起而分割不清。而且由于伦理修养层面是直接为政治制度层面服务的，常常使得本来建立在自觉原则上的规范，变而为强制人们接受的律条。而这种以“天理”“良心”来规范的律条，有时比之明文规定的律条更为严厉。清代著名思想家戴震曾尖锐批评封建统治者利用性理学之“天理”“良心”来置人于死地，它比之用明文规定的“法”来杀人更为厉害，且无处可以申辩。① 所以他说：“人死于法，犹有怜之者；死于理，其谁怜之。”（《孟子字义疏证》卷上）这是对性理学所引生出的社会流弊的深刻反映。

① “故今之治人者……及其责以理也，不难举旷世之高节，著于义而罪之。尊者以理责卑，长者以理责幼，贵者以理责贱，虽失，谓之顺；卑者、幼者、贱者以理争之，虽得，谓之逆。于是，下之人不能以天下之同情、天下所同欲达之于上；上以理责其下，而在下之罪，人人不胜指数。”（《孟子字义疏证》卷上）

近代以来，特别是五四运动以来，人们对儒学进行了激烈的批判，斥其为“吃人的礼教”，高喊要“打倒孔家店”等等。这在当时反封建制度的革命情势下，是完全可以理解的。但是，也应当看到，这种对儒学简单的全盘的否定，也是不科学的。这里显然没有分清先秦原始儒学、两汉政治制度化和宗教化儒学与宋明性理学儒学，这些不同历史发展阶段的儒学之间的质的区别。同时，显然也没有分清自汉以来，尤其是自宋明以来儒学所发展出来的两个不同层面及其不同的社会功能。而这正是我们探求儒学未来发展所必需和首先要搞清楚的问题。

四、中国儒学发展的第四个阶段，是从康有为开始的，与西方近代民主、科学思想交流融通的近现代新儒学

19 世纪中叶以后，随着中国封建制度的开始解体，当时以性理学为代表的儒学也走向了衰落。此时，在外国资本主义的武力、经济、政治、文化的侵略和渗透下，中国面临着亡国灭种的危急局面，一大批先进的中国人奋身而起，为救亡图存而斗争。而此时的儒学，不管在制度层面还是在思想意识层面，都在相当程度上起着阻碍社会改革和进步的作用，以至于戊戌变法的志士谭嗣同大声疾呼号召人们去冲决封建礼教的网罗。儒学在西方经济、政治、文化的冲击下，遭到了激烈的批判，从而到了不进行变革就无法继续生存下去的局面。

中国儒学向近代转化，或者说把传统儒家思想与近代西方文化联结起来、融通起来，我以为是从康有为开始的。由于康有为始终表忠于清皇室，又积极支持张勋搞复辟，因而在许多人的心目中康有为作为保皇派的形象超过了他作为一名维新改革派的形象。其实，康有为是中国近代最早、最有影响的资产阶级启蒙思想家之一。他打着托古改制的旗帜，借用儒学，特别是抬出孔、孟来宣传其维新变法的理想。他一方面在宣传当时西方社会政治理论和哲学思想时，总要引经据典地到中国传统儒家孔、孟的学说中去寻找合适的言论，以证明他所推行的那些社会改革方案也正是我国古代圣贤们孜孜以求的理想；而另一方面，他同时也对儒家孔、孟学说做了许多新的解释和发挥，使其符合于当时人们所了解的西方文化，并以此证明他所推崇的传统儒学是完全合乎时代潮流的。

康有为对孔子学说有一个全面而简要的介绍，他说："孔子之道，其本在仁，其理在公，其法在平，其制在文，其体在各明名分，其用在与时进化。"然后，他加以发挥说："夫主乎太平，则人人有自主之权；主乎文明，则事事去野蛮之陋；主乎公，则人人有大同之乐；主乎仁，则物物有得所之安；主乎各明权限，则人人不相侵；主乎与时进化，则变通尽利。"（《春秋笔削大义微言考序》）从这个简要介绍中，我们可以清楚地看到，康有为已经是以近代西方资产阶级的社会政治理论来解释和发挥孔子之道了。康氏注释"樊迟问仁，子曰爱人"一句说："盖博爱之谓仁。孔子言仁万殊，而此以爱人言仁，实为仁之本义也。"（《论语注》卷十二《颜渊》）这里，康氏之意与上述程朱之意正好相反，而且他心目中的"博爱之谓仁"也不同于韩愈所谓的"博爱之谓仁"。他的博爱说中已含有某些近代资产阶级博爱思想的成分。他把"仁者爱人"和子贡所讲的"我不欲人之加诸我，吾亦无欲加诸人"（《论语·公冶长》）联系在一起解释说："岂非所谓博爱、平等、自由，而不侵犯人之自由乎！"（《以孔教为国教配天议》至于把孔子说的"无为而治者，其舜也与？夫何为哉？恭己正南面而已矣"解释为"舜任官得人，故无为而治。盖民主之治，有宪法之定章，有议院之公议，行政之官，悉由师锡，公举得人，故但恭己，无为而可治。若不恭己，则恣用君权，挠犯宪法，亦不能治也。故无为之治，君无责任，而要在恭己矣。此明君主立宪，及民主责任政府之法。今欧人行之，为孔子预言之大义也"（《论语注》卷十五《卫灵公》），以及把孟子所说的"得乎丘民为天子"，解释为"共和之民，选总统也"（《救亡论》）等等，则在康有为的著作中可以说是俯拾皆是。谭嗣同受康氏的影响，专门提倡"仁学"。他也认为，"仁"以"通"为第一义，而"通"的体现就是"平等"。所以他说，孔子学说的根本精神是："废君统倡民主，变不平等为平等。"（《仁学》）

康有为对于儒学，特别是原始儒学孔、孟思想的崇拜和信仰是不容置疑的。他认为，传统思想文化中有某些基本的东西是绝对不能去掉的。但同时他又是一位主张变革维新的人。尽管他反对彻底取消君权的民主共和制，但他也反对固守封建君主专制主义，而主张资产阶级的改良主义和君主立宪制。所以，康有为自始至终是借儒家孔、孟思想来宣传西方近代的民主思想的，而不是为君主专制主义作论证的。同时，在康有为把儒家孔、孟思想与近代西方民主政治学说和哲学理论联系在一起的过程中，虽然有许多生搬硬套、牵强附会乃至幼稚可笑的地方，但是也不能否认，其中多少包含着某些为使传统儒学向现代转化的探索和努力（也许这种探索和努力还不是自觉的）。所以，我一直认为，如果说现代新儒学的概念是指把儒学与西方近代思想文化融通起来的话，那么康有为应当是第一人。

但是，康有为对儒学现代转化的探索并不成功。其中一个主要原因是，他还是要把政治制度层面的儒学与思想修养层面的儒学捆在一起。他不仅根本没有想过要把这两个不同层面的儒学区分开来，甚至主张把儒学改造成为宗教，并在宪法上把孔教规定为国教。这些主张在当时的历史条件下，是很难为正在为推翻封建专制统治而奋斗的人们所接受的。

20 世纪 20 年代以后，由于清王朝已被推翻，封建专制政治制度从名义上讲也不再存在了。因此，除了一小部分当权者继续企图把儒学与社会政治制度联系在一起外，更多的人则是把儒学作为传统思想文化遗产，做学理方面的研究。这些人所关心的是，在西方文化冲击下如何会通儒学与西方文化，如何继承和发扬儒学的优秀传统，以保持民族的自主精神等问题。这时涌现出了一批关心儒学命运和前途的学者，如梁漱溟、熊十力、马一浮、钱穆、冯友兰、贺麟等，他们都在会通中西文化的前提下，来解释儒学，发展儒学，乃至建立起某种新的儒学体系。而他们的共同愿望，也可以说都包含通过对儒学的现代阐释，发扬民族传统文化，使其在当代人的思想道德修养和民族主体意识的确立方面，发挥积极的作用。

贺麟在四十年代一篇题为《儒家思想的新开展》的文章中，提出了“建设新儒家”和“儒家思想新开展”的口号，并且认为：

"一如印度文化的输入，在历史上曾展开了一个新儒家运动一样，西洋文化的输入，无疑亦将大大地促进儒家思想的新开展。西洋文化的输入，给了儒家思想一个考验，一个生死存亡的大考验、大关头。假如儒家思想能够把握、吸收、融会、转化西洋文化，以充实自身、发展自身，儒家思想则生存、复活而有新的发展。"（见《文化与人生》一书）这是说，传统儒学只要善于把握、吸收、融会、转化西方文化中的精华，是可以得到新发展的。事实上，这一时期发展起来的新儒学体系，大都具有这方面的特点。如冯友兰的"新理学"体系，就是在吸收、融会近代新实在论理论和逻辑方法等基础上对宋明程朱理学的发展。贺麟的"新心学"体系，则是在吸收、融会近代西方新黑格尔主义基础上对宋明陆王心学的发展。至于熊十力，从《新唯识论》文言本、白话本，一直到《原儒》《乾坤衍》，他所构筑的哲学体系，我认为应当称之为"新易学"体系最为恰当。他在这个体系中，不仅会通了中国传统文化中的儒、释、道、玄的思想、方法，而且也广采博纳近代西方新康德主义、柏格森主义等理论内容，对于以"易"为中心的儒学理论做出了积极的发展。

我个人认为，从二十年代至四十年代末（乃至五十年代初），是现代新儒学发展最为活跃、最为丰富、最有理论深度和价值的时期。他们所取得的成就和尚存在的问题，都值得我们认真地加以研究和总结。因为，迄今为止，现代儒学发展的理论深度和体系影响，似乎还没有哪一个能够超过他们的。

五、相对于对儒学历史演变的回顾来说，对儒学的未来展望是一个更为困难的问题

由于人们对于儒学的认识和评价的不同，因而对儒学未来也有不同的展望。依我个人肤浅的看法，儒学作为中国二千余年来流传不息的文化主体之一，具有丰富和深邃的思想理论，而且对东亚各国有着广泛的影响，甚至也是东亚一些国家，如朝鲜、韩国、日本、越南等国历史文化中的一个重要组成部分。它必将随着中国和东亚地区的振兴，而越来越被这一地区的国家和人民所自觉与重

视。同时，儒学作为东方文化的主要代表之一，它与西方文化的互补性，也正在越来越为世界有识之士所瞩目。所以，对于儒学的未来发展，我是抱乐观态度的。当然，要获得这种发展的前提，首先要求儒学有一种开放的精神，既要继续吸收和融会本国各学派的精华，更要积极吸收和融会西方文化的精华，同时还要对儒学自身已有的基本精神和重要概念、命题等，“择其善者而明用之”（《荀子·王霸》），作出符合现代社会精神的新诠释。在这方面，我认为经过二十年代以来的各派新儒学，包括当前称之为新儒家第二代、第三代的一大批学者，以及韩国、日本、新加坡等国学者们的共同努力，还有许多至今已取得的成果与经验教训等，都证明了儒学现代发展的可能和必要。

对于当前新儒家第二代、第三代学者们为推进儒学的现代发展所作的努力，以及他们热爱中国传统文化的精神，我一直是十分赞赏的。但是在儒学未来发展的取向上，新儒家第二代、第三代学者们提出的“三统并建”说，我是不敢苟同的。所谓“三统并建”，最早是由牟宗三先生提出的。他在 1948 年《重振鹅湖书院缘起》一文中说：“自孔、孟、荀至董仲舒，为儒学第一期，宋明儒为第二期，今则进入第三期。儒家第三期文化使命，应为‘三统并建’，即重开生命的学问以光大道统，完成民主政体建国以继续政统，开出科学知识以建立学统。”以后，在 1958 年由牟宗三、张君劢、唐君毅、徐复观四人联合署名发表的《为中国文化敬告世界人士宣言》中，也再次强调要发展儒家的“心性之学”，并“要使中国人不仅由其心性之学，以自觉其自我之为一‘道德实践的主体’，同时当求在政治上，能自觉为一‘政治的主体’，在自然界、知识界成为‘认识的主体’及‘实用技术的活动之主体’”。这也就是当代新儒家所谓的，儒家的当前使命主要是要从“内圣外王”之学中开出“外王事功”这一面的具体内容。牟宗三在 1979 年的一次讲演中，仍然坚持了这样的立场，他说：“儒家学术第三期的发展，所应负的责任即是要开这个时代所需要的外王，亦即开新的外王。……今天这个时代所要求的新外王，即是科学与民主政治。”（《从儒家的当前使命说中国文化的现代意义》，见《时代与感受》）

诚然，科学与民主是今天这个时代的要求，这是毫无疑问的。但是，是否能够，或者是否需要把它纳入儒家“继续政统”和“建立学统”的范围？则是一个值得商榷的问题。

我认为，贺麟先生四十年代谈及“建设新儒家”和“儒家思想的新开展”时，曾特别指出：“我们既不必求儒化的科学，也无须科学化儒家思想。”这句话是有一定道理的。需要说明的是，贺麟先生这句话的意思，并不是说不要用科学的态度和方法去研究儒家思想，而是反对当时有些人简单比附儒学与自然科学的做法。如他说：“因科学以研究自然界的法则为目的，有其独立的领域。……一个科学家在精神生活方面，也许信仰基督教，也许皈依佛法，也许尊崇孔孟，但他所发明的科学，乃属于独立的公共的科学范围，无所谓基督教化的科学，或儒化、佛化的科学。反之，儒家思想也有其指导人生、提高精神生活、发扬道德价值的特殊效准和独立领域，亦无须求其科学化。换言之，即无须附会科学原则以发挥儒家思想。”对于现代儒学的发展取向，我想在贺先生的话上再加上一句，即“我们既不必求儒化的政治，也无须政治化的儒学”。我加这句话的意思是说，既不必要把儒学与自然科学生拉硬扯在一起，而从历史的进化着眼，更不应当再用儒学一统天下的思维模式去考虑问题，把儒学与“继续政统”联系在一起。

当然，我这样说时，并不是否认在儒学中是可能提取出许多启发和促进科学发展，以及改善政治制度和社会环境的思想理论成分。相反，我一直认为，儒学中的许多思维方法对克服西方实证科学思维方法中的某些片面性是有重要的启发意义的；同样，儒学中许多政治理想、治国原则、官僚人格等理论对改善目前的政治制度和环境等也是甚有裨益的。但是，对于儒家思想的继承和新的阐发，完全是凭借其学理上的深刻性和说服力去影响社会的，是与其他中西各家学说的一种自由、平等的竞争。当代新儒家第二代、第三代学者们会通中西文化，热爱中华传统文化精神，努力以现代精神诠释儒家思想理论，使之适应现代社会，其用心不可不谓良苦，其精神也实在令人钦佩。当代新儒家坚持“返本以开新，守常以应变”的传统原则，这是一条极富辩证思维的原则。然而，由于他们大多带有某种程度儒家一统的感情色彩和思维模式，因而在努力完成“光大道统”“继续政统”“建立学统”的文化使命中，留给一般人的印象却是“返本”“守常”有余，而“开新”“应变”不足。而“三统并建”之取向，也极容易引起一般人，特别是青年人的逆反心理而拒斥之。

所以，有鉴于历史的经验教训和时代的进步趋势，当代新儒家提出把开“新外王”（以“三统并建”为核心）作为当前儒学发展的主要取向，是很值得商榷的。就当今社会的现状和发展来看，把传统儒学从政治制度层面和宗教化倾向下剥离出来是必要的，是有利于儒学的发展的。因此，相对于当代新儒家的注重于开出“新外王”的取向，我认为，开出儒学的“新内圣”之学似乎更为社会所需要，并且具有广阔而深远的发展前景。这里所谓的“内圣”之学，主要是指儒学中那些有关指导人生修养、提高精神生活、发扬道德价值、协调群己权界、整合天（自然）人关系等学说。我们如果能密切结合时代的问题和精神，把儒家这些学说中所蕴含的现代意义充分阐发出来，则必将大有益于当今社会的精神文明建设，并获得其相应的种种事功（这也可称之为“外王”）。而古老的儒学，也将由此萌生出新的意义和新的生命。

中国现代社会与儒家伦理①

一

关于儒家伦理，在中国是一个很有争议的问题。而这种争议是有其深刻的历史原因的。

中国在由传统农耕社会向近现代工商社会转变的过程中，在一个相当长的历史时期里，在绝大多数社会改革家和进步思想家的头脑里，都把儒家伦理看作是阻碍社会改革、社会进步的政治理念、文化观念上的主要障碍。因此，在中国近百年的历史上，对传统伦理观念，主要是儒家伦理观念，发起了一次又一次，而且是一次比一次更为激烈的社会性的批判运动。

中国近代史一般以 1840 年鸦片战争作为起点，然而如果从思想文化上的觉醒来分界，则当从 1894 年中日甲午海战以后，变法维新运动的掀起作为起点。从那时开始，西方民主、自由、立宪、共和等思想观念、政治理念被大量地介绍到中国来，而与此同时，也开始了对中国传统政治理念和伦理观念的深入检讨与严厉批判。在变法维新运动的领袖中，对传统政治理念和伦理观念批判得最激烈的是谭嗣同。他大声疾呼地号召人们去“冲决罗网”，而他所谓的“罗网”就是传统伦理观念的核心——“三纲五常”。

民主革命时期发生的新文化运动，更是把批判传统伦理，特别是儒家伦理作为根本的任务。新文化运动的正面口号是高举“德先

---

① 原文部分发表于《文史哲》1999 年第 5 期。

生”（民主）和“赛先生”（科学）两面大旗，而其反面的口号就是“打倒孔家店”。在当时那些新文化运动健将们的头脑里，以儒家为代表的传统文化，特别是它的伦理观念，是与以“民主”“科学”为标志的新文化绝不相容的，不彻底打倒“孔家店”，就不可能建设起“民主”“科学”的新文化。所以，他们对传统文化的批判，与维新运动的领袖们相比要尖锐得多，深刻得多。新文化的领袖人物，如陈独秀、胡适、鲁迅、李大钊等，无不致力于对传统文化和伦理观念的大批判。鲁迅通过小说的笔法，把中国两千多年封建社会的历史，描绘成一部“吃人的历史”，把传统儒家伦理称之为“吃人的礼教”；而以历史论文形式痛斥宗法制度与儒家伦理的吴虞，亦被胡适赞誉为“只手打倒孔家店的老英雄”。他们的批判，在社会上有着极其深远的影响。

如果说，新文化运动健将们对传统文化、儒家伦理批判主要是在理论层面，其影响也主要在知识阶层的话，那么以后在中国共产党领导下的新民主主义革命时期，则又把这种批判发展为广大民众的社会实践活动。受到毛泽东高度赞扬的湖南农民运动，其重要意义就在于农民运动把对传统文化和伦理的理论批判变成了行动的批判。毛泽东把传统伦理概括为套在广大民众头上的“四大绳索”，即“神权”“政权”“族权”和“夫权”，农民运动则把它们彻底打翻在地。他认为，只有经过这样的实践批判，广大民众才有可能获得精神上、肉体上的真正解放。

从变法维新运动以来对于传统文化和儒家伦理的批判，应当说都是有其历史的必要性和合理性的，没有这种冲击，中国社会向近现代转化可能要困难得多。然而，同时我们也不能不看到，从变法维新运动，尤其是 1915 年以来的新文化运动对传统文化和儒家伦理的批判带有严重的偏激情绪和全盘否定的倾向，而这种对传统文化，特别是传统伦理的否定式思维方式，其影响是极为深远的，以至于在相当长的一个时期里，人们不能从正面来议论继承和发扬传统文化和伦理的问题。

五十年代末六十年代初，一些学者曾从不同学科、不同角度提出了历史、文化、道德的继承问题，结果是遭到了严厉的批判和彻底的否定，而且成了不久以后毛泽东发动“文化大革命”的一条重要的导火线。十年“文化大革命”中，在“大破四旧”（即破除“旧思想”“旧文化”“旧风俗”“旧习惯”），“狠批封资修”，“横扫一切牛鬼蛇神”等口号下，传统文化和儒家伦理再一次遭到了“史无前例”的批判与否定。尤其在林彪事件发生以后，更把“批孔”“批儒”运动推向了家家户户，传统文化、伦理观念变成了最现实的政治斗争问题。在这样的社会政治环境下是根本不可能对传统文化、伦理，特别是儒家伦理，作出客观、公允和正面的评价。

“文化大革命”以后，否定一切的思维方式得到了纠正。不少知识界人士对于近百年来我们民族在对待传统文化上的偏激情绪和片面态度等问题进行了认真的反思和检讨。因此，对于传统文化、伦理，包括儒家伦理在内，大多数人开始能用比较客观、公允的态度去进行分析研究，而且认为，继承与发扬其中的优秀部分，对于建设现代中国新文化是极其重要和必不可少的。当然，同时也有一些人对传统文化、伦理抱有很深的成见，他们仍然把传统文化，主要是儒家伦理，看作封建意识和封建道德，而予以根本的否定。不过，尽管如此，我个人仍认为，现阶段是中国近百年来对待传统文化和儒家伦理问题最为正常的时期。

经过这么长时期对儒家伦理的批判和清算，那么儒家伦理在中国当前社会现实中究竟还有多大的影响呢？对于这个问题，人们也是有不同认识和估计的。

一些人认为，儒家传统伦理根深蒂固，尽管经过这么长时间的激烈批判，但在社会生活的各个方面仍然有着很深的影响，尤其是在那些深层的人际关系中，以及比较闭塞、落后的农村。因此，他们认为，清除儒家传统伦理中那些不符合现代社会生活原则的观念和规范，仍然是当前思想文化方面的一项重要任务。

另一些人则认为，儒家传统伦理在中国现实社会生活中已经没有多少影响可言，无论在家庭中还是在社会生活中，有多少人脑子里还有“孝悌”“忠信”等伦理观念？而由于以往过分否定儒家传统伦理，以至于在一般人的头脑中，特别是青年中，连最起码的家庭、社会伦常观念都不清楚。更有一些人在模糊不清的“自由”

“平等”等观念的驱使下，甚至连如何克尽正常社会分工下个人职业职责的伦理观念都没有。因此，当前很有必要强调一下继承和发扬中华民族的传统美德，并且认真地吸取儒家传统伦理观念中那些合理的内容，建立起符合时代精神和需要的伦理观念和社会伦序。

以上两种不同的认识和估计，主要是由于两者观察问题的角度不同而造成的，应当说都是中国现社会的实际情况。我认为，当前的问题是“破”和“立”哪个更迫切，哪个应当放在第一位。以往，人们受“不破不立”“破字当头，立也就在其中了”的思维方式的影响，把“破”看得比“立”更重要，乃至以为“破”了旧的，新的自然就会“立”起来。因此，长期以来在思想文化方面是“破”多“立”少，“破”强“立”弱，甚至有些方面是有“破”无“立”，其结果则是造成人们在思想文化方面的混乱、迷茫、空白和无所适从。其实，“破”和“立”是既有联系而又不能互相代替的。“破旧”只是为“立新”创造了条件，而并不能替代“立新”。“新”如果“立”不起来，或长期不“立”起来的话，除了会造成上面所说的人们思想上的混乱、迷茫、空白和无所适从之外，已“破”的“旧”还可能会死灰复燃、卷土重来。就这一意义上来说，“立”比“破”更显重要，而且通过“立”，人们将全面地检讨此前的“破”，因而也能减少继续再“破”时的盲目性和片面性。

基于以上认识，我认为当前中国社会最迫切需要的是要强调继承和发扬中华民族的传统美德，并且认真地研究和吸取儒家传统伦理观念中那些合理的内容，建立起符合时代精神所需要的伦理观念、道德规范和社会伦序。我相信，通过建立和倡导这些新的符合时代精神需要的伦理观念、道德规范和社会伦序，对于继续清除那些残留的、不合时代需要的旧道德规范和伦理观念，将会更有力和有效。

二

在现代中国谈论儒家伦理，一是不能忽视儒家伦理曾长期与封建专制政治制度结合在一起，其中确实包含着许多为封建专制政治制度服务的规范和不再适合时代潮流的内容，前者如“三纲”等，后者如“女子无才便是德”等。二是不能无视近百年来对传统伦理严厉批判的事实，因为这一历史的批判是有其广泛的社会群众基础的，是有其历史的必要性和合理性的。三是在当今世界文化日益趋向多元综合的整体环境下，必须打破儒家思想文化和伦理一统或独尊的传统思维模式。因此，在现代中国提复兴儒学或儒家伦理，乃至于笼统地提复兴传统文化都是不适宜的。

六十年代初，港台一批知名学者感叹于中华文化的“花果飘零”，国人在文化意识上的漂泊无根，奋起疾呼复兴中华传统文化。他们口宣笔述，大力阐发中华传统文化，主要是宋明性理学和儒家伦理的丰富内涵及其现代意义，其影响延续至今，被学术界称之为“当代新儒家”。应当肯定，这批“当代新儒家”学者发扬中华传统文化的精神是可嘉的。他们的著述成果，对于中国传统文化和哲学的研究也发生了不小的影响。然而，由于他们中的一部分人有较强烈的“儒家情结”，因而不自觉地陷入了儒家文化、伦理一统或独尊的传统思维模式。他们不满足于仅仅从儒家文化、伦理中汲取和发扬那些有助于现代社会文明建设的内容，不甘心于儒家文化、伦理仅仅作为“一元”的身份与现代社会的多元文化相统合。因此，他们中的一部分人总是想着从传统儒家的政治理念和心性学说中开发出现代“民主”理念和“科学”知识，并以此自期为“第三期儒学”的文化使命。如“第三期儒学”“当代新儒家”的主要代表牟宗三先生就曾明确宣称：

> 自孔、孟、荀至董仲舒，为儒学第一期，宋明儒为第二期，今则进入第三期。儒家第三期文化使命，应为“三统并建”，即重开生命的学问以光大道统，完成民主政体建国以继续政统，开出科学知识以建立学统。(《重振鹅湖书院缘起》)

以上的“三统并建”说，是牟宗三先生在 1948 年讲的，以后“当代新儒家”则强调要从传统儒家“内圣外王”之学中，重兴“内圣之学”，开出新的“外王事功”来，然其具体内容并没有变化。这可以从 1979 年牟宗三先生的一次讲演中得到证明。他在那次讲演中说：

> 儒家学术第三期的发展，所应负的责任即是要开这个时代所需要的外王，亦即开新的外王。……今天这个时代所要求的新外王，即是科学与民主政治。(《从儒家的当前使命说中国文化的现代意义》，见《时代与感受》)

毫无疑问，科学与民主是今天这个时代所要求的，儒学也必须适应科学与民主的要求才有可能在当今社会存在下去和得以发展。然而这并不是说要从传统儒学中去开出科学与民主来。把“开这个时代所需要的外王”和“三统并建”作为“儒家第三期文化使命”，说穿了就是认为儒学只要经过“当代新儒家”们的重振和发明，将把现代民主政治理念、现代科学知识和生命伦理学问都统括在内。这也就是说，儒学仍然可以去一统社会的“道统”“政统”和“学统”。“当代新儒家”们主观上可能并没有“独尊儒术”的想法，可是他们赋予“儒家第三期”“三统并建”的文化使命，则不能不在客观上给人们以“独尊儒术”的观感。正因为如此，“当代新儒家”们的努力，虽然赢得了一些知识人士的回应，同时也招来了不少的批评，而对具体社会生活和文化观念也没有发生多少实际的作用。相反，那些借助部分儒家伦理以阐发现代企事业管理、经营之道，倒是在现代企事业文化的建设中发挥了不少的实际作用，而且不仅得到东亚儒家文化圈中国家的共识，更有为世界瞩目的趋势。这种反差现象是很值得人们思考的。

贺麟先生在四十年代一篇谈及“建设新儒家”和“儒家思想新开展”问题时，曾特别指出说：“我们既不必求儒化的科学，也无须科学化儒家思想。”

我认为，贺麟先生的这句话是很有道理的。需要说明的是，贺麟先生这里并不是说不要用科学的态度去对待和研究儒家思想，而是反对当时有些人简单比附儒学与科学的做法。如他说：

> 因科学以研究自然界的法则为目的，有其独立的领域。……一个科学家在精神生活方面，也许信仰基督教，也许皈依佛法，也许尊崇孔孟，但他所发明的科学，乃属于独立的公共的科学范围，无所谓基督教化的科学，或儒化、佛化的科学。反之，儒家思想也有其指导人生、提高精神生活、发扬道德价值

的特殊效准和独立领域，亦无须求其科学化。换言之，即无须附会科学原则以发挥儒家思想。（《五伦思想的新检讨》，见《文化与人生》）

我想在贺麟先生的话上再加一句话，即“我们既不必求儒化的政治，也无须政治化儒家思想”。这句话的意思是说，在今天这个时代，我们已没有必要，也没有可能以儒家的理念去规范政治，也没有必要继续把儒家学说确定在为“政统”作证的地位上。这仅是有感于牟宗三先生等把“继续政统”作为“儒家第三期”的文化使命而发的。

有些学者主张把传统儒家伦理大体分析为两个层面，即一是与封建专制政治制度有着密切关系的那些理念和道德规范的层面，另一则是一般社会公共伦理观念和道德规范，以及作为个人心性修养学说的层面。他们认为，现时代讨论儒家伦理问题，首先应当厘清上述两个层面，然后扬弃前者，继承和发扬后者。这也是有见于传统儒家伦理在两千多年的历史中，那些与封建专制政治制度密切关联的理念和规范，确实有着严重的负面影响，且与当今的时代潮流相背离，所以务必扬弃。这也就是说，应当把儒家学说从“政统”中剥离出来，还它以一般学术思想的本来面貌。

这一点非常重要。儒家学说本来只是一般的学术思想，是百家中的一家，只是在汉代以后才成为与“政统”联系在一起的，具有特殊身份的官方学术。唐宋以后，理学家们又为儒家学说编造出了一个“道统”，并进一步与“政统”捆绑在一起。正因为如此，它也就成了近代社会变革时期思想观念上首当其冲的批判对象。因此，剥去其“独尊”的特殊身份，扬弃其为特定历史时期“政统”服务的层面，回复其一般学术思想的普通身份，是使儒家思想与伦理在现时代得以正确发挥其应有社会作用的先决条件。

需要说明的是，我这样说时，并不是说儒家学说中就没有可为现代政治和科学汲取的理论成分。相反，我一直认为，儒家学说中有许多思维方法对克服西方实证科学思维方法中的某些片面性有着重要的启发意义；同样，儒家学说中的一些政治理想、治国原则、官僚人格等理论对改善当前的政治制度和政治环境等也是不乏可借鉴之处。然而，这一切对于儒家学说的继承和新的阐发，完全是凭借其自身学理上的深刻去影响社会的，是与其他东西方各家学说一样的一种平等的参与。

三

就现代中国来讲，传统文化（包括儒家伦理）参与现代社会文明建设具有特别重要的意义。

如上所述，由于近百年来对于传统文化与伦理的激烈批判否定，传统的伦理价值观念在社会上已所剩无几，在人们的头脑里也已非常淡漠。因此，当各种各样的西方文化和伦理价值观念涌进来以后，人们一方面深感其与本土国情民俗甚多相违之处，不当任其自由泛滥；但另一方面又困于传统伦理价值观的长期被自我否定，难以理直气壮地去面对和回应西方伦理价值观的挑战。这一历史的和现实的严酷教训，终于使人们有所醒悟而开始认识到：传统文化和传统伦理价值观念不应全盘否定，传统文化是建设和发展现代文化的根基，现代伦理价值观应当在与传统伦理价值观的整合中确立。

九十年代以来，政府部门的大力倡导弘扬优秀传统文化，社会上广大群众对传统美德的表扬和召唤，以及教育界、理论界乃至许多企事业管理部门对传统伦理价值观念和道德规范的热烈讨论，可以说都是在上述背景下萌发出来的。现在可以这样说了：在中国，传统伦理，主要是儒家伦理，在新的视角下重新受到了政府、社会和民众的关注与重视。

近年来，人们对儒家伦理学说中的心性修养理论、家庭孝悌之道、仁爱待人之心、见利思义之理等问题展开了广泛的讨论。大部分意见认为，儒家在这些问题上的许多论述，对于纠正我们当前社会现实生活中存在的问题是很有启发的，应当积极继承与发扬，并通过新的、通俗的阐发，普及到广大民众中去。

儒家的心性修养学说，是新文化运动以来批判旧道德的重点内容之一。尤其在“文化大革命”中，随同对刘少奇《论共产党员的修养》一书的严厉批判，儒家心性修养之说更被视为所谓培养地主阶级孝子贤孙的理论和方法而遭到彻底否定。不仅如此，由于指控刘少奇所提倡的“修养论”是要引导人们做“驯服工具”，是要培养地主资产阶级的孝子贤孙、修正主义的苗子，于是在社会大众的心目中，相当普遍地把讲传统儒家心性修养看成是一种可怕可恶的“修养经”而加以排斥和否定。所以，在相当长的一个历史时期里，在我国大中小学的思想教育课程中是不讲“修身养性”问题的，即使在专门的“伦理学”教科书中也没有关于“心性修养”的内容。继而在西方个人主义理论的侵袭下，许多人在根本没有全面弄清西方个人主义含义的情况下，更是连一般的个人身心修养，也都把它看成是一种否定个性、泯灭自我的愚人行为和理论而予以否定。此外，多年来我们在教育方针上虽然一再强调德智体全面发展，而且明确要求把德育放在第一位，然而在实际执行中却是把智力开发、知识教育放在了压倒一切的位子上，而在德育教育方面也只是把重点放在抓所谓的“政治方向”这一点上。可以这样说，多少年来在广大青少年中，很少有人能正确了解个人心性修养的意义，更谈不上去实践心性修养了。这是我国文化建设、教育实践中存在的一个严重问题。

随着我国社会经济、文化、政治改革开放的深入发展和国际交流的广泛开展，人们越来越感觉到我国国民素质亟待提高。而且，人们也越来越意识到这种国民素质的提高，应当是一种全面的提高。也就是说，它不仅是现代科技知识的提高，而且包括一般人文知识的提高，以及为人之道的提高。而从某种意义上来说，或从广大民众的角度来说，为人之道的提高，亦即基本做人准则、伦理观念、道德规范的确立和提高，在国民素质的养成和提高中，具有更为根本、更为重要的意义。而为人之道的养成和提高，主要靠教育（社会教育、学校教育、家庭教育）和自我修养。这里，教育是外在的、被动的，自我修养则是内在的、主动的。伦理道德的践行既有外在的他律约束，更需要靠内在的自律自觉。自我心性修养既是主动养成正确伦理观念和不断提升人格境界的途径，更是在行为上自觉实践伦常义务、道德规范的自律功夫。可以这样说，有没有自我修养是检验一个人是否是一个自觉的人的根本标志。于是，自我修养的问题从理论上、实践上重新引起了社会的关注，人们开始为“修养论”恢复名誉。同时，对儒家伦理中丰富的心性修养理论和实践经验，人们也开始敢于如实地肯定其中所包含着的各种合理因素，以及值得我们今天继承和借鉴的东西。

1993 年，本人在“东方传统伦理与当代青少年教育”的国际讨论会上，发表了一篇题为《儒家修养论今说》的论文，专题探讨了儒家伦理中修养学说的理论价值和它对当今社会的现实意义。论文的部分论点在《人民日报》的一篇报道中摘引发表后，引起了社会上不少人的共鸣。他们写信给《人民日报》编辑部表示对论文观点的支持，呼吁社会重视和加强修养教育，也有许多人写信给我，希望得到论文全文。可见人们面对社会现实中的种种问题，在深刻的反思中呼唤优秀传统的回来。

儒家的修养学说是建立在他们对人的本质的认识之基础上的。儒家认为，人的本质就在于具有伦理观念和道德规范，这是人与禽兽根本区别之所在。而能不能自觉地培养、遵循伦理观念和道德规范，能不能不断提升人格境界，则是圣贤与一般人的区别之所在。儒家十分重视教育在基本伦理观念和道德规范养成方面的作用，但是在培养伦理观念和道德规范的自觉，以及不断提升人格境界方面则更为强调自我的修养功夫。孔子说：“为仁由己，而由人乎哉？”（《论语·颜渊》）也就是强调道德的自觉自律。

人们一般都把儒家的修养论理解为仅仅是道德方面的修养，其实儒家所讲的修养，是以道德为中心的一个人的全面素质修养。儒家学者认为，道德修养不是孤立的，而是与一个人的全面素质提高密不可分的。因此，儒家所讲的修养论中，同时也包括了文化知识、文学艺术、职业技能，乃至日常生活中的礼仪规范等的养成和提高在内。孔子说，人之为学应当“志于道，据于德，依于仁，游于艺”（《论语·述而》）。这里所谓的“艺”，就是传统上所说的礼、乐、射、御、书、数等“六艺”。儒家学者把日常生活中的各种礼仪规范，如洒扫应对等，也看成是进德成业不可或缺的修养内容。这是很有道理的。试想，一个连最起码的生活中的礼仪都不愿意做或做不好的人，怎么可能期望他会成为一个有高尚品德和能成就大事业的人呢？

事实上，现代社会对每一个人的素质要求更高。科学越发展，人类驾驭和支配自然资源的力量越强大，同时也就要求人们能更自觉地约束自己，节制自己的欲求，而且要学会尊重自然，爱惜资源，树立起一种“生态伦理”观念来。在这方面，儒家伦理中强调“不违天时”“节用”“御欲”，反对不时砍伐、渔猎，讨伐“暴殄天物”等思想是很值得我们今天借鉴的。同样，民主越发展，个人越自由，同时也就要求每个人都能更加自觉地约束自己，更加懂得尊重他人，树立起一种真正符合人人平等自由的“人际伦理”观念来。在这方面，孔子说的“己所不欲，勿施于人”的“恕”道等，即使在今天也不失为一条有益的教训和人际伦理的准则。可是，我们今天有多少人能有这样的修养功夫呢？不多。多数人正在逞人类高科技的威风，向自然资源进行掠夺性的攫取，沉湎于挥霍浪费型的“现代生活方式”之中。多数人以为民主自由就是无拘无束的任性所为，殊不知当你要求的自由与他人所要求的自由发生矛盾时，双方各自所要求的自由，同时也就成了对方自由的制约。这样，每个人的自由度越大，相互间发生矛盾的概率也就越大，制约也就越多。更何况还有各种团体的、社会的、政府国家的守则、制度、法律等等约束着你。所以，一个人如果不能自觉自律，而滥用民主自由，我相信即使在一个再民主的制度下，他也会“动则得咎”的。

孟子说：“天将降大任于是人也，必先苦其心志，劳其筋骨，饿其体肤，空乏其身，行拂乱其所为，所以动心忍性，曾益其所不能。”（《孟子·尽心上》）对于生长在现代优裕生活环境中的青少年，尤其需要有这种自找苦吃的自我修养精神，否则是担负不起未来21世纪的人类社会建设任务的。值得一提的是，在今年（1995）纪念“五四”76周年的日子里，北京大学的研究生会发起了一项以自我修养为中心的继承发扬传统美德，树立新一代大学生精神风貌的道德建设工程。这一消息在报纸和电视台发布后，得到了全国许多高等院校的热烈响应，也纷纷开展起了道德建设工程。这是一件十分可喜的事，它完全是学生们自动发起的，是他们从时代、社会的要求和自身形象塑造中体会出来的，所以既亲切又真实。在他们所制定的工程计划中，学习传统伦理学说是重要内容之一。这就充分说明，即使在青年中也已认识到传统伦理，包括儒家伦理，在建设现代社会文明中还是有其重要意义的。

在儒家伦理中，“忠”“孝”问题也是一直受到激烈批判的，而其中尤其是对“孝”道的否定，更是长期以来使人不敢正面议论的一个题目。然而，近年来社会上弃老不养，乃至虐待亲生父母的事情时有发生，至于对尊长缺少礼貌，甚至连基本的尊老敬长礼貌都不清楚的，则更是一个相当普遍的现象。还有，在当前大量“四二一”结构（祖父母、外祖父母为四，父母为二，独生子女为一）的家庭中，由于祖辈或父母的溺爱，独生子女成了家庭中的“小皇帝”，更不知尊老敬长为何物了。目前，在中国家庭中，父母对子女的慈爱有加无已，有的甚至大大过了头，变成了溺爱，而反过来子女对父母的孝敬则不仅无增，反而有减。这样的家庭伦理，长此以往是十分令人担忧的。家庭是社会的细胞，是最基础的社会结构，家庭伦理习惯的养成，是走向社会、接受社会伦理的准备。孟子尝说：“老吾老，以及人之老；幼吾幼，以及人之幼。”（《孟子·梁惠王上》）一个在家庭中不知孝敬父母长辈的人，很难想象他在社会上能敬重师长和尊长。因此，目前中国社会上伦序失常的现象，并不比家庭伦常失序的现象好多少。而社会伦序的失常，除了表现在对尊长的缺少礼貌外，更表现在大量的职务职责上的失伦失序，即不能在各自的职位上尽伦尽职。

有鉴于此，近年来一些有识之士，不断呼吁社会重视家庭伦理的建设和教育。特别是一些伦理学学者，提出了对“孝”道的重新检讨，认为在当前中国社会环境下，在家庭伦理中只提倡一般的“尊老爱幼”是不够的，还应当强调子女对父母的孝敬之道。因为，父母对子女有直接养育之恩，这种亲情之间的孝慈关系，是与对一般尊长的敬重关系不完全相同的。提倡孝敬父母，正是要人们增强这种亲情的天伦观念，而且要人们懂得对家庭尽伦也就是对社会尽职的道理。

理论的讨论推动了行动的决心，现在“孝敬父母”的条文已正式列入了“小学生守则”，成为国民基础教育的一项内容。如果结合论文上面提到的背景来看，这一变化在中国来讲，应当说是十分巨大的。甚至可以说是近百年来在对待传统文化，特别是传统伦理问题上，价值观念的一个根本性转变。随着对传统文化、儒家伦理种种偏见和误解的消除，去掉那些不应当再由儒家伦理来担负的责任，我相信，儒家伦理是能够为现代中国的经济建设和文化建设做出积极贡献的。

对于二十一世纪中国文化建构的思考[①]

一

当今不少人都在预言说，二十一世纪是“亚太”的世纪，是“亚洲”的世纪，乃至是“东亚”的世纪，并认为东方文化，尤其是汉字圈文化，将成为下一世纪的文化主流，等等。对于这些预言的准确性（或者说科学性）究竟如何，我不想妄加评议，因为这是需要由下一世纪的事实去证实的。但我深信，这些预言的出现则绝非偶然，更不是少数东方知识分子的自大狂妄或所谓的“民族主义”情结，而是有其深刻的历史原因和现实依据的。

简而言之，一是随着本世纪下半世纪以来东方民族、国家在政治、经济地位上的变化，在文化上也开始有所自觉，恢复了对自己民族悠久文化传统的自尊和自信；一是世界经济和科技的高速发展，在创造丰富物质财富的同时，也带来了比以往历史上任何时期更为严重的世界性的社会问题和人类生存环境问题，因而迫使人们对于当今世界的文化建构，特别是其中作为主流的西方文化加以必要的检讨，并由此而意识到东方文化对西方文化的互补性，以及东方文化在世界文化建构中的不可或缺的地位。

所以我认为，在思考二十一世纪中国文化建构的问题时，有必要首先对中国文化在二十世纪中所走过的道路进行一番深刻的反思，然后才能对下一世纪中国文化应走的道路有一较为清晰和自觉

---

① 原载《21世纪中国与日本》，北京大学出版社，1996年。

的认识。

毋庸讳言，与亚洲东方所有国家一样，从总体上来说，二十世纪中国文化走的是一条以接纳西方文化为主的道路。中国的末代王朝——清王朝，在经过康熙、乾隆、嘉庆三朝盛世后，自道光朝起开始走下坡路，朝政日趋腐败，国力日益衰弱。当时一些有眼光的思想家，也已深刻地觉察到了清王朝和中国面临的严重危机。如著名思想家龚自珍于鸦片战争前夕在揭露当时清王朝的腐败和中国社会面临的严重危机后，就深刻地指出说：

> 即使英吉利不侵不叛，望风纳款，中国尚且可耻而可忧。①

这样的政府是无法防止内乱和抵御外侮的。1841 年鸦片战争的失败，彻底暴露了中国封建制度的腐朽没落，同时也暴露了中国传统文化结构上“重道轻器”的偏颇和弱点。所以，当时的一些进步思想家就提出了“师夷之长技以制夷”② 的主张，强调学习西方列强“船坚炮利”的器物文化。以后，清王朝内部洋务派所搞的洋务运动，主要也就是引进西方有关制造枪炮、机械等方面的器物文化。在他们看来，中国的政治制度、人伦道德、社会习俗等方面不仅不可改变，而且其传统远优于西方，因此也不必改变。于是，他们用中国传统哲学中的“体”“用”范畴，把中国传统的“治统”和“道统”归之于“体”，把西方科技、器物文化归之于“用”，并提出了“中体西用”③ 的根本方针。

1894 年中日甲午战争中中国的失败，把洋务派三十年来从事洋务运动的心血毁于一旦，因而也就使人们对洋务派所遵循的“中体西用”的方针提出了疑问。如，严复于当时即撰文批驳“中体西用”论在逻辑上和实践上的谬误，以及中西学各自“体”“用”之间存在着不可分割的关系和不可随意嫁接的道理，从而强调指出，

---

① 《与人笺（八）》，《定庵文集补编》卷四。

② 魏源《海国图志》。

③ 如张之洞在《劝学篇·外篇·设学第三》中说：“旧学为体，新学为用。”

若要以西学为用，则必须同时接受西学之体，否则就是一种“牛体马用”的谬想。他说：

善夫金匮裘可桴孝廉之言曰：体用者，即一物而言之也。有牛之体，则有负重之用；有马之体，则有致远之用。未闻以牛为体、以马为用者也。……故中学有中学之体用，西学有西学之体用，分之则并立，合之则两亡。①

这时，人们心目中的西学之体，主要是有关于西方社会、政治制度层面的东西，亦即上文所说的“治统”方面的文化，如民主、自由、立宪、共和等。因而，从戊戌变法到辛亥革命，从康有为到孙中山，他们关注的是对封建政体的局部改良抑或根本的改变。近代中国人学习西方文化，由此而深入了一个层次。

然而，历史的演进并未就此而止。戊戌变法的惨败和辛亥革命胜利果实为袁世凯所窃取的现实，迫使人们进一步来思考中国传统文化中最深层次的“道统”问题。所以，由1915年开始的新文化运动，发起了对中国传统文化的全面检讨，其中主要集中在经过宋明理学系统化了的封建宗法、专制制度与封建伦理纲常观念、道德规范等方面。同时，则开展了对西方文化的全面学习，特别是西方资本主义的平等、民主、自由的政治制度、学术风气以及个人主义的价值观等等。此时，经由欧洲与日本，学术界也已接触到了马克思主义社会主义理论，而1917年俄国十月革命的胜利，则进一步推动了马克思主义社会主义思想在中国的传播。1919年爆发的五四运动，一面高举“德先生”（Democratic，民主）和“赛先生”（Science，科学）两面大旗，一面则大声疾呼“打倒孔家店”和彻底粉碎“吃人的旧礼教”，把批判传统文化和接纳西方文化的社会运动推向了一个新的高潮。

自此以后，确定了本世纪中国文化结构以接纳西方文化为主的基本格局。这不仅是指社会生产方式以及经济制度、政治制度的改变，更主要是体现在社会各种观念上的变更，尤其是传统价值观念

① 《与〈外交报〉主人书》，《严复集》第三册。

上的变更。由于第一次世界大战暴露了西方资本主义文明的种种问题，以及受俄国十月革命的胜利与当时流行的无政府主义和马克思主义思潮的影响，二十年代初在中国思想界的一部分人中曾一度出现过对西方文明“完美”幻想的破灭和对东方文化、中国文化的反思。其中，1920 年初梁启超旅欧回来后发表的《欧游心影录》和 1921 年出版的梁漱溟的《东西文化及其哲学》是最具代表的两部著作。然而，在当时急盼中国富强与现代化的国人的目光中，西方列强是现代化富强国家的样板，因而很自然地在许多人的观念中也就把西方化和现代化看成了一回事，要现代化就一定要西方化，只有引进西方文化才能使中国现代化。于是，从二十年代末至三十年代中，又展开了一场有关西方化和现代化，以及西方文化与中国本位文化问题的大讨论。

此时，有一部分学者明确提出了“全盘西化”的口号。如，1933 年底当时中山大学教授陈序经在一篇题为《中国文化之出路》的演讲中把那时国内学术界关于中国文化的主张分析为三派，即所谓“复古派——主张保存中国固有文化的”；“折衷派——提倡调和办法中西合璧的”；“西洋派——主张全盘接受西洋文化的”。而他自己则是“特别主张第三派的，就是要中国文化彻底的西化”。他认为：

> 现在世界的趋势，既不容许我们复返古代的文化，也不容许我们应用折衷调和的办法；那么，今后中国文化的出路，唯有努力去跑彻底西化的途径。①

而中国文化必需“全盘西化”的理由，他强调两点：一是“西洋文化，的确比我们进步得多”；二是“西洋现代文化，无论我们喜欢不喜欢去接受，它毕竟是现在世界的趋势”。从当时历史情况来讲，第二点理由是很有道理的，而第一点则不尽然了。特别是他申言之说：

---

① 原载广州《民国日报》，1934 年 1 月 15 日，转罗荣渠主编《从“西化”到现代化》一书。

> 西洋文化无论在思想上，艺术上，科学上，政治上，教育上，宗教上，哲学上，文学上，都比中国的好。就是在衣、食、住、行的生活上头，我们也不及西洋人的讲究。
>
> 在西洋文化里面，也可以找到中国的好处；反之，在中国的文化里未必能找出西洋的好处。①

这些申述，显然是极其片面的。然而，“全盘西化”口号提出后，一时附和者却甚多。以至于连胡适对陈序经说他只是“折衷派中之一支流”，而“不能列为全盘西化派”的分析，还特地加以声明说：“我是主张全盘西化的。”“我是完全赞成陈序经先生的全盘西化论的。”②

与此同时，也有不少学者对“全盘西化”论提出了批评和不同的看法，乃至针锋相对地提出了建设“中国本位文化”的口号。

1935 年初，王新命、何炳松、萨孟武等十位教授发表了一个“中国本位的文化建设宣言”。“宣言”劈头第一句话就说：“在文化的领域中，我们看不见现在的中国了。”甚至认为：“从文化的领域去展望，现代世界里面固然已经没有了中国，中国的领土里面也几乎已经没有了中国人。”这样激烈的言辞，未免有些危言耸听，并不完全符合当时社会的实际，其目的则是为了提醒世人不能一味模仿外国，而“要使中国的政治、社会和思想都具有中国的特征”。为此，他们提出了“中国本位的文化建设”的要求和办法。要而言之，其基本主张是：

> 中国是既要有自我的认识，也要有世界的眼光，既要有不闭关自守的度量，也要有不盲目模仿的决心。
>
> 不守旧，不盲从，根据中国本位，采取批评态度，应用科学方法来检讨过去，把握现在，创造将来。③

---

① 同前。

② 《编辑后记》，原载《独立评论》第 142 号，1935 年 3 月。转罗荣渠主编《从“西化”到现代化》一书。

③ 原载《文化建设》第 1 卷第 4 期，1935 年 1 月 10 日。转罗荣渠主编《从“西化”到现代化》一书。

“中国本位的文化建设”的主张，遭到了“全盘西化”论者的批评，指其是“‘中学为体西学为用’的最新式的化装出现”①。但同时也引起了不少人的关注与赞同，其中一些学者特别强调了在与外来文化接触和吸收中树立“中国本位意识”和“主体意识”的重要性。如有的学者说：“没有本位意识，是绝对不可与外来文化接触的。”因此，在建设“中国本位文化”之前，“还须先建设‘中国本位意识’以为前提，若是不然，则我们一切的努力，是要归于白费的”②。有的学者则说：“一个民族失了自主性，决不能采取他族的文明，而只有为他族所征服而已。”因此，只有“恢复中国人的自主性，如此才能有吸收外族文化的主体资格”③。此外，在这次讨论中，一些学者还特别强调了这样一个观点，即“现代化”不等于“欧化”或“西化”。如说：“‘科学化’与‘近代化’，并不与‘欧化’同义，所以我们虽科学化近代化而不必欧化。”④“现代化可以包括西化，西化却不能包括现代化。”⑤由此，他们认为，就中国的现代化来讲，既要“将中国所有西洋所无的东西，本着现在的智识、经验和需要，加以合理化或适用化”，同时也需“将西洋所有，但在现在并未合理化或适应的事情，与以合理化或适用化”⑥。以上这些观点和想法，即使在今天也还是有一定启发意义的。

---

① 胡适：《试评所谓“中国本位的文化建设”》，原载《独立评论》第145号，1935年3月31日。转罗荣渠主编《从“西化”到现代化》一书。

② 刘絜敖：《中国本位意识与中国本位文化》，原载《文化建设月刊》第1卷第9期，1935年6月10日。转罗荣渠主编《从“西化”到现代化》一书。

③ 张东荪：《现代的中国怎样要孔子?》，原载《正风半月刊》第1卷第2期，1935年1月。转罗荣渠主编《从“西化”到现代化》一书。

④ 刘絜敖：《中国本位意识与中国本位文化》，原载《文化建设月刊》第1卷第9期，1935年6月10日。转罗荣渠主编《从“西化”到现代化》一书。

⑤ 张熙若：《全盘西化与中国本位》，原载天津《国闻周报》第12卷第23期，1935年4月。转罗荣渠主编《从“西化”到现代化》一书。

⑥ 张熙若：《全盘西化与中国本位》，原载天津《国闻周报》第12卷第23期，1935年4月。转罗荣渠主编《从“西化”到现代化》一书。

尽管在各次论战中公开宣称要“全盘西化”的人并不是很多，但如上所述，由于历史的原因，认为现代化同于西方化的则至今仍不乏其人。因而在本世纪以来的社会具体改革实践上和大部分人们的潜在意识上，“全盘西化”事实上占了主导的地位。正由于此，长期以来在中国传统文化的认识和处置方面存在着严重的片面性。

二

应当说，在以往的一个世纪中，中国文化走以西方化为主的道路是有其历史的必然性和必要性的，它对中国社会的进步发展是起了积极的促进作用的。同样，这一时期中对于中国传统文化的清算和批判也有其历史的合理性，因为没有这样的清算和批判，人们很难摆脱几千年来形成的旧观念的束缚。

然而，当我们回过头来冷静地审视与反思一下以往这个世纪中国文化所走过的道路，则就不难发现其中存在着不少认识上和结构上的偏颇。其中最突出的问题，我想是中西文化比重的严重失衡。而最足以说明问题的事实是，从近代实行新式学校教育以来，我们的学校制度、课程设置基本上是仿照欧美（以后又是苏联）模式，而课程内容也以西方文化为主（数、理、生、化和外语自不必说，史、地是中外对等；音乐、美术的题材可能是中国的，而方法则都是西洋的；中国语文的内容当然都是中国的，然以新文化运动以来的现代题材和范文为主，而所教的语法则几乎全是从洋语语法中套用过来的）。反之，中国传统教育方法（其中有不少优秀的东西值得继承）几乎全被摈弃，中国传统文化方面内容更是屈指可数。因此，除大学攻读各类有关中国传统文化专业的学生外，从这样的小学、中学、大学中培养出来的人，如果他课余又没有对中国传统文化不同程度的爱好，那他的知识结构肯定是西洋知识超过中国知识。就在现在，我们还常常可以听到这样的议论：中国知识青年所具有的西方知识远比西方知识青年所具有中国和东方的知识来得丰富，并以此为骄傲。我想，我国知识青年具有较多的西方知识，这无疑是一个优点，值得肯定和赞扬。但是，同时我们也一定听说过，一些西方学者对我国不少大学生、研究生有时连一些最起码的中国传统文化知识也不甚了了所表示的惊愕吧。那么，对此难道就不应当让我们感到羞愧，并引起我们的深刻反省吗？

如上所述，由于近一个世纪以来社会对中国传统文化的认识存在着严重的片面性，造成了长期以来国民基础教育中轻视传统文化教育的偏差。现在是到了纠正这些片面性，重新来认识中国传统文化的时候了。这里需要说明的一点是，我认为以往所出现的对传统文化认识上的片面性，绝不是由个别人造成的，而我们今天提出纠正这些片面性，也并不是说我们比前人高明。事实上，如果没有前人和前一历史时期所走过的弯路，也可能根本就不会有我们今天的这种反思、认识和愿望。这也就是说，我们今天提出的反思和重新认识，主要是着眼于今后中国文化的建构与发展，而不是纠缠于历史的是非。因此，我在这里主要也是从历史发展的角度来探讨有关重新认识中国传统文化的问题，不一定涉及许多传统文化的具体内容。

人们习惯地把当今世界文化现象概括分之为东西方文化两大类型，而从历史发展的角度来追述，则又常常概括为五大文化圈乃至二十多种文化类型等等。中西方文化之间的差异，从根本上来说是不同类型文化之间的差异。然而，这种不同类型的文化，在其各自的历史发展过程中，由于所在地区、民族、国家具体历史进程的差异，当人们在同一时段内对它们进行比较时，则又会显现出许多时代性差异的特征来。从理论上来讲，当我们对中西文化进行比较时，最主要的是应当注意其类型上的差别，发现其间由此而形成的各自不同特点，以及相互之间的互补性，以推进全人类文化的共同繁荣和发展。但是，要在实践上这样去做并不容易。在以往的一个世纪里，在有关中西文化的争论中，有不少学者都已注意到了中西文化为类型上之不同，并强调不应对西方文化盲目崇拜，对中国传统文化妄自菲薄。然而，由于当时中国社会历史发展阶段、经济发展水平整整落后于西方地区和国家一个历史阶段，因此社会上对中西文化之间的差异，更注意和强调的是两者之间的时代性差异。特别在中国，由于单纯学习西方器物文明（从魏源提出“师夷之长技以制夷”到洋务运动的“中学为体，西学为用”，时间有半个世纪）的彻底失败，维新变法的失败，乃至辛亥革命果实的被篡夺，等等，更增进了人们对中国传统文化在时代上落后的想法。这也就是在以往一个世纪中为什么会形成对中国传统文化有如此强烈批判和否定倾向的一个重要历史原因。

现在的时代不同了。二战结束以后，特别是六十年代中期以来，东方地区、民族、国家和社会的情况发生了巨大的变化。这些民族和国家不仅在政治上摆脱了殖民地或半殖民地的地位，取得了独立，而且其中一部分国家在经济上也取得了高速的发展。中国大陆在1949年取得政治独立，七十年代末执行改革开放政策以来，经济上也取得了巨大的发展。这些都说明，东方地区、国家的整个社会发展情况发生了根本的变化，与西方地区、国家相比，尽管在许多方面还存在着不同程度的差距，但它已不再是过去那种历史阶段或时代之间的差距了。正是这种政治、经济、社会境况的变化，也促使了东方民族对自己文化传统的反思和自觉，并开始恢复对民族传统文化的自尊和自信。这正是我们所以提出要重新认识中国传统文化的现实根据。

在强调中西文化的时代差异中，最突出的一个问题是民主（或者说自由、平等、民主）思想问题。毫无疑问，在中国传统文化中是找不到近代意义上的民主思想和自由、平等观念的。事实上，西方近代文化中的自由、平等、民主思想，也并非古已有之的，而是在社会发展到以工商资本为主要形态以后，并且通过激烈的社会变革和观念变革才发展起来的。因此，在当时还处于封建社会的中国传统文化中找不到近代工商资本社会所具有的民主思想观念是一点也不奇怪的。中国人民百年来前赴后继的流血奋斗，正是为了改变这种中西社会和文化上的时代差异问题。尽管今天中西社会在经济和文化发展程度方面还存在着不小的差距，但应当明确一点，这种发展程度上的差距，已不是过去那种时代的差异了。

相对于解决中西文化的时代差异问题，处理中西文化类型上差别的问题要复杂得多。如果说时代上的差异我们可以通过社会变革和观念变革来迎头赶上，乃至消除的话，那么对待文化类型上的差异是不能用“赶上”的方法去解决的，而且可能是永远不能消除的。因为，这种文化类型的差异，是在各自地区、民族、国家文化的长期发展中形成的，它凝聚着不同地区民族的历史传统，体现着不同地区民族的特有性格和精神风貌（诸如生活习俗、礼仪举止、思维方式、价值观念等等），因而它也就会深刻地影响着不同地区、民族、国家今天文化发展的总体方向和特点。在这一问题上是不可能也不应当强求一致的。当然，这并不是说不同类型文化之间不需要交流，更不是说不同类型文化之间不可能进行交流。事实上，从古到今，不同类型的文化之间无时无刻不在进行着交流。融通是一种交流，冲突也是一种交流。只是，这种交流总是以一种文化为主体去吸取另一种文化中与己有益的营养成分来丰富和发展自己。因此，在不同文化的交流中，主体意识是不能没有的，否则出主而入奴，将沦为它种文化的附庸。

上文我们说，西方近代民主思想并非古已有之，但这并不意味着它与西方传统文化毫无渊源关系。众所周知，西方近代文化发端于欧洲的“文艺复兴”，仅此即可说明西方近代文化的形成，与它对传统文化的继承和发扬有着密切的关系。再有，同样是众所周知的事实，欧洲近代启蒙运动深受东方文化，特别是中国儒家孔子思想的启发。在当时许多欧洲启蒙思想家那里，中国一度成为他们心目中的理想国，儒家伦理被解释为最富民主、平等精神的学说，孔子也被推尊为时代的守护尊者，赞美、景仰之情，溢于言表。然而，西方近代文化的发展并没有因此而同化于东方或中国文化，而是在积极吸取中国传统文化中的人文精神等营养以后，发展出了与古希腊、罗马和希伯来传统文化接轨的近代西方文化来。西方近代的人本主义不等同于中国传统文化中的人文精神，西方近代的平等观念也不等同于中国儒家“民胞物与”“推己及人”的“泛爱”说，而西方近代的民主思想则更是不等同于中国儒家的民本理念。弄清楚这一点是非常重要的。

以上的事实它至少告诉我们三件事：一、在西方近代文化的发生过程中，曾受到过东方，特别是中国传统文化的极大影响，并吸收了其中某些有益的营养；二、在西方近代文化的发生过程中，曾积极继承和发扬了西方传统文化中的优秀成分，并以西方文化为主体来吸取外来文化营养的，由此而形成的近代文化是一种西方类型的文化；三、在中国传统文化中并不是一点也没有可为近现代民主思想和制度借鉴和启发的东西，相反，它已对西方近代民主思想和制度的生成发生了某种启发作用，因而，只要今人选择和诠释得当，也必将对中国现代民主思想和制度的健全有良多的启发与借鉴。

西方近代文化发生发展的历程是很值得我们深思和借鉴的。学习、借鉴和吸收外来的文化，与继承、发扬传统的文化，应该而且也是可以很好地统一起来的。它既不像某些人所鼓吹的，对外来文化只能全盘接受；也不像某些人所描绘的，中国传统文化落后、腐朽到一无可取之处。

以往一个世纪所以对中国传统文化有那么激烈批判的另一个重要原因是，当时正值西方实证科学最为兴旺的时期，理性至上与逻辑推理，实证至上与普遍有效等被视为唯一的科学方法，而凡与此不一致者，则被斥之为非理性的、非科学的，甚至是愚昧落后的、神秘主义的，应当被淘汰的。毋庸讳言，中国传统文化的思维方式与实证科学的思维方式相距甚远，于是在那一时代追求实证科学的人们的目光里，中国传统文化就成了落后无用，必然要被淘汰的东西了。而中国传统文化中那些模糊含混、缺乏逻辑推理和神秘主义的思维方式，则更是发展实证科学思维方法的严重阻力，必须彻底批判和清除。

现在，这种情况也在发生变化。现代科学的发展，越来越发现实证科学的方法远不是完满的，更不是唯一的。许多科学家在研究中碰到用实证科学方法无法证明和解释的问题时，正在越来越多地到东方（包括中国）传统文化中那些模糊、混沌的理论与方法中去寻求解答，并且取得了相当可喜和可观的成果。

当代著名化学家，1977 年诺贝尔化学奖获得者普里戈金（Ilya Prigogine），在为他的著作《从混沌到有序》中译本所写的序言中说：“中国文明具有了不起的技术实践，中国文明对人类、社会与自然之间的关系有着深刻的理解。”“中国的思想对于那些想扩大西方科学的范围和意义的哲学家和科学家来说，始终是个启迪的源泉。我们特别感兴趣的有两个例子。当作为胚胎学家的李约瑟（Joseph Needham）由于在西方科学的机械论理想（以服从普适定律的惯性物质的思想为中心）中无法找到适合于认识胚胎发育的概念而感到失望时，他先是转向唯物辩证法，然后也转向了中国思想。从那以后，李约瑟便倾其毕生精力去研究中国的科技和文明。他的著作是我们了解中国的独一无二的资料，并且是反映我们自己科学传统的文化特色与不足之处的宝贵资料。第二个例子是尼耳斯·玻尔（Niels Henrik David Bohr），他对他的互补性概念和中国的阴阳概念间的接近深有体会，以至他把阴阳作为他的标记。这个接近也是有其深刻根源的。和胚胎学一样，量子力学也使我们直接面对'自然规律'的含义问题。"（转引自《世界名人论中国文化》）

其实，普里戈金自己可说是第三个例子。此外，八十年代初风行美国的当代著名物理学家卡普拉（F. Capra）所著的《物理学之"道"》，也可称为第四个例子；日本著名物理学家，1949 年诺贝尔物理学奖获得者汤川秀树，又可称为第五个例子……如此等等，我想不必再多加罗列也已经足够说明问题了。

这也就是说，在中国传统哲学整体直观的朴素方法和谈玄说道的形上学中，包含着丰富的现代科学理论的"源泉"，只要人们善于发现并诠释之，则将对现代科学发展发生积极的推动作用。不仅如此，从目前的趋势看，东方（尤其是中国）传统文化中天地万物一体的整体自然观，正越来越被世界有见识的哲学家和科学家所重视和接受，它很可能会深刻地影响到整个科学观念的变化。原先按照实证科学机械论所规定的"科学"概念的内涵，也将重新予以审议和规定，至少许多原先被视为所谓"神秘主义"的东方与中国传统文化、哲学中的论题、观念和概念等，不应当再被排斥在"科学"概念之外。

没有民主思想，缺乏科学精神，是新文化运动以来，大部分知识分子对中国传统文化抱有的两个解不开的情结。"五四"时期高举民主与科学两面大旗，正是这种情结的表露。时隔将近一个世纪了，中国社会和文化形态也已发生了根本的变化，世界范围的文化观念也在发生巨大的变化，我想这两个情结也到了应当化解的时候了。因此，当我们致力于学习西方民主与科学的时候，不仅不再应当妄自菲薄乃至全盘否定自己民族的传统文化，相反，应当积极地发掘自己民族传统文化中的优秀成分，做出合于时代精神的诠释，以贡献于世界未来世纪文化的发展与建设。

三

通过以上的反思和分析，现在可以来谈关于二十一世纪中国文化建构的设想了。我认为，中国在下一世纪的文化建构中必须注意两个方面的问题：

一是调整好中西文化的比例，确立中国文化的主体意识，树立对中国文化（包括传统文化）的自尊和自信；

二是调整科技文化和人文文化的比例，充分认识人文文化在社会发展和进步中的重要意义，积极扶植和发展人文文化。

关于第一个调整，我想通过以上两部分的分析与论述，应当说已经很清楚了，似无须多讲了。然而，尚需要啰唆几句的是，时至今日还有那么一些人对中国传统文化抱有各种很深的成见。如对儒家思想，有的人就认为，尽管经过这么长时间的激烈批判，但儒家传统中的封建伦理观念在社会生活的各个方面仍然有着很深的影响，尤其是在那些深层的人际关系中，以及比较闭塞、落后的农村。因此，他们认为，清除儒家传统伦理的影响，引进现代西方的生活规范和伦理观念，仍然是当前思想文化方面的主要任务。于是，一些人就常常把提倡继承和发扬中国传统文化的意见，与所谓的“复古主义”、宣扬“封建意识”等联系起来而加以反对。

不容否认，上述关于传统文化，特别是儒家伦理中那些封建糟粕还在影响着现代社会的揭示，是有一定的事实根据的。事实上，对于传统文化中的糟粕部分及其消极影响，在任何时候也不敢说已经清除干净了这样的话。因为，作为一种曾经存在过的，而且有着广泛深刻影响的历史文化，只要有合适的环境，它就有可能死而不僵，就有可能在现代社会中沉渣泛起，人们对此自不应掉以轻心。然而，我们也绝不能因此而因噎废食，不要或不敢去继承传统文化中的优秀部分，发扬其积极的影响。更何况还有另一方面的事实也在促使人们去深思。那就是，由于以往的过分否定传统（包括儒家）伦理，无论在家庭中还是在社会生活中，有多少人脑子里还有“孝悌”“忠信”等伦理观念？以至于在一般人的头脑中，特别是青年中，连最起码的家庭、社会伦常观念都不清楚。更有一些人在模糊不清的西方“自由”“平等”等观念的驱使下，甚至连如何克尽正常社会分工下个人职业职责的伦理观念都没有。因此，从当前来讲，很有必要强调一下继承和发扬中华民族的传统美德，并且认真地吸取传统（包括儒家）伦理观念中那些合理的内容，从而建立起符合时代精神和需要的伦理观念和社会伦序来。

以上两种不同的认识，应当说在中国现代社会都有实际根据，然而在如何解决问题上则反映出了两种不同的思维方式。以往，人们受“不破不立”“破字当头，立也就在其中了”的思维方式的影响，把“破”看得比“立”更重要，乃至以为“破”了旧的，新的自然就会“立”起来。因此，长期以来在思想文化方面是“破”多“立”少，“破”强“立”弱，甚至有些方面是有“破”无“立”，其结果则是造成人们在思想文化方面的混乱、迷茫、空白和无所适从。其实，“破”和“立”是既有联系而又不能互相代替的。“破旧”只是为“立新”创造了条件，而并不能替代“立新”。“新”如果“立”不起来，或长期不“立”起来的话，除了会造成上面所说的人们思想上的混乱、迷茫、空白和无所适从之外，已“破”的“旧”还可能会死灰复燃、卷土重来。就这一意义上来说，“立”比“破”更显重要，而且通过“立”，人们将全面地检讨此前的“破”，因而也能减少继续再“破”时的盲目性和片面性。

我认为，就当前中国社会来讲，最迫切需要的是要树立起民族文化的主体意识或本位意识，强调继承和发扬中华民族的传统美德，认真研究和吸取传统伦理观念中那些合理的内容，建立起符合时代精神所需要的伦理观念、道德规范和社会伦序。我相信，通过建立和倡导这些新的符合时代精神需要的伦理观念、道德规范和社会伦序，对于继续清除那些残留的、不合时代需要的旧道德规范和伦理观念，将会更有力和有效。

关于第二个调整，它不仅对中国二十一世纪文化的建构有意义，而且对世界文化的未来发展也具有重要的意义。

二十世纪是科技文化获得空前发展的一个世纪，它在天道（物理）探求方面所取得的成就，超过了以往的所有世纪，这是值得人类为之骄傲的。然而，二十世纪人类在人道（伦理）的探求和建设方面是否也取得了可以与科技成就相提并论的成就呢？这是我们今天要深刻反思的问题。本世纪上半个世纪接连发生了两次世界大战，当时它引起了世界上许多思想家的反思。许多思想家对以西方文化为主导的文化取向一度发生了疑问，出现了一股新人文主义的思潮，出现了一批向往东方文化人文精神的思想家。上文提到的我国二三十年代的那场中西文化大讨论，也与这一时代背景有着密切的关系。当时，有些中国学者已深刻地认识到，单纯的科技文化的发展并不能真正地、完全地解放人类。如有的学者说：

> 技术和机器，说是能解放人类于自然威权之下。这话不错，然而他不能调节人与人之间的关系。资本主义时代的科学尤其只用在人与自然之间的技术上，而不肯用到或不肯完全用到人与人之间的社会现象上去。
>
> 技术的发明愈多，人类的物质的需要也愈多，——如此转辗推移，永无止境。
>
> 文明人不但没有从物质生活解放出来，反而更受物质需要各方面的束缚锁系。以全社会而论，技术文明始终只能解放一部分的人。①

这些分析，即使在今天也还是极具启发性的。但是，在本世纪的下半个世纪，随着高新科技的高速发展，物对人的引诱力和支配力是越来越强大了，注重人伦道德的人文精神被追逐物欲的浪潮所淹没，人文学科也由此而受到冷落。二十世纪文化发展的总趋势，

---

① 瞿秋白：《现代文明的问题与社会主义》，原载《东方杂志》第21卷第1号，1924年1月。转罗荣渠主编《从“西化”到现代化》一书。

仍然如英国著名历史学家汤因比所说的，是对科技的崇拜。

在当今新知识层出不穷、瞬息万变的信息时代，人们如果在科技文化知识方面不能不断提高和更新的话，则必将为时代所淘汰。但是，在人们不断提高和更新科技文化知识的同时，也不能回避这样一个问题，即这些高、新、精、尖的科技知识，在迅速提高人们的物质生活的同时，是否有利于改善人类的整体生存环境，是否有助于人类的精神生活的提升？许多有见识的人们发现，人类创造的现代高科技的广泛开发和应用，不单纯是一种征服自然的力量，反过来也会成为控制和支配人类自身的一种强大的力量。人类征服自然的手段和力量越来越强大，同时对于这些手段，以及人为环境的依赖也越来越厉害。于是，只要这种人为环境中的任何一个环节出现一点小问题，都有可能使整个社会和个人生活陷于瘫痪。这也就是说，人类正在不断地沦为自己所创造出来的高新科技的奴隶，个人、社会和国家正在不断丧失自我和个性。由此而造成的种种社会问题，是当今世界最严重的危机。

其实，由科技发展带来的种种严重社会问题，其责任并不在科技发展本身，而在于发展科技的人，在于现代人的价值取向。无可否认，当今世界是一个讲求实力的时代，全世界的实力竞争，把全人类逼上了一条无限追求物质增长的险途而不能自反。由此，追求物质财富和生活享受也就成了绝大多数现代人的主要人生目标，而在某些人那里甚至是唯一的目标。在这样的价值观念支配下，一切都只是为了功利，为了生活享受。因此，自然环境和科技手段都只不过是达到人们某种功利和享受的资源和工具，可以不顾一切后果地去攫取它。更有甚者，在这种价值观的支配下，他人也只不过是一种物，一种资源，一种相互利用的关系而已。于是，人与自然的关系，人与人的关系，都被严重地扭曲了。因此，要克服和摆脱这种人类创造力的自我异化，单靠科技的发展是无法解决的，而只有重兴人文精神，重塑现代人的价值取向才有可能。正是鉴于此，我认为中国二十一世纪文化建构的方向，应当大力加强人文文化建设的力度，充实人们的精神生活，健全社会的文化结构。

学校应是家礼的教育和实践场所[①]

家风家训是中国传统文化中比较核心的一个话题，但是现在时代发生变化，我认为这个家，是以国为家、以家为国的，所以我们有家庭，有家族，有家乡，还有国家。这个家的概念有大有小。今天，我们讲家，不能仅仅局限在一个小小的家庭，而是要把它扩大到整个家国，尤其是社会、学校。传统学校就是一个家，师生就是父子的关系，而且，学校这个家，在今天尤其重要。如果说过去我们的启蒙教育都是在家里进行的话，今天我们的启蒙教育已经放在学校里进行了，学校教育其实就是一个重要的家的教育。很多习惯的养成，很多价值观的确立，其实都是在学校，在我们的中学阶段、大学阶段。所以，学校的这个家教必须要重视起来，而且应该把它作为一个最重要、最核心的家训家教的地方来认识、来建构。

只有学校的家训家风传承好了，教育好了，整个社会的风气才会有所变化。传统的教育的目的，一方面，对个人来讲是修身养性，不断地提升个人整体的素养；另一方面，全社会形成一个良好的习俗，所谓的化民成俗。一个良好的社会习俗，对国家来讲，可以引导人们不断向上。一个有良好社会习俗的社会，它的法律是简单的，不需要那么多的法律来规范，因为大家都会遵守习惯形成风气来做人、做事。而这种习俗的养成，也是在学校的教育中实现的。

中国的家训内容极其丰富，总的来讲不外家法和家礼。清代有

---

① 原载《中国教师》2016 年第 13 期。

一位学者说现在人们讲家法的多，而讲家礼的少。然后他做了比较，给出了法和礼的不同。他说法使人遵，有了这个法就要遵守这个法；礼使人化，春风化雨，润物无声。接着他又讲，法使人畏，礼使人亲。他的比较是有意义的。为什么中国文化强调礼乐教化，因为它是使人化、使人亲的。家训里需要有家法，但更需要有家礼。

学校应该是家礼的教育和实践场所，让我们养成一个师生、同学之间如同父母、子女、兄弟、姐妹一样的环境，大家相互尊重，相互帮助。明代王阳明的《训蒙教约》，讲教育要顺应儿童的天性，限制太多，不能这样不能那样，学生就会“以学校为囹圄，以师长为仇寇”。在这样的状况下，哪里还有教育？我们应该改变这样的状况，让大家在学校都能亲密无间，为了一个共同的目标，为了国家的未来，共同奋斗，共同努力。所以，学校担负着非常重要的传承和发扬家风家训的使命。

怎样提高人文素养[①]

第一，要确立做人的基本品德。其核心有三点：知耻、守信和气节。一个人有一点羞耻心是很重要的，如果一个人彻底没有羞耻心，那他什么事都敢做。保持一种羞耻心是人最基本的做人品德。如果一个人“言而无信”，还有谁会跟他打交道呢？还怎么在这个社会上立足呢？气节也是非常重要的，孟子提出“大丈夫”的三个条件：“富贵不能淫，贫贱不能移，威武不能屈。”要做到这三点不容易啊！

第二，要遵循社会最基本的道德规范。一个是尽伦尽职，一个是敬业守信，也就是说我们在什么样的位置，就要做好什么样的工作，不能够马马虎虎，要敬业，要守信用。我们每个人都不是孤立的，如果大家都不尽伦尽职，大家都不敬业守信，这个社会就失序了，就乱套了。

真正的价值是在群体中、在社会中实现的，而不是自己一个人关在屋子里实现的。个人价值的实现很简单，就是要得到他人、群体或社会的承认，也就是说你为群体和社会做出了贡献。既想实现个人价值，又不想做贡献，那是不可能的，离开了这个社会是无法实现个人价值的。

第三，审美情趣与艺术精神的培养。艺术潜移默化地影响人，一个人的艺术审美情趣很能体现他的品德的高尚还是低下。中国传统文化也是非常注意哲理与艺术修养的结合。中国的艺术有非常丰

① 原载《解放日报》2010年10月17日。

富的内涵，在一首诗、一幅画中往往隐藏着丰富的哲理。同样，中国的哲理又有很浓重的艺术性，所以中国的艺术与哲理是融为一体的。我这里讲的艺术是广义的，不仅仅是琴棋书画，主要是从它的内涵上来讲的。艺术精神是人对社会，对人生意义、价值的一种理解，一个人爱好什么样的艺术，很能反映这个人的品德。反过来，我们通过对艺术的欣赏，不断地来陶冶性情，也可以使我们对人生的价值不断有新的体验。

第四，是应对环境的问题。所谓应对环境的能力，就是潇洒地对待人生。《荀子·宥坐》有："君子之学，非为通也，为穷而不困，忧而意不衰也，知祸福终始而心不惑也。"所谓"通"，就是飞黄腾达；"穷"即遇到坎坷，不顺利。我们读书学习，不是为了高官厚禄，而是要在遇到种种坎坷、忧虑的时候不垂头丧气，保持坚定的意志，知道祸、福、死、生而心里不迷茫。这就是最根本的，人要有非常强的适应环境的能力。因为这里有个"才"和"时"的问题。"夫遇不遇者，时也；贤不肖者，材也；君子博学深谋，不遇时者多矣！"所以荀子讲，才不才，在于我，可是遇不遇，那是环境的问题。很多有才的人没有好的机遇，得不到发挥；但是有机遇而无才能，那就更不可能得到发挥了。所以一个人要能够正确地认识、对待自己的才能和机遇的问题。

第五，要注意涵养功夫和仪表风度。这是内外两个方面的。仪表是外在的，涵养是内在的。涵养功夫里最关键的就是一个谦虚的问题，虚心地待人接物。《周易》里边就讲到"人道恶盈而好谦"。"盈"就是自满。如果你自满的话，就接受不了新的观点、好的建议，就不会提高了。孔子观于周庙，看到有欹器。这个欹器很奇怪，"满则覆，虚则欹，中则正"，装得满了就倒了，空的时候倾斜着，只有装到适当程度的时候是端正的。这就说明一个道理，腹内空空是不行的，太过自满也不行，要恰如其分，谦虚才能够中正不移。

第六，人文素养要落实到对于生命的意义和人生价值的认定中。范仲淹的名句"先天下之忧而忧，后天下之乐而乐"，就表现了这样一种精神，以及一种对生命意义、人生价值的认识。这也就是人文素养最后的落脚点。只有这样，我们才能确定我们的安身立命之地。我们一切的心性的修养，我们对人的主体性、人的能动性的认识和把握，体会人类的伟大和渺小，体会人生的短暂和永恒，这些都要落实到我们对生命和人生价值的认识上。

人文精神及其重塑[①]

一、辩证的人文精神

中国文化的根本精神，即辩证的人文精神。人文精神不是一个简单的话题，与通常说的“人文主义”或“人本主义”等概念不完全相同，它具有辩证的特点：一层含义是“以人为本”，天地万物之中人最为贵，但也非万物的主宰；另一层含义是“人文化成”，通过礼乐教化，实现人的道德自觉。“上薄拜神教，下防拜物教”的人文精神，既是对宇宙万物的最深刻认识，也是对人类自身的最清醒认知。

天地万物千变万化，有很多不确定因素，人类对此感到好奇的同时，常设想一个造物主在管理整个天地万物的变化，中国人称其为“老天爷”。但变化是自然而然形成的，不能也不会有一个主宰。在天地万物中，人是最有主动性的，其他万物只在被规定的范围内消极、被动地行动，只有人可以充分发挥自己的主观能动性。《尚书·泰誓》中说：“惟人，万物之灵。”中国文化把人的道德情操的自我提升放在首位，正是由对人在天地万物中的核心地位的确认而确立起来的。人必须清醒地认识到自身在天地万物中的地位，才能够更好地从自觉走向自律。

人类遇到问题容易走极端，既然不做神的奴隶，是否人就可以主宰一切？这也是错误的。一方面，宇宙万物有自然而然、自我形

---

① 原载《中央社会主义学院学报》2020 年第 6 期。

成的变化，人只有顺应天地万物自然的变化，才能获得最好的生存环境和生存状态。万物各不相同，发挥人的主体性并不意味着人可以主宰其他人或万物。作为天地万物的一员，人应与万物和谐相处、和合共生。另一方面，追求物欲、物质是人的“天性”，在一定程度上也是自然合理的，但必须有界限，不能让欲望征服理性，不能被物异化而丧失主体性。将欲望规定在合理范围内，才能“养人之欲，给人之求”（《荀子·礼论》）。

如何保证既不成为神的奴隶，也不被物欲征服？中国文化主张，用人文精神去教化民众，使民众养成良好的习俗，这就是《周易·贲卦·彖传》所说“观乎人文，以化成天下”。人文精神的重要特点，就是以精神生活为主，而不以物欲为主。生活的丰富多彩不是单指吃喝玩乐，人不能成为行尸走肉、酒囊饭袋，要做有“心”、有“义”的人，有人文精神才不至于沦为物质的奴隶。人的思想、精神生活、意志、信念属“心”，心在人体中处于“君”的地位，五官处于“臣”的地位，正所谓“无以物乱官，毋以官乱心”（《管子·心术下》），管住心才能管住行为，否则会丧失做人的底线。

人文精神并不否定物欲，而是要求中庸、自律。自古以来，礼教、人文教化的过程都是在引导人们节制欲求，而非简单地否定欲求，例如荀子讲“欲虽不可尽，可以近尽也；欲虽不可去，求可节也”（《荀子·正名》）。中国文化不是禁欲主义，而是以人的积极性、主体性、自律性展开的文化，这是人在达到对自我和天地万物的深刻认识后形成的精神。

中国文化的根本精神就在于这种人文文化特质。正确认识人类自我和宇宙万物的关系，才会既不放纵自己，也不完全依赖于物质，而是通过自我调节、自我教化，合理地满足欲望，并且适应外界。

二、中西文化精神比较

很多人认为“人本主义”是从西方引进的，就去学习西方的“人本主义”。事实上，“人本主义”的“本”是中国传统文化的

"土特产"，在近代西方的变革中，启蒙运动思想家之所以能冲破中世纪"以神为本"的桎梏，正是因为学习了中国文化的人文精神。但西方人认为，打倒了上帝，人就可以做主宰。"二元对立"思维传统使西方"人本主义"走向另一个极端，即"人类中心主义"。要避免这种极端的思想，不但要正确认识人的主体性、独立性和能动性，也要认识到人类是天地万物的一员，要和万物和谐相处。

西方的"人本主义"强调理性，但它是纯粹的理性，而中国文化强调的是建立在生活基础之上、不脱离实践的理性，注重与现实生活紧密结合。我们对理性的判断标准，不能只是理论上的逻辑推论，更要看其与现实生活是否相符。例如在讨论"白马非马"时，理论上可以说"白马不是马"，但在现实中，白马当然是马。不离开实践去抽象地讨论纯粹理性，是中国人文精神与西方理性的明显差异。

人文精神并不排除拜神，但要求掌握一个度。西方有一个绝对的、唯一的、至高无上的"上帝"。我们所谓的"老天爷"是大众文化中保持了人的主体性的特色称谓，而精英文化对"神"做了人文化的解释：人们需要祭祀、敬畏的不是"怪力乱神"的神，而是具有自然属性的非人格化的"神"。中国文化中"神"的概念，最核心的就是"阴阳不测之谓神"，阴阳变化包括有规律和无规律的变化，从根本上说是捉摸不透的。它不是有外在力量在主宰，而是这个现实世界自自然然的变化。东汉哲学家王充在《论衡》一书中的说法最有代表性："天地合气，物偶自生""天地合气，万物自生"。万物都是自然生成的，而非源自"神"的创造。关于中国文化"神"的观念，须对其内在的人文精神作进一步了解，若以西方的思维方式来看待之，中国文化只会被解构。

相比西方的宗教，中国人的精神归宿是敬天法祖、尊师重道。"敬天"即敬畏天地万物的变化，顺应天时而不违反自然；"法祖"即尊重先祖，特别是对社会、对人类做出巨大贡献的先祖，即圣贤。人类没有办法完全掌握天地万物的变化，只了解了很小的一部分。人既要看到自己的伟大，也要看到自己的渺小，顺天者昌、逆天者亡，必须尊重自然、敬畏天地、尊崇常道。《老子》讲"道可道，非常道”，常道是不可言说的，最平常之道才是永恒之道。尊重最简单、“日用而不知”的常道，生命才能维持长久的健康。例如，要“起居有常，食饮有节，不妄作劳”“以自然之道养自然之身”。不要追求新奇之“道”，因为偏离常道、超过范围就会物极必反。“道”和生活实践密切联系，从生活实践中总结出来，又能指导新的生活。

三、人文精神的演变

人文精神一直贯彻在中国的历史文化中，体现在儒释道的思想中，体现在经史子集里。它的根本与核心，即人类的自觉自律这一点始终未变。但其具体表现，如应该自律到什么程度、哪些方面要自觉，这些是随历史发展而变化的。中国文化的人文理性是实践的理性，是与时因革、因地制宜的。

“没有规矩不成方圆”，长久以来，人们的自律由文化、礼教来规范。礼教告诉人们应遵守的言行举止，“礼以顺人心为本”（《荀子・大略》）。礼教的具体内容随时代而改变，但一些核心精神如讲诚信、敬畏、真善美等未发生变化。真善美中“善”是核心，“美”的标准在不同时代有所不同，但“善”是不变的，只是善的具体内容会因时代而改变。

很多礼节、习俗会随时间和地点而改变。唐人作的注疏里，对很多春秋战国时的礼节已解释不清楚。礼一直在变，春秋有春秋的礼，而唐代有唐代的礼，不同时期外在的礼仪变化很大。但这种变化并不影响中国文化精神的内核，也不意味着不可回溯。例如今年“新冠”疫情期间，不少人改变握手的习惯，有的甚至恢复了拱手礼。可见礼的形式变化是自然而然的过程，只要适应现实变化，得到社会的认同、人们的共识，约定俗成即合理。我们很多概念其实也是约定俗成的，包括方言、地方习俗，只要大家有共识、能认同即可。

再如，宋代理学讲求“格物致知”，目的是“诚意正心”，这是“穷理”的过程；而明代心学认为“心即理”，讲求“致良知”，这是“正心”的过程。有人片面强调理学与心学的对立，实际上从辩证的角度来看，理学和心学是没有冲突的，就像《中庸》说的“君子尊德性而道问学，致广大而尽精微，极高明而道中庸”，“穷理”和“正心”都是修身的重要方面。以辩证的思维方式思考，对立的事物可以相反相成。

人文精神这个中国传统文化中整体性的道理，“古今一也，万物一也”，似乎没有太大变化，但它又充满变化。要用智慧把这个“一”打破，运用到万事万物中，这才是真正的创造。很多事情不能照搬，只能灵活借鉴。推广所谓的“典型”，以及所谓的“标准化”，都有一定的问题。“典型”也有它的局限性，不一定适用于所有的地方；而强调“标准化”，则在一定程度上泯灭了人和事物的个性。我们要培养人的个性，让人在懂得做人做事道理的同时，知晓天道、人道变化的根本规律。

这里还涉及另一重大问题：传统和现代的关系。中国文化里当然有糟粕，但如果我们认识到中国文化的核心是辩证的人文精神，它是人类社会永远必需的，其内容和形式是随时间而变、因地点而异的，就不会片面地把传统视为现实的对立面。其实，现实就是在传统的基础上发展起来的。历史不能被割断，只有对历史进行反思，甚或跟更古老的文化衔接，社会才能进步。复古不是回到过去，而是把现代根植到传统中，再继续向前发展。西方就走过这样的道路，它在走向近代的过程中，就是学习更古老的希腊、罗马文化。我们应该发扬辩证的人文精神，而扬弃它在历史中形成的具体内容和形式。

四、重塑人文精神

在当代世界，由于过快的、片面的发展，以及曾经过分的反传统，人文精神的缺失比较严重，存在道德滑坡、反中庸、拜物、谋虚逐妄等问题。我们需要人文精神来指导人们的生活。人类社会不同于动物世界，不能一味地强调弱肉强食、适者生存；而应该更多鼓励自我约束、消除争夺，提倡互相帮助、和谐共处。人的思想、意志、信念是人之根本，让人更加健康，更具生命力。

人文教化是教育的核心。教育不是单纯的知识传授，也不是消极地防止人突破底线，根本目的在于让人懂得做人的道理，懂得什么样的社会环境、风气、习俗才是健康的。通过人文教化、传统习俗规范人的言行举止，使人的道德品格不断提升，从而形成良好的社会风气。人既要学习孟子的“性善论”，充分发挥自己“性善”的一面，也应该更好地学习荀子的“性恶论”，不断改变“性恶”的那一面。“性恶论”把何为人性恶以及如何改善人性恶的方法讲得很全面。荀子并不是简单地否定人的欲望，而是强调人要自律自觉，要将欲望合适地控制在一定的范围内。

相比今天讲得更多的政治教育、法治教育和职业道德教育，人文教化诉诸更基础的道德品格，要抓住人文精神的核心——人的自我认识、自觉和自律，从根本和源头上提高人的品格和精神素养。现代社会强调法治，而自古以来中国是礼法合治、刑德并用的社会，强调人文精神与法律相融，既要防止人突破底线，又要不断提升道德修养，形成良好的社会风气。完善法律是一种周全防备的方法，但法律体现的是底线思维，相对有些被动，故而约定俗成的“礼法”也很重要。例如在中国古代，父财子用是权利，父债子还是义务，这是合理合法的，是权利和义务的统一；有人接受了西方的观点，不认同父债子还，但又不放弃父财子用，权利是要的，义务却不愿意尽。制定法律条文应该把文化传统中有益社会和谐的因素融合进去。韩国法律有些做法值得我们思考，例如其中规定：如果窝藏者与被窝藏者之间有亲属关系，尤其是父母子女之间互相包庇，要酌情轻判；如果伤害者与被伤害者之间有亲属关系，则应该酌情重判。他们把传统融合到法律中，这就是立法的变通。我们今天还强调职业道德，其实职业道德的基础是做人的道德，拥有基本的人文精神和道德自觉才能真正体现职业道德。

重塑人文精神离不开艺术和中医等具体的载体。没有艺术，很难体现中华文化的精神风貌。中国艺术讲究表意、体悟，要求艺术家树立向“天道”学习的志向，认识具体事物的本性，建立起道德自觉，这一点深刻传达了中国文化的精神境界和生活情趣。我们常讲“真善美”，“真”是对知识、真理的追求，“善”是对伦理、道德的追求，“美”就是对艺术境界的追求。中国人不仅讲“天人合一”，也强调“真善美”的统一。孔子讲：“乐云乐云，钟鼓云乎哉?”真正的乐教，或者说艺术精神，是通过这些具体的“艺”来引导人向善、向上，以及寻求人生的最高境界。中国艺术非常强调其社会功能，艺术不只是为了满足欲望，更重要的是，它是用来教化民众、和谐社会、休养生息、陶冶性情的。在以前的中国社会中，绝大多数老百姓是没有受过教育的，却懂得做人的道理。这些道理从何而来呢？其实就是通过说书、演戏等艺术的教化。

中医是我们的原创。很多人否定中医，把中医看作落后的、迷信的，这是由于不了解中医，没有把握中医的核心理念。中医是中华文化的践行者，最能体现辩证的人文精神。我们不能简单地把中医视为疾病医学，因为中医被古人称为“生生之学”，是关于生命智慧和生命艺术的学问。中医具有丰富的人文内涵，是包括哲学、艺术、宗教等在内的综合性的人文生命学。《黄帝内经》讲，“圣人不治已病，治未病”。中医不只是消极地抵御疾病，更是提前预防，是顺应天时、调动身体生机以保持身心健康。“上医治国，中医治人，下医治病”，古人从中医中引申出修齐治平的道理来。中国传统文化重视直观、直觉，我们不能用西方的理念来理解中医、自我否定。阴阳五行等概念并非只显现出迷信的一面，所谓“执其两端，用其中于民”（《中庸》），看待很多问题要从正反两方面去看，最终把握“中道”。

老子说：“胜人者有力，自胜者强。”加强人文精神教育，才能让人们提高精神品格，进而形成好的社会风气，对中华文化建立起真正的自觉和自信，让中国文化在世界上获得真正的尊重。

编后记

2023 年 2 月 28 日，在“致敬国学：第五届华人国学大典”上，楼宇烈先生入选“国学耆宿计划”。承办方岳麓书院随后嘱托我编选一部楼先生的文集，传播楼先生的学术思想和国学体悟，助力中华优秀传统文化的传承发展。

经与楼先生多次沟通，这部文集的主题为“中国文化修养论”。我从楼先生历年发表的学术论文和讲演记录里选出 25 篇文章，分为五个主题：人文立本、君子之德、自然合理、道艺并进、返本开新。

先生之学术研究，并不完全着眼于学术创新，而更在乎人文传承。我经常感慨，楼先生是中国传统文化真诚的倡导者和实践者。他的学术经历，是从玄学入手，贯通儒释道。他的治学方法质朴而通透，深耕文献，有感而发。1992 年以前，多数时间是在整理文献，最重要的成果首推《王弼集校释》。该书已是当代学术经典，享誉士林。其次是整理中国佛教文献，主持《中国佛教思想资料选编》，一共 4 卷 10 册，20 世纪 90 年代和本世纪头十年的佛教学者普遍受惠于此。第三是编选中国近代学人的文章，反复强调晚清民初学术思想的重要价值，整理康有为学术著作，编校杨文会、欧阳渐、吕澂、太虚的重要著作。以这种学贯古今的深厚积累，楼先生对中国传统文化有了通透的领悟。他晚年出版的一系列著作，以《中国的品格》最著名，所有的读者都说“通俗易懂”。楼先生的“通俗”，源自他对中国文化整体上的综合把握，努力排除专家学者的门户之见。这部先生的文选，尝试体现他的五点学术关切。

“人文立本”，称得上是楼先生最著名的观点。他认为，“人文”是中国传统文化的特质，古代中国以礼乐为社会教化的根本，把人视为“万物之灵”。这种人文精神突出人的主观能动性，具有“上薄拜神教，下防拜物教”的作用。本书开篇的《论中国传统文化的人文精神》，对理解楼先生学术思想具有根源性的意义。楼先生所说的“人文”，代表了中国文化绵延不绝、存活至今的生命力。这种精神力量，得乎心，形于体，构成中国历代圣贤所讲的“君子之德”的内核。孝、诚、敬、智、仁、勇，礼、义、廉、耻，这些体现中华民族核心价值观的美德，至今还是中国人为人处世的基本准则。本书选了 6 篇文章，表现楼先生的“人文立本”思想；选了 5 篇文章，表现楼先生涉及“君子之德”的相关论述。

先生虽是哲学教授，但对中国传统的琴棋书画极为推崇，古琴昆曲是他一辈子的雅好，中医、茶道也是他晚年最爱讨论的话题之一。依于仁、游于艺，楼先生特别强调中国传统文化的实践性，注意观察其中的思维方式和审美意境。他认为，中国人讲究“顺其自然”，反映了一种“自然合理”的思维方式，只有符合事物的本来状态，才称得上合理。这种道家思维包含了物极必反、相反相成的道理，注重因势利导，不违天时。面对“自然”之天，既要“疾敬德”，注重道德修养，又要“游于艺”，以艺术领略天地之美。楼先生常跟弟子们讨论“道艺并进”，主张“由艺臻道、以道统艺”。本书各选了 4 篇文章，分别反映楼先生对“自然合理”“道艺并进”的思考。

国学之所以重要，乃在于它体现了中国传统文化是一种活的生命，而非纯客观的研究对象。因此，返本开新，从来就是国学研究的命脉所在。周虽旧邦，其命维新。在上世纪，楼先生已在构想 21 世纪的中国文化，而到本世纪，他又畅想人文精神之重塑。他期待儒家伦理为构建当代中国社会秩序发挥积极作用，期待学校教育能对提高学生的道德修养、人文素养发挥更大的作用。这是一代学术宗师的期待，也是实现中华民族伟大复兴的重要内容。

李四龙

2024 年 5 月 1 日

图书在版编目(CIP)数据

中国文化修养论/楼宇烈著;李四龙编. --长沙:岳麓书社,2024.10. --(华人国学大典论丛/肖永明,陈仁仁主编). --ISBN 978-7-5538-2176-4

Ⅰ. G12-53

中国国家版本馆 CIP 数据核字第 20241SQ236 号

ZHONGGUO WENHUA XIUYANG LUN

中国文化修养论

丛书主编:肖永明　陈仁仁
作　　者:楼宇烈
编　　者:李四龙
策划编辑:刘　文
责任编辑:刘小敏
责任校对:舒　舍
封面设计:罗志义

岳麓书社出版发行
地址:湖南省长沙市爱民路 47 号
直销电话:0731-88804152　0731-88885616
邮编:410006

版次:2024 年 10 月第 1 版
印次:2024 年 10 月第 1 次印刷
开本:710mm×1000mm　1/16
印张:20
字数:297 千字
书号:ISBN 978-7-5538-2176-4
定价:120.00 元

承印:长沙超峰印刷有限公司

如有印装质量问题,请与本社印务部联系
电话:0731-88884129